UNIVERSITÉ DE FRANCE — ACADÉMIE DE GRENOBLE

DES DÉLITS DES ESCLAVES
EN DROIT ROMAIN

DE LA RESPONSABILITÉ DES PATRONS
EN MATIÈRE D'ACCIDENTS
EN DROIT FRANÇAIS

THÈSE POUR LE DOCTORAT

SOUTENUE

DEVANT LA FACULTÉ DE DROIT DE GRENOBLE

le 30 juillet 1888

par

Joseph BLANC

Avocat

DIGNE
Imprimerie Chaspoul, Constans et Vᵉ Barbaroux
Place de l'Évêché, 7

—

1888

FACULTÉ DE DROIT DE GRENOBLE

MM. GUEYMARD, ✽, doyen, professeur de Droit commercial.
TROUILLER, ✽, professeur de Code civil.
TESTOUD, professeur de Code civil.
GUÉTAT, professeur de Législation criminelle.
TARTARI, professeur de Code civil.
FOURNIER, professeur de Droit romain.
BEAUDOUIN, professeur de Droit romain.
BALLEYDIER, professeur de Procédure civile.
MICHOUD, agrégé, chargé du cours de Droit administratif.
JAY, agrégé, chargé du cours d'Histoire du Droit.
PILLET, agrégé, chargé du cours de Droit international privé.
RAMBAUD, chargé du cours d'Économie politique.
LAMACHE, ✽, professeur honoraire.
ROYON, secrétaire.

SUFFRAGANTS

MM. FOURNIER, *président*.
TESTOUD, professeur.
TARTARI, professeur.
JAY, agrégé.

A la Mémoire de ma Mère

—

A MON PÈRE

—

A MA SŒUR

—

A MES AMIS

DROIT ROMAIN

DES DÉLITS DES ESCLAVES

PRÉLIMINAIRES

Si nous en croyons les jurisconsultes, l'esclavage n'aurait pas toujours existé (L. 4, D., I, 1. — L. 2, D., XL, 11). En remontant bien loin dans l'histoire des peuples anciens, on découvrirait peut-être une époque où tous les hommes naissaient libres, *jure enim naturali omnes homines ab initio liberi nascebantur* (Inst., I, 2, § 2). Sans vouloir discuter cette affirmation, bornons-nous à constater que l'esclavage remonte jusqu'aux origines mêmes de Rome, où il finit par entrer si profondément dans les mœurs, qu'il parut indispensable au maintien de la société romaine et que de très bons esprits se crurent obligés de le justifier. Il ne fallut rien moins que la morale chrétienne, pour saper les bases de cette institution, qui cependant survécut longtemps, quoique transformée et mitigée sur bien des points, à l'établissement officiel du christianisme dans l'empire romain.

Tout en pratiquant l'esclavage, les Romains lettrés se donnent l'air de le subir comme une nécessité politique, économique et sociale.

Il n'est guère d'auteur, historien, philosophe ou jurisconsulte qui n'y ait vu une violation flagrante du droit naturel, un état de choses contre nature, *ut enim libertas naturali jure continetur, et dominatio ex gentium jure introducta est...*, dit Tryphoninus (L. 64, D., XII, 6. — Voy. aussi Inst., I, 3, § 1. — L. 4, § 1, D., I, 5. — L. 32, D., L., 17). Tous faisaient dériver l'esclavage du droit des gens et lui donnaient pour origine le droit qui appartient au vainqueur de tuer le prisonnier vaincu (Inst. eod. tit., § 2. — Tite. Live, VII, 19). Si exacte que soit cette explication de l'origine de l'esclavage, elle est elle-même, ce semble, une conséquence du droit de tout temps reconnu au vainqueur de s'emparer de tout ce qu'il trouve en pays ennemi, hommes et choses (Inst., II, 1, § 17. — LL. 5, § 7; et 7, Pr., D., XLI, 1). Ici encore le *jus gentium* heurtait le *jus naturale*, sans que les Romains aient jamais paru éprouver sur ce point ni scrupules ni doutes. Ils soupçonnaient si peu cet antagonisme que, pour eux, la propriété dérivant de la conquête était la plus légitime des propriétés. Tout ce qui leur venait de l'ennemi vaincu se transformait dans leurs mains et changeait totalement d'état. Les biens leur arrivaient francs et libres de toutes charges : c'était une propriété nouvelle qui commençait. Les droits acquis sur les choses par l'ennemi disparaissaient, comme s'évanouissait le droit à la liberté de l'*hostis* ou du *barbarus* fait prisonnier. Les Romains étaient si pénétrés de ce résultat de la conquête, qu'ils assimilaient le butin aux *res nullius* acquises par droit d'occupation (L. 1, § 1, D., XLI, 2. — L. 98, § 8, XLVI, 3. — L. 5, § 5, C. Th., IV, 8).

Telle paraît-être la source la plus ancienne de l'esclavage. Il serait toutefois erroné de prétendre qu'il n'y avait d'esclaves à Rome que ceux qui étaient le fruit de la conquête. Multiples étaient les causes d'esclavage, tant du droit des gens que du droit civil. Le cadre de notre sujet ne nous permet pas de les étudier. Bornons-nous à constater que les esclaves se recrutaient surtout par la naissance, suivant les maximes ordinairement applicables aux questions d'état et par d'autres causes dérivant tant du vieux droit civil que de la législation postérieure. En ce qui touche leur condition, elle a pu être unique dans le principe (Inst., I, 3, § 4. — L. 5, Pr., D, I, 5), mais elle n'a pas tardé à varier suivant qu'ils avaient un maître ou n'en avaient point, ou qu'en fait leur maître les jugeaient dignes soit d'exercer certaines fonctions, soit d'être mis à la tête d'un pécule (L. 5, § 4, D., XV, 1. — L. 36, D., XLV, 3. — L. 17, Pr., D., XLVIII, 19. — Ulp., XX, § 17).

Ces notions posées, demandons-nous si l'esclave, au point de vue du droit, est une personne ou une chose.

Les textes assimilent souvent les esclaves aux choses

(L. 2, Pr., D., IX, 2. — L. 7, D., XLVIII, 10). La loi Aquilia, plébiscite de date fort ancienne, les compare aux animaux : *ut igitur apparet servis nostris exæqual quadrupedes, quæ pecudum numero sunt* (L. 2, § 2, D., IX, 2). Considéré dans ses rapports avec le maître, l'esclave est, entre ses mains, une chose sur laquelle il a tous les droits que donne la propriété. Il peut être hypothéqué et faire l'objet d'un droit d'usufruit ou de gage (Inst., II, 4, § 2. — LL. 1, § 1, 27 et 29, § 1, D., XX, 1).

Malgré cela, les Romains n'osèrent pas accorder à ce principe toutes les conséquences qu'il aurait dû comporter. Les nécessités sociales, l'esprit d'égoïsme et de lucre et sans doute aussi des considérations philosophiques les obligèrent à reconnaître au *servus* sa qualité d'homme et à lui donner une place de plus en plus grande dans le domaine du droit.

L'intérêt du maître les fera servir d'instrument d'acquisition entre ses mains ; le préteur élargira progressivement les limites du droit civil, pour leur permettre d'y jouer un rôle de plus en plus étendu. Les philosophes plaideront leur cause au nom de l'humanité et de la raison ; les empereurs édicteront en leur faveur des mesures protectrices, en attendant que l'esclavage lui-même, en se transformant peu à peu, aille se fondre dans d'autres institutions intermédiaires qui seront les pierres d'attente de la liberté.

L'influence de ces idées était si forte sur l'esprit des jurisconsultes que, tout en classant les esclaves parmi les *res mancipi*, ils ne pouvaient s'empêcher de les ranger au nombre des *personæ* (L. 3, D., I, 5. — L. 1,

D., I, 6) : *summa itaque divisio de jure personarum hœc est, quod omnes homines aut liberi sunt aut servi* (Inst., I, 3, Pr.). C'est surtout dans ses relations avec les tiers, comme nous le verrons bientôt, que l'esclave paraît être une personne, *persona*, c'est-à-dire un être susceptible d'acquérir des droits ou des obligations.

En résumé, l'esclave romain nous apparaît comme un instrument intelligent au service de son maître. Il est pour celui-ci une valeur économique dont il use à son gré et une intelligence qui supplée la sienne à son profit.

CHAPITRE Ier.

OBLIGATIONS DES ESCLAVES.

Avant d'entreprendre l'étude des délits des esclaves et d'examiner comment ils s'obligeaient ou obligeaient leur maître *ex delicto*, il nous paraît bon de dire un mot de leurs obligations *ex contractu*. Indépendamment de l'utilité qu'il y a à connaître toutes les causes d'obligation des esclaves, avant d'entrer dans l'étude particulière de celles naissant de leur délits, la comparaison que nous aurons parfois à établir entre les unes et les autres n'en sera que plus intelligible.

Considérons d'abord la capacité propre de l'esclave en matière de contrat, abstraction faite de celle du maître. Peut-il être créancier ? Non en principe, car n'étant aux yeux de la loi qu'une chose, on ne comprendrait pas qu'il pût être le sujet actif d'une *obligatio civilis* ; mais on conçoit qu'il existe à son profit une *naturalis obligatio* qui restera telle même après l'affranchissement. Nous en trouvons un exemple frappant dans la loi 64, D., XII, 6.

Peut-il être débiteur ? Non si l'on envisage une dette civile, oui si l'on a en vue une dette naturelle. L'esclave est tenu naturellement, soit qu'il s'engage envers son maître, soit qu'il s'engage envers un tiers étranger. Ses dettes à l'égard de son maître donnent seulement droit à la *deductio* sur le pécule; elles restent naturelles même après l'affranchissement (Paul, II, 13, § 9. — LL. 1 et 2, C., IV, 14).

Si nous considérons l'esclave non plus seul, mais soutenu par la personnalité du maître qui lui prête sa capacité juridique, nous le voyons admis à fonctionner pour obliger les autres envers son maître, mais non pour obliger son maître envers les autres. Il est pour lui un instrument d'acquisition ; il peut le rendre propriétaire et créancier même à son insu (Inst., I, 8, § 1.— Gaius, I, § 52). Par ses actes juridiques, il acquiert toujours et nécessairement pour son maître. *Servo dominus personam imponit suam, alioquin pro nullo habentur*, disait Cujas dans ses observations sur Papinien.

Nous venons de dire que, si l'esclave peut rendre son maître créancier, il ne peut le rendre débiteur (L. 133, D., L. 17. — L. 12, C., VII, 32). Tel est le principe contenu dans le vieux droit civil. Les Romains pensaient avec raison qu'il ne fallait pas donner à un esclave le pouvoir et les moyens de compromettre, par incurie ou par haine, le patrimoine de son maître. Mais par contre ils éliminaient ainsi des relations d'affaires une partie considérable de la population. Ici encore nous assistons à une évolution très importante du droit. Le progrès consistera à regarder le maître comme tenu, dans de certaines limites, des obligations contractées par son esclave. Ce progrès, ce fut le droit prétorien qui l'accomplit progressivement pour les obligations résultant des contrats ou des quasi-contrats. De là naquirent les actions *institoria, exercitoria, tributoria, de peculio, quod jussu* et *de in rem verso*, appelées par les interprètes actions *adjectitiæ qualitatis*. Les motifs qui servirent de fondement à ces actions se réduisent à trois en définitive : 1° l'ordre, l'autorisation donnés expressément ou indirectement par le maître ; 2° le profit qu'il a retiré de l'opération de son esclave ; 3° l'existence d'un pécule.

Nous verrons bientôt qu'en ce qui touche les obligations *ex delicto*, le principe posé par la loi 133 fut corrigé et considérablement atténué par le droit civil lui-même.

Si l'esclave, à raison de ses contrats ou de ses quasi-contrats, ne peut jamais être tenu que naturellement (1), il n'en est pas de même pour ses délits ou ses quasi-délits, à l'occasion desquels il s'oblige civilement (L. 14, D., XLIV, 7). Cujas explique la naissance d'une obligation civile en matière de délits en disant : *a quolibet exigitur ne quid delinquant, ne furtum vel injuriam baciat* (2). C'était d'ailleurs justice, car toutes les inca-

---

(1) Sauf peut-être quelques exceptions comme celles qui paraissent résulter des lois 7, § 8, D., IV, 3, et L. 3, C., IV, 14.

(2) Cujas, t. 2, p. 2007, *Ad Afr. Tract.*, VII (Lugd., MDCVI).

pacités purement artificielles, que crée la loi civile à propos des contrats, devaient disparaître et faire place au grand principe de la responsabilité pénale. Il n'y a et ne doit y avoir, pour les délits, que des incapacités purement naturelles dérivant soit de l'âge, soit de l'état mental de la personne qui les commet.

L'esclave s'obligeait donc *ex delicto* de la même manière qu'un homme libre ; mais il ne pouvait être poursuivi en justice tant qu'il restait esclave (L. 107, D., L, 17. — L., 6, C., III, 1). Comme il fallait, dans ce dernier cas, que la victime du délit obtînt quand même la réparation qui lui était due, la loi romaine décida que, pendant l'esclavage, le maître serait tenu aux lieu et place de son esclave, en tant que possesseur et dans les limites de sa possession. L'action ainsi intentée contre le maître était l'action noxale. Il y avait néanmoins pour l'esclave, dès l'instant qu'il commettait le délit, obligation de le réparer ; seulement l'action directe du créancier contre le délinquant restait comme endormie pendant tout le temps que durait l'esclavage et ne se réveillait, pour produire son plein et entier effet, que lors de l'affranchissement. Il va sans dire toutefois que l'action directe n'était donnée contre l'affranchi que lorsque l'action noxale n'avait pas été introduite contre le maître (Inst., IV, 8, § 5) (1).

---

(1) Le fils de famille, à la différence de l'esclave, s'obligeait civilement tant par ses contrats que par ses délits. De plus, il pouvait comparaître en justice soit en demandant, soit en défendant (L. 39, D., XLIV, 7).

Tout ce nous venons de dire s'applique aux délits privés. Or ceux-ci, bien que donnant lieu à des actions pénales qui sont essentiellement civiles par la manière dont elles s'intentent, peuvent parfois comporter une poursuite criminelle dans le vrai sens du mot (L. 94, D., XLVII, 2. — L. 45, D., XLVII, 10) : *enimvero si quis extraordinem ejus rei pœnam exercere velit, tunc subscribere eum in crimen oportebit* (L. 3, D., XLVII, 1). Ce qui prouve bien que l'esclave lui-même est tenu, indépendamment de la responsabilité qui peut rejaillir sur son maître, c'est que, dans ce dernier cas, ce n'est pas le maître qui est poursuivi, mais c'est contre l'esclave seul que l'accusation est dirigée. Le maître pourrait bien, il est vrai, venir défendre son esclave en justice, mais il ne ferait que plaider pour autrui, à moins toutefois qu'il n'eût lui-même ordonné le délit, auquel cas il serait seul responsable (1).

Il en est de même des *crimina* qui forment en droit romain l'objet du droit criminel et qui sont portés devant des juridictions criminelles. L'esclave seul est tenu de ses *crimina*, quoique le maître soit exposé à subir par contre-coup les conséquences de la poursuite, en perdant son droit de propriété sur l'esclave ou en le recevant des mains du juge considérablement déprécié, *verberatus, flagitiis cæsus*. La poursuite ne s'intente pas noxalement contre le maître qui n'a qu'un droit, celui de comparaître en

---

(1) *Dominus tenetur sel ex delicto proprio, ut quilibet alius, cujus mandatu flagitium aliquod perpetratum.* Vinnius, *Com. Inst.*, tit. VIII, liv. IV, p. 937.

justice pour prendre la défense de son esclave (L. 7, § 3, D., II, 1. — L. 17, § 18, D., XXI, 1. — L. 3, § 11, D., XLVII, 12. — L. 1, § 1, D., XLVIII, 19. — L. 200, D., L. 16).

CHAPITRE II.

FONDEMENT ET CARACTÈRE DE L'ACTION NOXALE.

Il est donc bien établi qu'en ce qui touche les délits privés des esclaves, l'action, tant que dure l'esclavage, s'intente contre le maître, lequel se trouve ainsi tenu de réparer dans une certaine mesure le dommage causé. Est-ce en vertu d'une vraie responsabilité civile analogue à celle que consacrent les articles 1382 et suivants de notre code civil? En d'autres termes, cette responsabilité repose-t-elle sur une présomption de faute, d'imprudence ou de négligence de la part du maître?

Il n'est pas nécessaire d'entrer bien avant dans l'étude des actions noxales, pour se convaincre que les Romains n'ont point voulu établir la responsabilité du maître, dans le sens que nous attachons aujourd'hui à ce mot. Il est aisé de voir qu'ils ont méconnu la règle d'après laquelle la faute est la condition nécessaire et suffisante de la responsabilité. Loin de nous toutefois de prétendre qu'ils n'ont point sanctionné la faute du maître : nous verrons au contraire un assez grand nombre de décisions qui lui font produire des effets remarquables ; mais nous soutenons que, dans l'hypothèse la plus ordinaire, celle dans laquelle l'action, intentée à l'occasion du délit d'un esclave seul obligé, ne fait que réfléchir contre le maître seul poursuivi, les Romains ont donné à l'action noxale une autre base que la responsabilité. Le maître n'est pas responsable ; seul l'esclave est obligé.

En effet être responsable, c'est être tenu de réparer les dommages causés sans droit, que le fait soit directement imputable au défendeur ou qu'il ait été rendu possible par son dol, sa négligence ou son imprudence. La responsabilité doit toujours avoir pour origine une faute. Elle doit être absolue, de telle manière que la victime puisse être rendue entièrement indemne. Tels ne sont point les principes admis par la législation romaine. D'une part, le maître est soumis à l'action noxale, alors même qu'aucune faute ne lui est imputable ; d'autre part, le maître, même imprudent, n'est astreint qu'à une réparation partielle. C'est ainsi que les impubères, *non doli capaces*, devaient répondre du fait de leurs esclaves : *vi bonorum raptorum actio in impuberem, qui doli mali capax non est, non dabitur.... servi et familiæ nomine noxali actione tenebitur* (L. 2, § 19, D., XLVII, 8). C'est ainsi que l'abandon noxal était permis à celui dont l'imprudence avait préparé le fait de l'esclave (L. 2, § 1, D., IX, 4).

Voici quelle serait, à notre avis, la combinaison juridique à laquelle se seraient arrêtés les Romains. L'esclave a commis un délit ; la victime a droit à une indemnité. Cette indemnité ne pourra être obtenu, par les voies ordinaires, qu'après l'affranchissement de l'esclave, car c'est alors seulement que l'esclave peut *consistere in judicio*. Or il va y avoir un double préjudice à ce que la réparation du délit soit trop longtemps retardée : préjudice pour la victime du délit, qui attendra longtemps peut-être l'indemnité à laquelle elle a droit ; préjudice pour l'ordre public, qui souffrira de l'impunité accordée au délinquant. Pour parer à ces dangers, les Romains n'auraient eu qu'à établir le principe de la responsabilité du maître et à en faire surgir toutes les conséquences fécondes que lui reconnaît notre droit. Ils ne l'ont pas voulu ou ne l'ont pas pu, en considération peut-être de ce vieux principe de droit, inscrit au titre *De regulis juris* (L. 133, D., L. 17), d'après lequel les esclaves ne peuvent empirer la condition de leur maître : *melior conditio nostra per servos fieri potest, deterior fieri non potest*. Cette règle était d'ailleurs nécessaire dans l'état de la société romaine, alors que les esclaves d'un même maître se comptaient souvent par milliers et que les difficultés de la surveillance croissaient avec le nombre de ceux qui y étaient soumis. N'est-ce pas même une idée de protection pour le maître qui a donné naissance à l'édit *Si familia furtum fecisse dicetur* (liv. XLVII, D., tit. 6) ? Le principe de la responsabilité aurait pu d'ailleurs consacrer, suivant les circonstances, l'impunité de l'esclave coupable.

Pour parer à ces difficultés, la loi romaine a cru devoir appliquer dans les rapports de maître à esclave la théorie de l'abandon noxal, vieux principe qui, comme nous le verrons en traitant de l'origine de l'action noxale, se place aux dernières limites de l'histoire romaine : *erat iniquum nequitiam eorum* (*servorum*) *ultra ipsorum corpora dominis damnosam esse* (Gaius IV, § 75). Pour arriver à cette application, les Romains, ce nous semble, se sont laissés diriger par les considérations suivantes.

L'esclave, nous l'avons vu, s'oblige par ses délits. L'action civile directe, mise au service du tiers lésé, ne pourra l'atteindre qu'après son affranchissement. Or cet événement est éloigné et incertain, éloigné à raison de l'inconduite de l'esclave, incertain parce que les affranchissements sont relativement rares à Rome. Il faut cependant que satisfaction soit donnée à la victime. Pourra-t-elle au moins, usant du système de la vengeance privée cher aux Romains primitifs, exécuter ses droits sur la personne même de l'esclave ? Mais l'esclave est la propriété du maître, et la loi ne saurait, sans compromettre le bon ordre de la cité, autoriser la violation de ce droit de propriété. Dès lors quoi de plus naturel que de s'adresser au maître lui-même, qui se présentait comme le défenseur né de l'esclave ? On lui demandera en définitive d'abandonner son esclave pour qu'il soit châtié, à moins qu'il ne préfère réparer le dommage qu'il a causé et désintéresser la victime de ses propres deniers. En un mot la *litis œstimatio* se présente, dans notre cas, comme l'évaluation d'une dette propre à l'esclave qu'un tiers pourrait acquitter en son nom et que le maître, à plus forte raison, peut payer, s'il y trouve son intérêt. A cette condition, l'esclave restera la propriété de son maître, qui ne manquera pas de lui infliger lui-même le châtiment qu'il mérite.

Voici quelques textes dont les décisions paraissent se rapporter à notre manière de voir. La loi 17, § 4, D., XLVII, 10, commence par établir qu'il est permis d'intenter noxalement l'action d'injure, puis elle ajoute que le maître peut faire châtier son esclave, afin de donner satisfaction à la partie lésée. Le maître a là faculté de livrer son esclave pour qu'il soit châtié, et, si la victime du délit n'est point jugée satisfaite par la correction, il peut ou l'abandonner *noxaliter* ou payer la *litis œstimatio* : *sed dabitur ei facultas præstandi servum verberandum, aut si de eo verberibus satis non fiat, noxæ dedendi, vel litis æstimationem offerre.* Le paragraphe 6 de la même loi porte que si, devant le juge, le maître a exhibé son esclave pour le faire châtier et si l'esclave a reçu la correction qu'il mérite, la partie lésée ne pourra plus intenter l'action d'injure : *qui enim accepit satisfactionem, injuriam suam remisit.*

C'était donc avant tout et par-dessus tout le châtiment de l'esclave qui était exigé ; la poursuite noxale n'intervenait que pour obliger le maître à livrer son esclave à la partie lésée, lorsque celle-ci avait juste sujet de craindre que la correction ne fût trop paternellement administrée par le maître. Nous pourrions tirer argument dans le même sens des lois 45, *eod. tit.* — 1, § 3, D., XLVIII, 19. — 17, § 18, D., XXI, 1. — 7, § 3, D., II, 1. — 2, C., IX, 2.

La théorie de l'irresponsabilité du maître expliquera bien des effets de l'action noxale, dont la bizarrerie étonne au premier abord, parce qu'ils paraissent manquer de fondement juridique.

Ainsi la règle *noxa caput sequitur*, qui semble donner à l'action noxale un caractère étrange de réalité, se concevra moins difficilement si l'on admet notre idée que le maître n'est pas directement responsable du délit de son esclave et que celui-ci seul est obligé. Il en est de même de la décision contenue dans la loi 39, § 4, D., IX, 4, d'après laquelle la mort de l'esclave met fin à l'action noxale. C'est dire que l'esclave est le véritable auteur du délit et que l'action est sans but quand elle ne peut plus obtenir son châtiment.

Observons toutefois que les Romains, tout en reculant devant l'application du principe de la responsabilité du maître, l'ont pour ainsi dire indirectement établi. Il arrivera souvent en effet que le maître, pour conserver son esclave, paiera la dette de celui-ci, c'est-à-dire l'indemnité du dommage causé. La partie lésée recevra ainsi la satisfaction qui lui est due, et les dangers que nous signalions au début seront écartés.

CHAPITRE III.

ORIGINE DE L'ACTION NOXALE.

Nous avons dit déjà que la règle en vertu de laquelle les personnes *alieni juris* ne peuvent empirer la condition du père de famille et, par conséquent, ne l'obligent pas avait été amendée par le préteur pour les contrats et corrigée par le droit civil lui-même pour les délits. Ce dernier correctif, qui n'est autre chose que l'introduction de la théorie de l'abandon noxal, a lui-même une origine très éloignée. Dès les temps les plus reculés, il existait à Rome un principe d'après lequel les dommages causés par une chose, sans le fait de celui qui la détient, grevaient le possesseur d'une obligation restreinte qui n'affectait pas tout son patrimoine, mais la chose seule qui avait causé le dommage. Cette règle, en même temps qu'elle s'adaptait aux délits des esclaves, avait trouvé son application dans un assez grand nombre de cas différents. Sans parler de l'action *de pauperie* et *de pastu*, la théorie du *damnum infectum* nous en fournit un exemple remarquable, dans le cas où la *cautio damni infecti*, introduite par le préteur, n'avait pas été fournie. Le propriétaire d'une maison écroulée n'était point tenu de réparer le dommage causé au fonds voisin, alors même que sa négligence aurait entraîné la ruine de l'édifice. Il ne devait rien de plus que la *derelictio ruderum*, c'est-à-dire l'abandon des débris.

Notre principe recevait encore son application dans les rapports de nation à nation. Tite-Live raconte (livre IX, 10) que le consul Posthumius fut abandonné aux Samnites, après la paix qui suivit le désastre des Fourches-Caudines. Le consul Mancinus fut livre aux Numantins dans de semblables conditions (Cic., *De off.*, III, 30 ; *De orat.*, I, 40). Lorsqu'un ambassadeur étranger avait été outragé, le peuple romain se libérait envers la nation offensée par l'abandon du coupable. Le général qui avait conclu un traité désavoué par le Sénat était abandonné au peuple ennemi *ut populus religione solvatur*. Les Romains admettaient d'ailleurs le même mode d'expiation à l'égard des offenses dont ils avaient eu à se plaindre (Aulu-Gelle, I. 10, chap. 20. — Cicéron, *De orat.*, I, 40 ; II, 32, *De off.*, III, 29, *in fine*. — Tite-Live, V, 36 ; VII, 20. — Denys d'Halic, II, 37, 51 72 ; IV, 50. — Valère Maxime, VI, 3, 5. — Dion Cassius, XLV, 32. —

Velleius Paterculus, II, 2, 90. — Plutarque : *Numa*, 12 ; *Camille*, 17, 18 ; *Tiberius Gracchus*, 5, 7) (1).

Il semble bien que les Romains aient eu une espèce de prédilection pour cette forme de vengeance qui consiste à s'emparer de la personne de l'offenseur. La loi des XII tables nous fournit quelques vestiges de ce droit très ancien. Il est question de l'abandon noxal des esclaves dans une de ses dispositions que le grammairien Festus nous a conservée : *si servus furtum faxit noxiamve nocuit.*

Nous pensons même que l'abandon noxal a été en usage en Italie bien avant la loi des Décemvirs, qui, sur ce point comme sur bien d'autres, n'a fait que sanctionner une coutume. L'histoire raconte que le roi Evandre livra en noxe à un certain Récaranus un esclave, nommé Cacus, qui s'était emparé de ses bœufs (Aurelius Victor : *Origo gentis romanæ* ; éd. 1681, pp. 9 et 10). Cet épisode a été raconté par Virgile *(Enéide*, chant VIII, vers 184 à 268), qui paraît cependant s'être inspiré d'une tradition différente. De pareils faits, quoique du domaine de la légende, établissent la haute antiquité de l'abandon noxal. La notion de l'État rendant au nom de tous la justice criminelle n'apparut que plus tard. La vengeance privée existait seule alors, et les documents de l'époque prouvent qu'on ne se faisait pas faute de l'employer. Ainsi les races ger-

---

(1) Les sociétés de Chevaliers pour l'exploitation de l'impôt répondaient au double des délits commis par leurs employés (LL. 1, pr. et § 5 ; 5, § 1, D., XXXIX, 4), s'ils ne représentaient le coupable ou ne restituaient la chose provenant du délit (LL. 1, § 4, et 6 ; 3, pr., *eod. tit*).

maniques ont certainement connu ce mode de procéder commun aux races primitives. Pour elles aussi le progrès consista à remplacer la vengeance privée par la composition en argent. L'établissement du *Wergheld*, qui n'est autre chose que le prix du sang, marque une étape du droit primitif dans la voie de la civilisation.

Le commentaire IV, § 76, de Gaius nous fait connaître les sources de l'action noxale. *Constituæ sunt noxales actiones aut legibus, aut edicto : legibus, velut furti lege duodecim tabularum, damni injuriæ lege Aquilia ; edicto pretoris, velut injuriarum et vi bonorum raptorum* (Inst., IV, 8, § 4). La loi 1, D., IX, 4, en donne une définition assez complète : *quarum actionum vis et potestas hæc est, ut si damnati fuerimus, liceat nobis deditione ipsius corporis, quod deliquit, evitare litis æstimationem.* La même loi nous apprend que les actions noxales ne naissaient pas des contrats des esclaves, mais de leurs délits seulement.

Une de leurs particularités les plus remarquables, c'est qu'elles ne constituaient pas des actions isolées, ayant leur vie propre. Il n'y avait pas d'action noxale proprement dite, pas plus qu'il n'existait d'actions *quod jussu, exercitoria, institoria*, etc. Elles n'étaient autres que les actions vulgaires *furti, injuriarum, ex stipulatu* modifiées. Spécialement pour les actions noxales, la modification consistait dans la faculté accordée au défendeur de se libérer en abandonnant l'esclave. La formule de l'action contenait elle-même la trace de ces modifications ; l'expression *aut noxæ dedere* était le qualificatif ordinaire de l'action noxale. Ces changements opérés dans la formule ont suggéré à d'anciens interprètes l'idée d'appeler ces actions **actiones adjec-**

titiæ qualitatis. Cette dénomination a été depuis constamment donnée tant aux actions noxales qu'aux actions prétoriennes *quod jussu, de peculio*, etc., quoique plus particulièrement à celles-ci.

Au point de vue de l'étymologie, l'adjectif *noxalis* et les mots *noxa* et *noxia* sont des dérivés communs du verbe *nocere*. Les Institutes (IV, 8, § 1) ne donnent au mot *noxia* qu'une seule acception, celle de *delictum, ipsum maleficium* (L. 1, § 1, D., IX, 1. — L. 238, § 3, D., L, 16). L'expression *noxa* aurait aussi d'après elles une signification unique, celle de *corpus quod nocuit*. Nous voyons cependant dans les textes les mots *noxa* et *noxia* employés indifféremment pour signifier faute, *delictum* ou *maleficium*. On dit souvent *noxam committere, noxam nocere* (L, 131, pr., D., L, 16). L'acception du mot *noxa* est un peu différente dans l'expression *noxam sarcire* : *noxa* signifie alors le dommage qui est la suite du délit (L. 1, § 11, D., IX, 1). Il équivaut encore à *pœna maleficii* : tel est le sens de *noxa dedere, in noxam, ob noxam, ad noxam dare*, et de la règle *noxa caput sequitur*.

Il ne faudrait pas conclure de l'expression *furtis noxisque solutum* que le *furtum* ne donnait pas lieu à l'action noxale. Bien au contraire, les textes se placent le plus souvent dans l'hypothèse de ce délit, lorsqu'ils traitent des actions noxales. Cela vient de ce que les vols des esclaves étaient très fréquents. Le mot *fur*, qui passa ensuite au voleur, appartint tout d'abord à l'esclave (L. 50, D., II. 14) (1). De là vint l'usage

---

(1) Wallon, *Hist. de l'esclavage dans l'antiquité*, t. II, p. 268. — Virgile, *Egl.* III, 16.

d'insérer dans les ventes d'esclaves la clause de garantie contre le vol. L'insertion de cette clause devint presque de style : on la trouve dans un acte relatif à une petite fille de six ans (Giraud : *Enchiridion*, p. 652).

CHAPITRE IV.

CONDITIONS D'EXISTENCE DE L'ACTION NOXALE.

Pour qu'une action puisse s'intenter noxalement, il faut que le fait qui l'engendre réunisse quatre conditions principales :

1° Un dommage causé par une personne *alieni juris*.

2° Un dommage causé au préjudice d'un autre que le maître.

3° Un dommage causé sans l'ordre du maître.

4° Un dommage résultant d'un délit privé.

Nous renvoyons l'étude de la troisième condition au chapitre qui traitera de l'intervention du maître dans le délit de l'esclave. Nous ne nous occuperons pour le moment que des trois autres conditions.

SECTION I. — UN DOMMAGE CAUSÉ PAR UNE PERSONNE ALIENI JURIS.

Une des principales divisions des personnes, en droit romain, est celle qui les partage en personnes *sui juris* et *alieni juris*. Les premières sont celles qui ne sont placées sous aucune puissance : elles sont ou peuvent être à la tête d'un patrimoine qu'elles administrent librement ou qui est administré pour elles, dans leur intérêt, quand elles sont frappées d'une incapacité de fait. Les secondes sont placées sous la puissance d'autrui : elles ne peuvent avoir de biens que par la tolérance de celui dont elles dépendent.

Ceci posé, on ne conçoit pas la possibilité d'une action noxale dirigée contre une personne *sui juris*, car l'abandon noxal, qui est la caractéristique de l'action noxale, ne saurait être appliqué à des personnes qui, dans l'ordre privé, ne sont soumises à aucune puissance, *noxale judicium.... si liber inutile videbitur* (L. 42, pr., D., IX, 4).

Quant aux personnes *alieni juris* sont-elles toutes soumises à notre action ?

Le droit romain a consacré quatre puissances sur les personnes : la *dominica potestas*, la *patria potestas*, la *manus* et le *mancipium*. Nul doute que les esclaves et les fils de famille doivent être rangés dans notre catégorie : il suffit de parcourir les textes pour se convaincre que les actions noxales ont été spécialement instituées dans le but de réprimer leurs délits (Inst. IV, 8, pr. et § 7. — Dig., liv. IX., t. 4). Mais que décider pour les personnes *in manu* et *in mancipio* ? Les textes sont muets sur le point qui nous occupe (1). Nous ne

---

(1) Il semblerait résulter d'un texte de Gaius (IV, § 80) que les délits des individus *in mancipio* ne permettaient pas à la personne lésée d'agir noxalement. Si le titulaire de cette puissance ne consentait pas à défendre *in solidum* les personnes qui y étaient soumises, les biens qui leur auraient appartenu, si elles avaient été *sui juris*, étaient vendus. Mais ce passage de Gaius est défiguré dans le manuscrit, et la conjecture de Lachman, d'ailleurs contredite par celle de Bœcking, ne nous satisfait pas. Nous pensons que la solution que donne ce texte a plutôt trait aux contrats qu'aux délits. — Conf. com. II, § 84.

pouvons en conséquence que raisonner par analogie. Nous assimilerions volontiers aux esclaves les personnes placées *in mancipio*. Nous en donnons pour raison que, malgré les différences parfois importantes qui séparent ces deux états, le *mancipium* comporte certains effets relatifs aux biens et à la personne, dont les conséquences se lient étroitement à celles qu'engendre l'esclavage. Ainsi l'individu *in mancipio* n'acquiert de droits que pour le compte de son maître (Gaius, II, §§ 86 et 90 ; III, § 163). Il ne peut s'obliger civilement par un contrat (Gaius, III, §§ 104 et 114), et il ne devient *sui juris* que par un véritable affranchissement fait dans les formes ordinaires (Gaius I, § 138). Les textes disent de lui : *servorum loco constituitur, in imaginariam servilem causâ deductus* (Gaius, I, §§ 118 et 141, *in fine*. — L. 3, § 1, D., IV, 5).

Nous hésiterions davantage en ce qui touche la femme *in manu*, surtout quand la *manus* a été établie *matrimonii causâ*. Bien que cette puissance particulière ait pour effet de faire considérer la femme comme la fille de son mari, avec les conséquences naturelles qui découlent de cette situation, elle ne nous paraît pas susceptible d'engendrer, à l'occasion du délit de la femme, une action noxale contre le mari. L'abandon noxal eût été une atteinte grave portée aux mœurs, à la sainteté du mariage et à l'égalité des conditions entre époux (Inst., I, 9, § 1. — L. 1, D., XXIII, 2. — L. 2, C., IX, 32).

Terminons par une observation importante relative à toute personne *alieni juris*, capable de faire naître par ses délits une action noxale. Comme un délit ne saurait être commis que par un individu jouissant de toute sa raison, l'esclave ou le fils de famille ne pouvaient pas être directement poursuivis, une fois devenus *sui juris*, s'ils avaient commis le délit étant *infantes* ou *furiosi*. Rien ne nous autorise à dire que, dans l'espèce, l'action noxale n'était pas possible contre le père ou le maître. Nous pensons néanmoins que telle était la doctrine romaine. Les actions pénales ne pouvant naître dans ces circonstances, l'action noxale, qui n'est qu'une action pénale modifiée, ne pouvait naître également.

SECTION II. — UN DOMMAGE CAUSÉ AU PRÉJUDICE D'UN AUTRE QUE LE MAÎTRE.

Nous avons vu que l'esclave, obligé civilement par ses délits, peut être poursuivi après son affranchissement (L. 1, § 18, D., XVI, 3) ; c'est une exception au principe d'après lequel les dettes de l'esclave demeurent naturelles, même après qu'il a recouvré la liberté. La loi romaine paraît revenir à ce dernier principe, quand il s'agit d'un délit commis par l'esclave au préjudice de son maître. Elle pose que l'esclave affranchi ne sera tenu d'aucune action (Inst., IV, 8, § 16. — Gaius, IV, § 78. — L. 6, C., IV, 14). On comprend très bien que, durant l'esclavage, le délit de l'esclave envers son maître ne puisse engendrer, au profit de ce dernier, aucune action, de quelque nature qu'elle soit. En effet la personnalité de l'esclave en droit civil s'absorbe dans celle du maître, de telle manière qu'il ne peut exister entre l'un et l'autre aucun lien d'obligation. L'expression énergique d'*alieni juris*, employée pour désigner l'esclave, indique nettement sa situation vis-à-vis du maître. On saisirait encore moins la possibilité d'une action noxale existant au profit du maître, car celui-ci serait à la fois créancier et débiteur et s'imposerait à lui-même l'alternative de faire abandon noxal ou de payer la *litis œstimatio*. Aussi les textes sont-ils unanimes à dire que l'action noxale est dans notre cas impossible, car on n'agit pas contre soi-même : *lis nulla nobis esse potest cum eo quem in potestate habemus* (Inst., IV, 8, § 6. — L. 4, D., V, 1. — LL. 16 et 69, § 3, D., XLVII, 2). On exprime cela par la règle suivante contenue au Code (L. 21, VI, 2) : nul ne peut exercer l'action noxale à raison d'un esclave, pour lequel il serait lui-même tenu *noxaliter*. Il n'y a lieu, quand le fait se présente, qu'à l'exercice du droit de correction attaché à la puissance dominicale.

Si l'on suppose au contraire que, le délit une fois commis, le maître aliène ou affranchisse son esclave, on comprendrait mieux l'application de la règle *noxa caput sequitur*. Pourquoi donc les Romains ont-ils refusé au maître le bénéfice de cette règle ? C'est en vertu d'un principe bien connu qui est celui-ci : *quod ab initio non valet ex postfacto non potest convalescere*. Ulpien exprime la même idée en disant : *neque enim actio quæ non fuit ab initio nata, oriri potest* (L. 17, § 1, D., XLVII, 2) (1).

---

(1) Cette règle est contestable dans sa généralité. Ainsi elle n'est point toujours suivie en matière de legs, quoi qu'en dise la loi 3, § 1, D., XXXIV, 8. Même observation pour les obligations contractuelles (LL. 5 et 21, § 2, D., XLVI, 1. — L. 85, § 1, D., L, 17).

D'où il suit que la situation du maître était pire que celle d'un *extraneus*. Tandis que celui-ci pouvait agir en réparation du dommage par l'action directe contre l'esclave devenu libre, le maître ne le pouvait pas, comme il lui était interdit d'agir noxalement contre le nouveau propriétaire au cas où l'esclave changeait de maître.

Ce résultat n'est pas si injuste qu'il le paraît, car le maître avait d'abord le droit, en vertu de l'obligation naturelle de son esclave, de déduire de la valeur du pécule le montant du dommage causé (L. 9, § 6, D., XV, 1), et de plus il était présumé avoir usé de son droit de correction sur l'esclave ou y avoir renoncé, quand il l'aliénait ou l'affranchissait. Enfin, dans plusieurs cas, le maître lésé avait un certain droit de rétention sur l'esclave coupable. Ce droit de rétention, pour ne pas résulter clairement des textes, n'en est pas moins indiscutable. Ainsi l'héritier lésé par un esclave, objet d'un legs *per damnationem*, avait le droit de ne pas le livrer au légataire avant d'être indemnisé ; quoique l'héritier ait été, par suite de l'adition, un instant propriétaire de l'esclave, les conséquences du délit commis contre lui n'étaient pas anéanties (L. 70, § 3, D., XXX, 1). La même loi donne une solution identique pour le mandataire et pour l'acheteur qui exerce l'action rédhibitoire (L. 70, § 2, D., *eodem tit.*). Dans ces deux cas, les textes autorisent le maître temporaire de l'esclave, acheteur ou mandataire, qui a été victime d'un vol, à conserver l'esclave jusqu'à ce que les conséquences du délit soient réglées. Voyez encore, à l'appui de cette thèse, la loi 21, § 2, D., XXV, 2, relative au vol commis au préjudice du mari par l'esclave dotal.

Passant à une autre hypothèse, si nous supposons que l'esclave a lésé, par son délit, un étranger sous la puissance duquel ils vient plus tard à tomber, avant que l'action noxale ait été intentée contre son premier maître, notre principe reçoit son application et l'action s'évanouit encore (L. 20, D., IX, 4. — L. 18, D., XLVII, 2) (1). L'influence de ce rapport de *potestas* était telle, aux yeux des Romains, que l'école sabinienne anéantissait désormais le droit d'action, pour le cas même où l'esclave venait à changer de maître une fois de plus et à sortir de la puissance de l'étranger. Les Proculiens pensaient, au contraire, que l'action était en suspens tant que le délinquant était sous la puissance de sa victime. L'action sommeillait, *quiescit actio*, disaient-ils, de sorte que, si l'esclave venait plus tard à être affranchi ou aliéné par son maître actuel, l'action noxale, paralysée mais non éteinte, pouvait être intentée contre son nouveau maître, ou l'action directe contre lui-même (Gaius, IV, § 78. — L. 18, D., XLVII, 2). On trouve au Digeste une trace de l'opinion proculienne dans la loi 64, D., XLVII, 2 (2). Justinien consacra la doctrine

---

(1) Pour qu'il en soit ainsi, il faut que l'esclave ait passé *ante litem contestatam* sous la puissance de celui qu'il a lésé : *quodsi post litem contestatam cum redemero, condemnandus erit venditor* (L. 37, D., IX, 4). Pothier ajoute en note : *eum enim jam suo nomine habeo obligatum ex quasi contractu, quem litis contestatio inducit* (Pandectes, tit. IV, liv. IX, § VI). Voir encore L. 38, pr., *eod. tit.*

(2) M. Accarias fait remarquer avec juste raison que, dans cette opinion, l'action devait être souvent paralysée par une exception, car on ne comprendrait pas, par exemple, que le maître qui vendait son esclave pût ensuite évincer l'acheteur (Accarias, t. II, p. 1197, note 3).

sabinienne, plus logique et plus conforme aux principes (Inst., IV, 8, § 6).

Même solution, par suite de l'application de la même règle, pour le cas où l'esclave aurait lésé un de ses compagnons de servitude ou une personne libre placée sous la puissance paternelle de son maître. Il faudrait, pour que l'action noxale pût naître à l'occasion du délit de cet esclave, que le dommage eût été causé à un fils de famille possédant un pécule *castrense*, *quasi-castrense* ou *adventice*, et que la lésion eût porté sur un de ces pécules. En effet le *filiusfamilias* est, relativement à ces pécules, considéré comme chef de famille et, en cette qualité, appelé à tester, agir en justice, contracter des obligations se rapportant au pécule : *vice patrisfamilias fungitur* (L. 2, D., XIV, 6). Il peut donc naître entre le père et le fils des obligations se rapportant au pécule (L. 4., D., V, 1), et si le père commet un vol au préjudice du pécule *castrense* de son fils, le père sera obligé (L. 53, § 6, D., XLVII, 2). D'où il suit que si le *furtum*, au lieu d'avoir pour auteur le *paterfamilias* lui-même, est commis par son propre esclave, le fils pourra agir noxalement contre le père.

La loi 40, D., IX, 4, vient encore confirmer notre règle par l'examen d'une hypothèse inverse. Il s'agit d'un vol commis au préjudice du patrimoine propre de l'héritier par un esclave légué, et ce avant l'adition d'hérédité. Le légataire, qui accepte le legs de l'esclave, sera tenu de l'action noxale. Cette solution est conforme au principe, puisque le vol a été commis au détriment d'un autre que le maître : on sait en effet que l'héritier ne devient propriétaire des choses de la succession que par l'adition. Julien ajoute que le délit de vol n'existerait pas, si l'esclave avait enlevé un objet faisant partie de l'hérédité. C'est une application du principe contenu dans la loi 1, § 15, D., XLVII, 4 : *si nullus sit possessor furtum non fieri*. L'hérédité, avant l'adition, n'étant possédée par personne, on agira par l'action *ad exhibendum*.

Nous ne devons pas laisser ignorer que notre règle paraît être contredite par la loi 17, § 3, D., XLVII, 2. Ce texte se place dans l'hypothèse d'un esclave fugitif qui aurait dérobé une chose à son maître. Le maître, dit-il, pourra intenter l'action noxale contre celui qui possède l'esclave de bonne foi. Cependant notre principe s'opposerait à ce que l'action pût prendre naissance. Point n'est besoin d'expliquer ce texte, comme plusieurs l'ont fait, par cette idée que le maître, n'ayant pu exercer sur le délinquant son droit de correction, revendique ce droit en attaquant le possesseur actuel de l'esclave. Cette solution recule la difficulté sans la résoudre. N'est-il pas plus naturel de dire que l'hypothèse que prévoit la loi 17 sort de la sphère d'application de notre règle ? Si l'on suppose le vol commis au préjudice d'un *extraneus*, le maître n'eût pas été tenu *noxaliter*, par la raison bien simple qu'il n'avait pas l'esclave *in potestate et copiâ*. Nous verrons en effet qu'il faut, pour que l'action noxale soit possible, que le maître possède son esclave *animo domini* et qu'il l'ait *in potestate*. Rien d'étonnant dès lors qu'il puisse lui-même agir noxalement contre le *dominus*, puisqu'il ne se trouve plus dans les conditions d'application de notre principe (1).

Les actions noxales naissent *ex maleficiis* (Inst., IV, 8, pr. — Gaius, IV, § 75). Le mot *maleficium* a une compréhension large dans les textes : il s'entend à la fois des délits donnant lieu à une poursuite privée et de ceux susceptibles d'engendrer une peine corporelle, comme le délit d'injures (L. 17, § 4, D., XLVII, 10). Si étendue cependant que soit sa compréhension, il n'est jamais employé dans les textes comme synonyme de *crimen*. Quand un esclave se rendait coupable d'un fait donnant lieu à une poursuite criminelle, il n'y avait ordinairement pas lieu d'intenter contre son maître une action noxale (2).

La poursuite criminelle s'intentait directement contre

---

(1) Si l'on veut savoir l'intérêt que peut avoir le maître à intenter, dans notre espèce, l'action noxale plutôt que la revendication, je répondrai qu'il se soustrait ainsi au remboursement des dépenses faites par le possesseur à l'occasion de l'esclave, dépenses que celui-ci ne manquerait pas de lui réclamer sous forme d'exception à l'action *in rem* (L. 27, § 5, D., VI, 1).

(2) Nous disons ordinairement, car il ne faudrait pas croire, avec beaucoup d'auteurs, que les actions populaires, engendrant des poursuites *extra ordinem*, ne pouvaient jamais être intentées noxalement contre le maître de l'esclave. Par exemple, l'action accordée par l'édit *de dejectis et effusis*, qui est populaire, pouvait s'intenter noxalement. De même parfois l'action *de sepulcro violato* (L. 3, § 11, D., XLVII, 12). Nous adoptons à ce sujet l'explication donnée par Cujas : *Et mihi quidem videtur ratio varietatis pendere ex edictis quibus actiones proditæ sunt.... pro qualitate et magnitudine delicti* (Cujas, t. IV, p. 1921).

l'esclave, *ut in corpore luat pœnam* (1). Le maître était alors poursuivi *ad exhibendum* et avait la faculté de prendre la défense de son esclave. Si celui-ci était condamné, il subissait *in terga* la peine de son crime (L. 7, § 3, D., II, 1).

Il résulte de cette distinction que la stipulation *noxis solutum prœstari*, faite à propos d'un esclave vendu, ne s'entendait que des délits privés : *hæc stipulatio noxis solutum prœstari, non existimatur ad eas noxas pertinere quæ publicam exsecutionem et coercitionem capitalem habent* (L. 200, D., L, 16. — L. 11, § 1, D., XXI, 2).

L'action noxale s'intentait le plus ordinairement en réparation des dommages causés *furtis*, *rapinâ*, *injuriâ* et par le délit de la loi *Aquilia*. Elle s'appliquait aussi aux interdits *de vi* et *quod vi et clam* qui, pour ce motif, étaient appelés *interdicta noxalia* (L. 5, D., XLIII, 1).

Que faut-il décider pour les quasi-délits ?

Si un esclave, supposé libre, eût pu être soumis à une action *in factum quasi ex delicto*, cette action pouvait-elle être intentée *noxaliter* contre le maître ? Les textes sont sur ce point contradictoires. Les auteurs qui soutiennent l'affirmative donnent d'abord une raison d'analogie, très faible à la vérité, tirée de ce que l'action *de peculio*, que l'on donne pour les contrats des esclaves, avait lieu aussi pour les quasi-contrats. Ils disent encore que les quasi-délits ne sont jamais bien distingués des délits dans les textes. On a pu dire en

---

(1) Cujas, t. IV, p. 1921.

effet que les Romains n'avaient établi entre eux aucune distinction philosophique ou morale, mais seulement une distinction historique. La jurisprudence aurait détaché des types primitifs de délits certains faits illicites et dommageables, auxquels elle aurait appliqué une sanction particulière. Les partisans de cette opinion invoquent enfin l'autorité de plusieurs textes. L'édit lui-même du préteur la consacre : *Prætor ait, de his qui effuderint vel dejecerint, si servus insciente domino fecisse dicetur, in judicio adjiciam, aut noxæ dedere* (L. 1, pr., D., IX., 3. — L. 5, § 10, *eod. tit*). Ce dernier texte notamment est si clair qu'il est difficile aux partisans de l'opinion contraire d'en atténuer la portée. Les distinctions qu'on s'est efforcé de faire entre le *servus habitator* et le *servus non habitator* ne paraissent pas décisives. On invoque encore dans ce sens la loi 1, § 5, D., XLVII, 5.

Il existe d'un autre coté des décisions presque aussi probantes en faveur de la négative. Ainsi la loi 1, § 8, D., IX, 3, refuse nettement l'action noxale contre le maître, à propos d'un quasi-délit commis par l'esclave ; la faute de ce dernier est punie *extra ordinem officio judicis*. Voir encore L. 19, § 2, D., IX, 4. — L. 5, § 5, D., XLIV, 7. — L. 42, pr., D., XLVII, 2.

Il est difficile, en l'état des textes, de répondre à la question autrement que par une distinction. Nous poserions volontiers en principe, pour les hypothèses prévues dans l'Édit *de his qui effuderint vel dejecerint*, que l'action noxale n'est pas possible contre le père ou le maître, lorsque l'appartement est habité par une personne *alieni juris*. L'un et l'autre ne sont tenus ni *de peculio* ni *noxaliter*, car il n'y a ni contrat ni délit. L'esclave sera seul poursuivi *extra ordinem*, et le fils restera seul tenu *in solidum*. Mais si au quasi-délit du fils ou de l'esclave vient s'ajouter un quasi-délit du père ou du maître, l'action noxale pourra être intentée (1). Bien plus, s'il y a connivence du maître dans le quasi-délit de l'esclave, soit par *jussus*, soit autrement, le maître sera seul tenu *in solidum*, comme il arrive pour les délits. Nous pourrions appliquer le même raisonnement à l'individu *alieni juris* qui fait le procès sien. Quant au délit commis à l'encontre d'un passager par l'esclave d'un *exercitor navis*, l'action noxale sera toujours possible, sauf cependant l'exception relative à l'intervention du maître dans le quasi-délit de l'esclave. La loi 1, § 6, D., XLVII, 5, en donne pour raison que le maître ne choisit pas ses esclaves.

En résumé, nous pencherions plutôt vers l'affirmative, sous le bénéfice des distinctions précédentes. Elle est mieux appropriée à l'idée que se faisaient les Romains des quasi-délits, lesquels n'étaient pour eux en quelque sorte que des délits dégénérés. Du reste, l'expression *noxia* était indifféremment employée pour désigner tous les dommages causés sans droit, soit *ex delicto*, soit *quasi ex delicto*.

Le titre de notre section écarte les contrats de la sphère d'application de l'action noxale. Le maître peut être tenu, par le fait de son esclave, de deux manières : *ex contractu* ou *ex delicto*. Supposons

---

(1) Pothier, *Pandectes*, liv. IX, tit. 4, § III.

qu'un esclave, auquel son maître a concédé un pécule, se trouve lié avec un tiers par un rapport contractuel. Nous savons que la concession d'un pécule donne pouvoir à l'esclave d'obliger son maître, même à son insu, dans la limite de son enrichissement ou des forces du pécule. L'action *de peculio* qui s'intente contre le maître, pour sanctionner les obligations de l'esclave, sera mise en mouvement par le créancier pour produire les effets limités qu'elle comporte. Si au contraire le fait de l'esclave est un délit, le tiers lésé intentera contre le maître l'action noxale. L'une et l'autre de ces actions ont leur champ d'application bien déterminé ; elles ne sauraient être intentées cumulativement, ni indistinctement l'une pour l'autre. Avec l'action *de peculio*, le créancier ne sera intégralement désintéressé qu'autant que le maître aura profité de toute l'affaire ou que le pécule aura une valeur au moins égale à sa créance. Tout cela encore sous la réserve de la règle : *in actione de peculio occupantis melior est conditio* (L. 10, D., XV, 1). Avec l'action noxale, le créancier n'est assuré d'obtenir une indemnité complète que si la valeur de l'esclave égale la *litis æstimatio*. Celui qui met en mouvement l'une ou l'autre de ces actions court donc le risque de subir une perte avec un maître parfaitement solvable. Ce qu'il importe avant tout de savoir, c'est qu'un maître ne sera jamais admis à désintéresser un tiers créancier *ex contractu* par l'abandon de l'esclave contractant, pas plus qu'il ne lui sera permis de restreindre dans les limites du pécule la condamnation prononcée sur une instance née *ex maleficio*.

Les textes établissent de la manière la plus précise

la distinction que nous venons d'énoncer. *Noxales actiones appellantur, quæ non ex contractu sed ex noxâ atque maleficio servorum adversus nos instituuntur* (L. 1, D., IX., 4. — L. 4, § 1, D., XI., 5). Paul formule le même principe avec la même netteté dans la loi 49, D., XLIV, 7 : *ex contractibus venientes actiones in heredes dantur, licet delictum quoque versetur, veluti quum tutor in tutelâ gerendâ dolo fecerit, aut is apud quem depositum est. Quo casu etiam cum filiusfamilias aut servus quid tale commiserit, de peculio actio datur non noxalis.* Voyez encore L. 9, § 4, D., IV, 3. — L. 1, § 7, D., IX, 3. — L. 3, § 6, D., XI, 6. — L. 5, § 11, D., XLIV, 7. — Comp. Gaius, IV, § 75. — L. 7, § 6, D., IV, 9. — L. 45, pr., D., XIX. 2. — L. 58, D., L, 17).

Ce principe ne nous semble point comporter d'exceptions, quoi qu'en aient dit certains interprètes. Pothier notamment soutient (1) que la loi 24, § 3, D., IV, 4, crée un cas particulier dans lequel l'action de dol est donnée noxalement dans une hypothèse où le dol se rattache à un contrat.

Remarquons tout d'abord que nous sommes ici dans la matière toute spéciale de l'*in integrum restitutio*. De plus le texte qu'on invoque peut s'expliquer autrement. Il paraît contenir deux hypothèses. La première viserait un contrat dolosif qui donnerait naissance à l'action *de peculio* ; la seconde se référerait à un dol commis *extra contractum*, comme peut le faire supposer la phrase incidente : *et dolus servi intervenerit*. Il

---

(1) *Pandectes*, Liv. IX, tit. IV, § 3.

n'est donc pas étonnant dans ce dernier cas que l'on puisse agir *noxaliter*. La distinction entre ces deux espèces de dol est très bien établie dans la loi 9, § 4, D., IV, 3, par Labéon : *de dolo actionem servi nomine, interdum de peculio, interdum noxalem dari*.... La suite du texte confirme nettement ces prémisses (1).

Quelques auteurs voient encore une dérogation à notre règle dans la loi 4, D., XIII, 1. Il s'agit d'un esclave qui a commis un vol. On intentera la *condictio furtiva* contre le maître, dans les limites de l'*in rem versum* ; pour le surplus, le texte porte qu'on agira noxalement contre lui. Sans prendre parti dans la controverse qui existe sur le point de savoir si la *condictio furtiva* naît *quasi ex contractu* ou *ex delicto*, et en nous plaçant même sur le terrain de ceux qui la font dériver d'un quasi-contrat, nous pensons que ce texte ne contredit point notre principe. En effet il ne dit pas que la condamnation devra comprendre toute la valeur de l'objet volé, avec faculté pour le maître de se libérer par abandon noxal pour tout ce qui dépasse son enrichissement ; il montre clairement au contraire que l'objet de la *condictio* est uniquement l'*in rem versum*.

---

(1) Le dol change de nature selon les circonstances ; d'où il suit que l'action de dol n'a pas un caractère nettement déterminé. Elle est tantôt pénale, tantôt persécutoire : pénale, lorsque le dol se commet en dehors d'un contrat préexistant ; persécutoire ou contractuelle, quand il se rattache à un contrat (L. 8, § 1, D., XXVII, 7. — LL. 152, § 3, et 157, § 2, D., L, 17). Paul ne craint même pas d'avancer que le dol, considéré en lui-même, est toujours un délit (L. 49, D., XLIV, 7).

On intente l'action noxale pour le surplus parce que le maître reste tenu, pour le compte de l'esclave, de l'action *furti*, laquelle se donne noxalement. Plusieurs textes prouvent que le maître d'un esclave qui s'est rendu coupable d'un vol est tenu *suo nomine* pour le profit qu'il en a tiré, indépendamment de l'action noxale exercée contre lui : *si vero noxali conventus maluerit noxæ dedere, nihilominus ipse poterit conveniri, si ad eum res pervenerit* (L. 16, § 1, D., IV., 2. — L. 3, § 12, D., XV, 1. — L. 4, C., III, 41) (1).

CHAPITRE V.

A QUI EST DONNÉE L'ACTION NOXALE.

L'action noxale peut être intentée par toute personne lésée par le délit d'un esclave. Un texte de Celse contient une hypothèse curieuse, dans laquelle l'action noxale est donnée même au voleur qui a été volé (L. 69, § 4, D., XLVII, 2). Nous savons d'autre part qu'un fils de famille peut l'intenter contre son père, lorsque l'esclave de ce dernier a commis un délit au préjudice du pécule. Réciproquement l'action noxale était, suivant les circonstances, donnée au père contre le fils (L. 52, §§ 4 et 6, D., XLVII, 2). Enfin, nonobstant la

---

(1) Les actions pénales peuvent parfois prendre la qualification de noxales, quand elles sont à la fois pénales et *rei persécutoires*. Il en est ainsi notamment de l'action *vi bonorum raptorum* donnée au quadruple (L. 2, pr., D., XLVII, 8).

règle que les actions nées *ex contractu* ou *ex delicto* en la personne du fils de famille ne peuvent être intentées que par le père, le fils pouvait, à la condition d'employer une formule *in factum*, mettre en mouvement l'action noxale, toutes les fois que le père absent n'avait point laissé de procureur (L. 18, § 1, D., V, 1. — L. 19, D., XVI, 3. — L. 3, D., XLIV, 7. — L. 17, § 11, D., XLVII, 10).

Entre mari et femme, il n'y avait pas lieu à l'action *furti*. Le vol donnait lieu à une simple réparation civile obtenue par l'action *rerum amotarum* ou par une *condictio* (L. 1, D., XXV, 2. — L. 53, § 2, D., XLVII, 2). Néanmoins l'action noxale était possible entre époux. Le mari notamment pouvait l'intenter contre sa femme, lorsque l'esclave de celle-ci avait commis un vol à son préjudice (L. 3, § 1, D., XXV, 2. — L. 53, § 3, D., XLVII, 2).

Deux cas toutefois se présentaient dans lesquels la personne lésée ne pouvait agir *noxaliter*. Nous en connaissons déjà un : celui d'un maître victime lui-même du délit de son esclave. Le maître dans cette hypothèse n'a point d'action contre son esclave ; il trouve dans le droit de correction attaché à la puissance dominicale un moyen suffisant de répression. L'autre cas se trouve développé dans la loi 55, *aliàs* 53, § 2, D., XLVII, 2. Ce texte suppose qu'un esclave a dérobé à son maître commodataire la chose qui lui a été prêtée. Le commodant agira contre le maître, non par l'action *furti noxalis*, mais par l'action *commodati*. La raison est que la chose se trouvait aux risques du commodataire. C'est dire que cette exception entre en quelque sorte dans la première, car il y a certaine analogie entre un propriétaire et celui qui est responsable d'un objet confié à ses soins. Cujas (1) prévoit à ce sujet plusieurs hypothèses. Si le commodant a lui-même volé la chose prêtée au commodataire, il n'y aura lieu ni à l'action *furti*, ni à l'action *commodati* (L. 59, *aliàs* 61, D., XLVII, 2). Si le voleur est l'esclave du commodant et si le commodataire est solvable, le premier est tenu de l'action noxale, et le second de l'action *commodati*. Le § 1 de notre loi ajoute que les deux actions s'évanouissent en même temps, si les deux adversaires s'en font mutuellement remise.

Parcourons diverses hypothèses se rapportant à notre première exception, et demandons-nous d'abord comment est traité le co-propriétaire par indivis d'un esclave qui commet un délit au préjudice de l'un de ses maîtres.

La loi 17, § 9, D., XLVII, 10, nous répond que les choses se passeront comme s'il était seul maître. La raison est toujours la même : *ea propter quia et ipse injuriarum actione tenetur.* Voy. encore L. 41, D., IX, 4. Donc l'action noxale ne sera pas possible. Comment alors le co-propriétaire lésé obtiendra-t-il réparation ? Par l'action *communi dividundo* ou *familiæ erciscundæ* (L. 41, D., IX, 4. — L. 16, § 6, D., X, 2. — L. 61, *aliàs* 63, pr., D., XLVII, 2). Cette action, qui tend seulement à une condamnation au simple, prendra-t-elle un caractère de quasi-noxalité en devenant pénale ? Les textes que nous venons de citer l'affirment : *arbitrio judicis*

---

(1) *In lib. XXXIX Pauli ad Edictum, ad legem 53, de furtis,* § 1.

continetur, ut aut dammum præstet aut parte cedat (L. 61, *de furtis*). Ulpien ne paraît pas avoir admis cette solution (L. 27, D., IX, 2) : *cessat actio noxalis, ne sit in potestate servi unius soli ex dominis serviat.* Le danger signalé dans ce texte est évident ; mais il faut remarquer qu'il est de nature à se produire dans toutes les actions noxales. L'esclave aura toujours pouvoir de grossir son délit, de manière à placer son maître dans l'impossibilité de payer la *litis æstimatio* et l'obliger ainsi indirectement à faire abandon noxal. La loi 61, pr., signale encore d'autres dangers. Si l'esclave devient libre, les co-propriétaires lésés ne seront plus admis à le poursuivre, pas plus que le maître, lésé par son esclave, n'est autorisé à agir noxalement contre lui après l'avoir affranchi. Cela vient de ce que l'action *furti* n'a pu prendre naissance au moment du délit. Enfin, si l'esclave vient à mourir, il est bon de noter que les co-propriétaires, ne pouvant plus être poursuivis *communi dividundo*, puisqu'il n'y a plus rien à partager, seront néanmoins passibles de poursuites, au cas où ils auraient tiré profit du délit.

Tout autre serait le cas de l'usufruitier d'un esclave. Il pourrait agir noxalement contre le nu-propriétaire, car il n'y a pas entre eux communauté de possession. L'usufruitier doit être traité comme un étranger et non point comme un maître (L. 18, D., IX, 4. — L. 17, § 9, D., XLVII, 10) (1). Au reste l'usufruitier lui-même

---

(1) *Hic non pro domino, sed pro extraneo habetur.* Pothier, *Pandectes*, liv. IX, tit. IV, § 4.

n'est pas tenu *noxaliter*, à raison d'un délit commis par l'esclave, objet de l'usufruit, à l'encontre d'un *extraneus*. L'abandon noxal, fait par le nu-propriétaire à l'usufruitier, aura pour effet d'éteindre l'usufruit par consolidation (L. 27, D., VII, 4).

Il nous reste à dire un mot du cas où un esclave a endommagé une chose commune à plusieurs maîtres. L'action noxale naît alors au profit de plusieurs personnes; mais le maître ne doit qu'une fois la *litis œstimatio* ; il est libéré par l'abandon noxal fait conjointement à tous les communistes, et même à l'une quelconque des personnes lésées (L. 27, § 2, D., IX, 2. — LL. 11 et 20, *eod. tit.* — L. 19, pr., D., IX, 4). Dans ce dernier cas, les autres co-propriétaires agissent contre celui à qui l'abandon a été fait par l'action *communi dividundo*.

CHAPITRE VI.

CONTRE QUI EST DONNÉE L'ACTION NOXALE.

Pour être tenu de l'action noxale, il faut d'abord posséder l'esclave auteur du délit. Point n'est besoin d'en être propriétaire ; il suffit de l'avoir en sa possession. Les lois 7, pr., et 38, § 1, D., IX, 4, combinées résument très bien les principes du droit en cette matière. *Noxalis autem non aliàs datur, nisi apud me sit servus ; et si apud me sit, licet eo tempore non fuit quo delinquebat, teneor.* — *Si servum pro derelicto habeam qui tibi furtum fecerat et liberari me quia statim meus esse desinit.* Hâtons-nous de dire cependant que toute possession est loin de suffire pour donner ouverture à notre action. Il faut pour cela que le possesseur se comporte comme s'il était propriétaire et qu'il possède l'esclave *animo* ou *opinione domini*. Le possesseur de bonne foi et le possesseur de mauvaise foi sont tenus de l'action noxale (LL. 11, 12, 13 et 28, D., IX, 4).

La possession *animo domini* est donc suffisante. Est-elle en même temps nécessaire, comme le pensent la plupart des auteurs ? Nous ne le croyons pas. Il est vrai que certains textes refusent à tous ceux qui ne possèdent pas *animo domini*, tels que le gagiste, le précariste, le commodataire et l'usufruitier, le droit de défendre à une action noxale. Les lois 18 et 22, § 1, D., IX, 4, sont, dit-on, formelles. Nous ne nions pas que tel soit le principe, mais nous disons qu'il ne fait pas loi. Nous croyons en effet avec Pothier (1) que cette situation a été faite aux possesseurs dont nous venons de parler, pour parer à deux inconvénients. On a voulu éviter d'abord le peu d'efficacité d'un abandon noxal effectué par un non-propriétaire (L. 54, D., L, 17). On a de plus cherché à simplifier la procédure et à diminuer le nombre des recours. La solution que donnent les lois 18 et 22 sera mise en pratique quand le maître sera présent et acceptera de défendre à l'action. Mais si on le suppose absent, incapable de plaider ou prêt à faire sans débat l'abandon noxal pour se soustraire aux ennuis d'un procès, les possesseurs de

---

(1) Pothier, *Pandectes*, liv. IX, t. IV, § 6.

l'esclave, ceux mêmes qui ne possèdent pas *animo domini*, recouvreront alors le droit et le pouvoir de défendre à l'action qu'intente la partie lésée : *si ego dominus proprietatis eum servum nolui defendere, defensio tibi (usufructuario) permittenda est* (L. 17, § 1, D., IX, 4). Bien plus, les lois 3, D., II, 9 et 27, pr., D., IX, 4, mettent même le créancier gagiste et l'usufruitier dans l'obligation de défendre à l'action noxale, sous peine de se voir refuser par le préteur l'action hypothécaire ou confessoire contre le demandeur qui se serait emparé de l'esclave. Le texte ajoute que, dans ce cas, le droit de gage s'éteint *ipso jure* et que le droit d'usufruit reste soumis à ses causes habituelles d'extinction.

Citons encore à l'appui de notre thèse les lois 26, § 6, et 30, D., IX, 4. Le premier de ces textes suppose que le maître présent a fait, sans procès, en l'absence de l'usufruitier ou du créancier gagiste, abandon de l'esclave au demandeur. Alors, de peur que le dol du maître ne vînt à porter préjudice à d'autres que lui, le préteur, sur la demande des parties, remettait les choses en l'état, de manière que le créancier gagiste ou l'usufruitier pussent défendre eux-mêmes pour leur esclave dans une nouvelle instance. *Jus non corrumpitur*, dit la loi 30, *sed reversus defendendi ex bono et œquo potestas datur*.

Ajoutons que les titulaires de droits réels dont nous venons de parler étaient associés à la mauvaise fortune du *dominus*. La loi 17, § 1, D., IX, 4, porte que l'usufruitier doit, sur la demande du nu-propriétaire qui veut transférer le *plenum dominium* au tiers lésé, payer la partie de la *litis œstimatio* correspondante à son droit d'usufruit, ou faire abandon de ce droit lui-même. Ce n'est autre chose que l'alternative imposée au défendeur à l'action noxale.

A la condition d'une possession *animo domini* exigée en principe chez le défendeur, doit s'ajouter une autre condition que les textes appellent la *potestas*. Qu'est-ce que la *potestas?* Ce mot désigne ordinairement l'ensemble des droits que le maître a sur l'esclave, ou le père sur le fils. C'est dans ce sens que sont prises les expressions *dominica potestas, patria potestas*. Dans la matière des actions noxales, *potestas* a une signification particulière qui nous est donnée par la loi 215, D., L., 16. Après avoir parcouru les diverses acceptions de ce mot, Paul ajoute : *At cùm agimus de noxæ deditione cum eo qui servum non defendit, præsentis copiam et facultatem significamus*. Les sentences de Paul, II, 31, 37, et la loi 21, § 3, D., IX, 4, adoptent la même idée et citent comme exemple d'absence de *potestas* chez le maître le cas de l'esclave *qui in fugâ vel peregre est*. Quand on ne peut ni exhiber ni livrer son esclave, on est censé ne pas l'avoir *in potestate*, bien que cependant le maître ne perde point son droit de propriété sur l'esclave en fuite.

La *potestas* n'est pas non plus la possession. Le maître peut avoir son esclave *in potestate*, lors même qu'il l'a donné en gage (L. 22, §§ 1 et 2, D., IX, 4). Mais il faut pour cela qu'il ait la *facultas repetendi servum*, c'est-à-dire qu'il ait à la disposition du créancier gagiste la somme nécessaire pour le désintéresser et reprendre son gage. Notre loi traite d'abord de la situation du maître qui a donné son esclave en dépôt ou qui en a fait l'objet d'un commodat. Le tiers lésé pourra agir noxalement contre lui, parce qu'il a l'esclave *in potestate, maximè si copiam habet recuperandi hominis*. Ces derniers mots nous paraissent faire allusion au cas où, pour le commodat, un terme a été stipulé en faveur du commodataire, cas auquel le maître n'est point censé avoir la *facultas recuperandi*.

L'esclave serait encore plus *in potestate* si le maître avait demandé, à titre de faveur, à l'usufruitier ou au créancier gagiste de posséder l'esclave (L. 19, § 1, D., IX, 4).

En résumé, la *potestas* nous paraît être un état de fait qui est le plus souvent la possession réelle et quelquefois la possession juridiquement éventuelle de l'esclave.

La personne qui a, à un moment donné, la *potestas* sur l'esclave ne saurait échapper à l'action noxale en alléguant que sa propriété est soumise à une cause d'éviction. Ainsi, lorsqu'un esclave donné en gage, puis soustrait frauduleusement par le débiteur, a été vendu par celui-ci à un tiers étranger, l'acheteur, bien qu'exposé à l'action quasi-Servienne ou Servienne du créancier gagiste, n'en sera pas moins tenu de l'action noxale. Il suffit en effet qu'il ait l'esclave *in potestate* et qu'il le possède *animo domini*. Même solution à l'encontre de ceux qui ont acheté un esclave d'un mineur de 25 ans, ou d'un vendeur qui l'a cédé en fraude des droits de ses créanciers. L'action Paulienne, possible dans notre espèce, ne fait pas obstacle à l'exercice de l'action noxale (L. 36, D., IX, 4).

Le défaut de *potestas* explique, comme nous l'avons dit déjà, la décision de la loi 17, § 3, D., XLVII, 2, relative à l'esclave fugitif possédé par un tiers.

Sur la nécessité de la *potestas* chez le défendeur à l'action noxale, nous pouvons invoquer encore les lois 1, §§ 13 et 16, D., IX, 1. — 39, § 4, et 42, § 1, D., IX, 4. — 16, pr., D., XI, 1). Le premier de ces textes porte que si l'esclave meurt *antequam judicium accipiatur*, le maître n'est plus tenu de l'action. Même solution pour l'action *de pauperie*, analogue à l'action noxale, quand l'animal auteur du dommage meurt *ante litem contestatam*. Le paragraphe 16 de la loi 1, D., IX, 1, nous en donne la raison en ces termes : *quia dominus noxæ dedendæ facultatem amiserit*. Le maître, n'ayant pas l'esclave *in potestate*, ne saurait être tenu.

Il est un cas cependant où celui qui manque de la *potestas* peut être néanmoins actionné *noxaliter*. Si, dans une *interrogatio in jure*, le défendeur avait répondu faussement qu'il était propriétaire de l'esclave au nom duquel il comparaissait, il était tenu comme s'il était propriétaire en vertu du principe : *qui interrogatus responderit sic tenetur, quasi ex contractu ejus obligatur* (L. 11, § 9, D., XI, 1) (1). L'action qui était alors donnée contre lui était bien l'action noxale, puisqu'il lui était permis de se libérer par l'abandon noxal,

---

(1) Cette solution se relie très naturellement au principe qui reçoit son application dans la revendication. Celui qui *liti se obtulit* dans l'action *in rem*, sans avertir le demandeur qu'il ne possède pas, est tenu comme s'il était réellement possesseur (LL. 25 et 26, D., VI, 1).

lorsqu'il y avait pour lui possibilité de le faire (1).

On s'est demandé à ce propos si le *verus dominus* restait engagé malgré les poursuites intentées contre le défendeur non propriétaire. Pourra-t-il être poursuivi en sous-ordre, si le défendeur n'a fourni ni l'esclave, ni la *litis œstimatio* ? Le jurisconsulte Paul, qui répond à notre question, paraît ne pas toujours avoir appliqué la même solution à ce point de droit. L'affirmative semble en effet résulter de la loi 26, § 3, D., IX, 4, et la négative des lois 8 et 20, pr., D., XI, 1. Nous serions disposé à croire, eu égard à la clarté de ces derniers textes, que Paul a professé l'opinion qui libère le *verus dominus* de toute poursuite ultérieure. Rien de téméraire à prétendre que les rédacteurs du Digeste aient pu reproduire incomplétement la phrase de Paul, en écrivant dans la loi 26 *altero solvente*, quand il aurait fallu *altero non solvente*.

La loi 16, D., XI, 1, paraît établir une exception au principe que celui qui, dans une *interrogatio in jure*, prétend avoir l'esclave *in potestate* est tenu comme s'il en était propriétaire. Ulpien suppose que, les choses étant telles, l'esclave tombe au pouvoir de l'ennemi. Il n'y aura pas lieu, dit-il, à l'action noxale, car l'esclave n'est pas censé être en notre pouvoir. Ici encore l'influence de la *potestas* se fait sentir d'une manière décisive.

---

(1) La loi 39, § 1, D., IX, 4, exige que, dans ces circonstances, le défendeur fournisse la *satisdatio judicatum solvi* ; c'est l'application de la règle : *nemo alienæ rei sine satisdatione defensor idoneus intelligitur* (Inst., IV, 11, § 5).

Il est temps de nous demander si les conditions de possession *animo domini* et de *potestas* doivent exister chez le défendeur, à l'occasion de toute action susceptible de prendre la qualification de noxale. Cette question importante, qui se pose sur la loi 27, § 3, D., IX, 2, a été l'origine d'un assez long débat chez nos anciens commentateurs. Il s'agissait de savoir si l edéfendeur à l'action *legis Aquiliæ* devait réunir sur sa tête les deux conditions dont nous venons de parler, pour qu'il fût possible à la partie lésée de le poursuivre noxalement. Le texte cité contredit nos données précédentes dans des termes si affirmatifs qu'il est difficile de ne point admettre que le délit de la loi *Aquilia* obéissait à des principes particuliers. D'un autre côté, comme on ne saisit pas bien la raison de cette différence, plusieurs auteurs et notamment Cujas se sont efforcés de faire entrer le cas prévu par la loi 27 dans le système général exposé plus haut.

Le fragment d'Ulpien peut se diviser en deux parties. La première contredit notre thèse sur la nécessité de la possession *animo domini*; la seconde, sur la nécessité de la *potestas*. L'une et l'autre condition ne seraient pas exigées chez le défendeur à l'action *legis Aquiliæ*. Voici d'ailleurs la première partie du texte relative à la possession.: *servi occidentis nomine dominus tenetur; is vero cui bonâ fide servit non tenetur*. Certains commentateurs, notamment Cujas (1) et Henricus Zoësius (2), frappés de la dérogation spéciale que créait

---

(1) *Ad Afric. tract.*, 6, *ad legem 28, De noxalibus actionibus*.
(2) *In Pandectas*, p. 218.

cette loi, ont cherché à en restreindre la portée. Les uns ont dit que les mots *is cui bonâ fide servit non tenetur* voulaient exprimer l'impossibilité dans laquelle se trouvait le possesseur de rendre le demandeur propriétaire de l'esclave, en le lui abandonnant noxalement. Celui-ci ne saurait exiger le paiement de la *litis œstimatio*, sous prétexte que la *deditio noxalis* serait nulle. Mais on ajoute bien vite que le possesseur serait tenu de faire abandon de son droit de possession sur l'esclave ; on invoque en ce sens la loi 8, D., XI, 1, dans laquelle il est dit d'un non-propriétaire : *tenebitur lege Aquiliâ quasi dominus*. Les autres ont prétendu que la loi 27 entendait parler, non de celui qui est *in possessione*, mais de celui *qui tempore judicii possidere desiit*. On invoque en ce sens la loi 21, C., VI, 2.

L'une et l'autre de ces explications ne sauraient nous satisfaire. La dernière est purement gratuite. La première nous paraît porter à faux, par la raison bien simple que la loi 8, D., XI, 1, sur laquelle elle se base, ne fait qu'appliquer les règles particulières à l'*interrogatio in jure*, dont nous avons déjà parlé. Celui qui a répondu est tenu par le seul fait de son aveu, qu'il soit ou non possesseur. Le même reproche peut d'ailleurs s'appliquer à ces deux thèses. Traduire *non tenetur*, par *tenetur ut suâ possessione cedat*, ce n'est pas seulement torturer les textes, c'est prêter aux mots une signification qu'ils n'ont dans aucune loi. Bien au contraire, le même jurisconsulte qui a écrit la loi 27, Ulpien, dit plus loin, en traitant du vol : *bonâ fide ejus possessor ejus nomine furti actione tenetur* (L. 11, D., IX, 4).

Nous préférons donc admettre, avec la majorité des auteurs, que la loi 27 fait brèche à notre principe en édictant à propos du délit de la loi *Aquilia* une exception qui, pour ne reposer sur aucune base juridique, n'en est pas moins réelle.

Zimmern (1) est allé plus loin encore. Renversant la théorie que nous avons fait résulter de la loi 11, D., IX, 4, d'après laquelle le possesseur est tenu de l'action noxale, et faisant en quelque sorte de la règle l'exception et de l'exception la règle, cet auteur a prétendu que le principe qui devait régir la matière se trouvait non dans la loi 11, mais dans la loi 27, *ad legem Aquiliam*. Ce qui revient à dire que l'obligation du possesseur à l'action noxale doit être restreinte au délit de vol. A l'appui de son opinion, cet auteur invoque la loi 21, C., VI, 2. Justinien rappelle dans cette constitution qu'une controverse avait surgi parmi les jurisconsultes sur le point de savoir si, dans notre espèce, l'obligation de défendre à l'action noxale incombait au *dominus* ou au possesseur. L'empereur se prononce pour l'admissibilité de l'action contre le possesseur ; c'est cette décision que nous trouvons reproduite au Digeste, avec ses conséquences, dans un fragment de Paul, qui est la loi 17, § 3, D., XLVII, 2. La question, dit Zimmern, n'avait été agitée et résolue dans ce sens qu'en ce qui concerne le *furtum*. Ce qui le prouve, c'est que la constitution citée ne vise spécialement que le délit de vol,

---

(1) *Théorie des actions noxales en droit romain*, cité par Etienne *(Institutes)*, éd. 1846, p. 375.

comme d'ailleurs les textes du Digeste qui traitent de notre question. On ne saurait étendre sans raison la portée d'un texte. Or l'on a en présence deux lois contradictoires, l'une se rapportant au délit de la loi *Aquilia*, l'autre au *furtum*. Il faut donc opter entre les deux et chercher la règle dans l'une ou dans l'autre. La loi 21 au Code vient démontrer qu'elle se trouve dans la première et que la seconde ne contient qu'une exception apportée au principe.

Telle n'est pas notre opinion. Nous verrons bientôt, en étudiant le second paragraphe de la loi 27, que le délit de la loi *Aquilia* comporte une nouvelle dérogation aux principes généraux, touchant la nécessité de la *potestas* chez le défendeur. Nous aurons à noter, dans le cours de cette étude, d'autres décisions particulières à ce délit qui lui font pour ainsi dire une place à part dans le système des actions noxales. Dès lors, rien de bien étonnant que l'exception, pour ce qui nous concerne, réside dans la loi 11 plutôt que dans la loi 27. Au reste, l'argument que tire Zimmern de la loi 21 au Code est peu concluant. Si Justinien n'y parle que du *furtum*, c'est que ce délit était très fréquent chez les esclaves. L'expression *furtis noxisque solutus* nous indique la place prépondérante qu'on faisait au *furtum* dans le mécanisme des actions noxales. Une preuve enfin de ce que la constitution précitée ne parle du vol qu'à titre d'exemple, c'est qu'elle rappelle, en la spécialisant, la règle : nul ne peut exercer l'action noxale s'il en est tenu. Or cette règle s'applique, à n'en pas douter, à tous les délits susceptibles d'engendrer des poursuites noxales.

Nous venons de dire que la deuxième partie de la loi 27 contenait une seconde exception se rapportant encore au *dammum injuria datum*. Le texte s'exprime ainsi : *sed an is qui servum in fugâ habet, teneatur nomine ejus Aquiliæ actione, quæritur ; et ait Julianus teneri.* C'est dire, à l'encontre du principe ci-dessus développé, que la *potestas* n'est point exigée chez le défendeur à la loi *Aquilia*. Ici encore certains commentateurs se sont refusés à voir une dérogation à la règle. On a dit que le maître était poursuivi comme tenu de donner caution pour la défense ou l'abandon de l'esclave *si in potestatem ejus pervenisset*. On argumente par analogie de l'action *ad exhibendum* dans laquelle le maître doit *cavere ad exhibendum (servum) si in potestatem ejus pervenerit* (L. 5, § 6, D., X, 4). C'est encore, à notre avis, pressurer le sens des mots que traduire *teneri* par *teneri ad cavendum*, d'autant mieux que la loi 5, dont on prétend tirer parti, a soin de spécifier la nature d'action qu'on ne pourra intenter contre le possesseur : *ad exhibendum non tenetur*.

En résumé, nous croyons qu'il faut prendre son parti de la double dérogation contenue dans la loi 27. Si difficile qu'il soit de la motiver, nous pensons qu'elle ne doit pas nous surprendre outre mesure, étant donnés les caractères particuliers du *damnum injuria datum*. En effet, le délit de la loi *Aquilia* est un véritable délit civil, à la différence du *furtum*, de la *rapina* et de l'*injuria*, qui appartiennent par leur nature au droit criminel, tout en donnant lieu à des poursuites privées. Ne pourrions-nous pas trouver, dans le système que nous développions au début, l'explication que nous cherchons ? Le délit de la loi *Aquilia*, n'exigeant pas un dol chez le délinquant, ne fait pas encourir par lui-même une répression criminelle. Il a plutôt, à la différence des autres délits, pour objet direct et principal la réparation du préjudice causé.

Lorsqu'un esclave a volé ou injurié quelqu'un, le tiers lésé, qui est autorisé par la loi même à se venger sur la personne de l'esclave, a le droit de s'emparer de lui en quelques mains qu'il se trouve, et ce à la fois au nom de ses intérêts lésés et de la vindicte publique. Voilà pourquoi le simple possesseur lui-même est tenu de supporter l'action et de livrer l'esclave, s'il ne préfère se rédimer autrement. Aussi la *potestas* est-elle nécessaire pour que justice soit faite promptement et sûrement. Au contraire, quand la victime a éprouvé un *dammum injuria datum*, le caractère dominant de civilité de ce délit fait que c'est principalement le *dominus* qui doit être recherché, aussi bien activement que passivement, comme s'il était en quelque sorte civilement responsable. Les lois 11, §§ 6 et 13, pr., D., IX, 2, prouvent en effet qu'on s'attachait avec rigueur, dans la loi *Aquilia*, à la qualité de *dominus*.

CHAPITRE VII.

DE LA RÈGLE « NOXA CAPUT SEQUITUR ».

L'occasion nous paraît bien choisie pour dire un mot de cette règle remarquable, qui prescrit à la victime du délit d'un esclave de diriger l'action non contre celui qui possédait le délinquant au jour du délit, mais contre celui qui le possède au jour du procès. L'action noxale ne se fixe donc pas, comme les autres actions personnelles, sur un sujet déterminé. Elle est essentiellement mobile, quoique personnelle, ce qui lui donne un certain caractère de réalité qui ne s'explique guère, comme nous l'avons dit en débutant, que par l'absence de responsabilité chez le maître (Gaius, *Comm.*, IV, § 77. — Inst., IV, 8, § 5. — LL. 20 et 43, D., IX, 4. — L. 1, C., III, 41).

Si l'esclave vient à mourir, l'action noxale s'éteint (L. 39, § 4., D., IX, 4). S'il est abandonné par son maître, *derelictus*, l'action ne saurait être intentée, car il n'y a pas de possesseur. La partie lésée aura alors toute facilité pour se faire justice elle-même. Avec la permission du préteur, l'esclave sera saisi ; il subira le châtiment qu'il mérite et pourra même devenir par usucapion la propriété de celui qu'il a lésé. Si l'esclave vient à changer de maître, ce n'est point l'ancien maître qui sera tenu, mais celui même qui le possède actuellement. S'il est affranchi, c'est lui-même qui sera poursuivi : *sed ipse servus manumissus tenetur* (L. 6, D., IX, 4). La loi 15, D., XIII, 1, ne contredit point cette thèse quand elle dit : *condici ei non potest, nisi liber contrectaverit*. En effet la *condictio furtiva* ne se donne pas contre l'esclave, « parce que, dit M. de Savigny (1),
» l'obligation qui lui sert de base est comme résultant
» d'un contrat seulement *naturalis*, mais n'est pas fondée

---

(1) *Système*. Appendice XIV, p. 553.

» sur le délit. » Au reste, la *condictio furtiva* se fonde surtout sur la possession injuste de la chose, possession qui ne saurait jamais être attribuée à l'esclave.

Si nous supposons enfin une instance engagée contre le *dominus*, au cours de laquelle l'esclave acquiert sa liberté, l'action se continuera non contre le maître, mais contre l'esclave devenu libre. Il y aura lieu à une *translatio judicii* qui s'opérera par un changement dans la formule (L. 15, D., IX, 4).

On nous fera peut-être remarquer que, si la règle *noxa caput sequitur* ne manquait pas de logique, elle était au moins injuste, en ce sens qu'elle mettait le maître exempt de faute dans l'alternative de faire abandon de l'esclave ou de payer la *litis œstimatio*. En effet, si quelqu'un a péché, ne fût-ce que par défaut de surveillance, c'est le maître en la possession duquel se trouvait l'esclave au jour du délit.

Nous ne pensons pas que cette règle fût aussi injuste qu'elle le paraît au premier abord. Le vendeur, si nous nous plaçons dans l'hypothèse d'une vente, n'évitera pas toujours la responsabilité qui lui incombe indirectement du chef de l'esclave vendu. Indépendamment de la difficulté qu'il a dû éprouver à se débarrasser d'un objet de propriété aussi dangereux que l'est un esclave enclin au vice, il était tenu à garantie, en vertu de l'Édit des Édiles relatif à la vente (LL. 1, § 1, et 17, § 17, D., XXI, 1) (1). Fût-il parvenu à

---

(1) Nous nous fondons sur la loi 3, pr., D., XLVII, 6, qui porte : *Nonnunquam regressus est ad venditorem ex hâc causâ, maximè si furtis noxâque solutum esse promisit*. Le mot *maximè* qu'emploie ce texte

dissimuler le délit commis, on était arrivé à admettre qu'il devait livrer l'esclave *furtis noxisque solutum*. (L. 11, § 8, D., XIX, 1). De plus, il était d'usage alors de promettre le double du prix pour le cas où l'acheteur serait évincé par l'exercice d'une action noxale. A l'aide de cette garantie conventionnelle, qui devint bientôt de style, et de la responsabilité particulière créée par l'édit, le vendeur devait sans nul doute rendre l'acheteur au moins indemne dans tous les cas, et c'était sur lui en définitive que retombait l'action noxale. L'acheteur recourait contre son vendeur le plus souvent par l'action *ex empto* qui pouvait suppléer à l'action *ex stipulatu duplæ* (L. 31, § 20, D., XXI, 1), parfois aussi par les actions Édilitiennes *redhibitoria* et *quanti minoris*.

En cas de donation, le donataire n'avait un recours que s'il y avait eu dol de la part du donateur ; en cas de legs, si la disposition avait été faite *nominatim*,

---

démontre que l'acheteur pouvait poursuivre son vendeur en garantie, alors même que la stipulation *furtis noxisque solutum* n'était pas intervenue. Ajoutons que le vendeur ne serait pas tenu au cas de convention contraire, ou si l'acheteur n'avait pas ignoré la condition de l'esclave.

D'après la loi des XII Tables, le vendeur n'était tenu, relativement aux vices de la chose vendue, que dans la mesure de ses déclarations expresses. La jurisprudence, ayant considéré de fort bonne heure que cette législation laissait impunis le dol et la négligence du vendeur, rendit ce dernier responsable de tous les défauts connus de lui et non déclarés. Les Édiles curules complétèrent cette jurisprudence en posant en principe que le vendeur doit connaître et garantir dans tous les cas les défauts de la chose vendue et particulièrement des esclaves.

par de recours possible contre l'héritier (LL. 45, § 2, et 56, D., XXX, 1) ; si elle avait été faite *in genere*, obligation pour l'héritier de prester la caution *furtis noxisque solutum* (L. 45, § 1, D., *eod. tit.*).

Les Romains retiraient encore de notre règle un avantage qu'ils n'avaient peut-être par cherché. Nous laissons ici la parole à M. Desjardins (1) : « C'était un
» commerce dangereux que celui des esclaves, et il
» était de l'intérêt de tous les maîtres, par conséquent
» de la société, qu'il fût tel. On ne pouvait s'entourer
» de trop de précautions, quand on en achetait un ;
» non seulement on était exposé à se voir plus tard
» volé par lui, mais dès le lendemain on avait à crain-
» dre une ou plusieurs actions noxales provenant de
» délits commis antérieurement. Il fallait vérifier son
» origine, se faire présenter comme un établissement
» de propriété et s'informer autant que possible des
» antécédents. *A fortiori* devait-on accueillir avec une
» extrême méfiance celui qui était abandonné ou
» fugitif, qui cherchait un asile et qui, pour le trouver,
» était intéressé à cacher d'où il venait et ce qu'il avait
» fait. Toutes ces difficultés, qui devaient faire hésiter
» à acheter ou à recevoir les esclaves, étaient autant
» de garanties pour les maîtres. Il n'était pas facile à
» ceux-ci de maintenir toujours dans leur puissance
» ces objets de propriété à qui on laissait d'ordinaire
» l'usage de leurs membres et une certaine liberté de
» mouvement, à qui l'on ne pouvait ravir la raison, le

---

(1) *Traité du vol*, p. 189.

» sentiment souvent pénible de leur situation et le
» goût de leur indépendance. C'était beaucoup qu'un
» esclave ne pût être bien vendu que par celui qui était
» son vrai maître, qui fournissait sur son compte des
» renseignements précis et complets. »

CHAPITRE VIII.

CHANGEMENT DE CARACTÈRE DE L'ACTION NOXALE
PAR L'INTERVENTION ILLICITE DU MAÎTRE
DANS LE DÉLIT DE L'ESCLAVE.

Nous avons supposé jusqu'ici que l'esclave commettait, de sa propre autorité, les délits à lui reprochés, sans que le maître eût participé en aucune façon à leur accomplissement. Si ce n'est point l'hypothèse la plus ordinaire, c'est au moins celle dans laquelle l'action noxale fonctionne régulièrement, d'après les règles particulières qui la caractérisent. Avant d'aller plus loin dans notre étude, il convient d'examiner les effets spéciaux que l'intervention du maître fait produire au délit de l'esclave. Le maître peut intervenir de plusieurs manières : soit *en commettant une faute*, soit *en se rendant complice du délit*, soit *en devenant coupable d'un dol postérieur à son accomplissement*.

Nous diviserons par conséquent notre chapitre en trois sections :

1° Influence de la faute du maître ;
2° Influence de sa complicité ;

3° Influence de son dol personnel postérieur au délit.

SECTION I. — INFLUENCE DE LA FAUTE DU MAÎTRE.

Supposons d'abord que le maître et le tiers lésé ne sont unis par aucun lien préexistant d'obligation, et plaçons-nous dans l'hypothèse d'une faute délictuelle à la charge du maître. Celui-ci, par exemple, aura exposé son esclave à la tentation de voler ou l'aura chargé d'une opération délicate, sans s'être assuré de ses aptitudes. Il faut rappeler tout d'abord que l'absence de faute, même la plus légère, chez le maître, n'empêche pas qu'il ne soit tenu noxalement du chef de son esclave ; nous nous sommes appuyé sur cette règle, au début de notre travail, pour prouver que le maître n'est pas responsable des délits de ses esclaves. On pourrait croire, en l'état de cette solution, qu'à plus forte raison le maître sera tenu, lorsqu'il y aura possibilité de le trouver en faute. Or, comme il n'y a pas de milieu entre une poursuite noxale et une poursuite *in solidum*, peut-être faudra-t-il décider qu'il sera tenu dans cette dernière mesure.

Telle n'est pas la doctrine qui ressort des textes.

Dans l'action *furti*, il faut plus qu'une simple négligence pour constituer l'*animus furandi*, condition nécessaire pour que le vol soit punissable. Même solution pour la *rapina*. Quant au délit d'injures, on ne conçoit guère d'autre intervention possible pour le maître qu'un *jussus* ou une *scientia* ; ce délit au reste exige une intention coupable bien déterminée : *injuria in affectu facientis consistit* (L. 3, § 1, D., XLVII, 10). La même raison n'existe plus pour le délit de la loi *Aquilia*, qui ne suppose pas nécessairement l'intention de nuire. Il ne faut pas hésiter cependant à l'assimiler aux autres délits, toutes les fois qu'on n'aura à reprocher au maître qu'une simple négligence (L. 7, § 4, D., IV, 9. — L. 1, § 5, D., XLVII, 5). Nous pouvons au reste tirer un argument *a fortiori* de la loi 1, pr., D., XXXIX, 4. En effet les Publicains eux-mêmes avaient le droit de faire abandon noxal, quand un de leurs esclaves avait commis quelque exaction dans le recouvrement des impôts. Il y avait cependant faute de leur part à employer à un service public des esclaves enclins au vice.

La question est beaucoup plus délicate en cas de faute contractuelle du maître. Supposons-le en effet lié avec le tiers lésé par un contrat préexistant. Point de difficultés si ce lien de droit a sa source dans un contrat de droit strict, un *mutuum*, un contrat *litteris* ou une stipulation. Les deux premiers, ayant pour objet une chose de genre, la question de faute ne se pose même pas. Pour la troisième, le dol du maître ne saurait engager sa propre responsabilité que s'il mettait obstacle au transfert de la propriété de l'esclave au créancier.

Mais si nous supposons le maître lié avec le demandeur par un contrat de bonne foi, plusieurs questions se posent, dont la solution, en l'état des textes, est embarrassante. Le créancier aura-t-il contre le maître, constitué en faute par le délit même de l'esclave, l'action du contrat ou l'action noxale ? L'action du contrat ne subit-elle pas elle-même des modifications importantes ? Enfin ces actions pourront-elles se cumuler entre les mains du créancier ? Telles sont les difficultés que nous rencontrons sur la matière. Les décisions des jurisconsultes sont parfois obscures, souvent contradictoires. Pour mettre de l'ordre dans les idées, nous étudierons chaque contrat en particulier, ceux du moins dont s'occupent les textes, tels que la vente, le commodat, le dépôt, le mandat, le louage et la constitution de gage.

Sur la vente, nous rencontrons un fragment d'Africain, qui est la loi 61, *aliàs* 63, §§ 2 et 4, D., XLVII, 2, dont l'explication nous paraît être la suivante. L'acheteur lésé par l'esclave vendu intentera contre son vendeur l'action du contrat, avec faculté d'abandon noxal, quand celui-ci aura ignoré que son esclave avait l'habitude du vol. Si, au contraire, il l'a su ou, à plus forte raison, s'il a garanti la probité de l'esclave, l'action du contrat sera donnée *in solidum* contre lui. De toute manière, il n'y aura pas lieu à l'action pénale *furti noxalis*. Voyez encore LL. 23, §§ 7 et 8 ; 58, pr., D., XXI, 1.

Même solution pour le contrat de constitution de gage (L. 31, D., XIII, 7. — L. 61, §§ 1 et 3, D., XLVII, 2). Ces deux lois sont d'Africain ; elles contiennent l'une et l'autre la même décision. Nous devons faire sur ce contrat une remarque importante. Les textes cités innocentent jusqu'à un certain point le débiteur coupable d'une simple faute, alors qu'en principe l'excuse de la bonne foi ne devrait point être admise. Ainsi le débiteur qui donne sa chose en gage répond de son dol et de sa faute (L. 16, § 1, D., XIII, 7). Cependant l'abandon noxal lui sera permis quand l'esclave engagé aura commis un vol au préjudice du créancier gagiste, bien qu'il soit en faute de n'avoir pas connu les habitudes vicieuses de son esclave. Le tiers lésé subira de ce chef un préjudice. Il aurait eu l'action du contrat *in solidum* ; il ne l'aura plus que *cum noxœ deditione*. Il en est au reste ainsi pour la vente.

La même remarque pourrait être faite sur le contrat de mandat, si nous ne nous trouvions en présence d'un texte contradictoire d'Africain. Paul, rapportant l'opinion de Neratius, dans la loi 26, § 7, D., XVII, 1, donne une solution identique à celle que nous avons exposée au sujet de la vente et du gage. Il suppose que le mandant a chargé le mandataire de lui acheter un esclave déterminé. Celui-ci commet un vol au préjudice du mandataire. Neratius répond que l'abandon noxal pourra être fait par le mandant *si tamen sine culpâ suâ id acciderit*. Que s'il y a dol ou réticence de sa part, l'action du contrat sera donnée contre lui *in solidum*. Telle paraît avoir été la décision des jurisconsultes romains, puisque Africain, qui donne une solution contraire, ne s'y résout qu'avec une certaine hésitation : *dubitare se ait.... hoc.... servandum ut etiamsi ignoraverit is qui certum hominem emi mandaverit, furem esse, nihilominus tamen damnum decidere cogatur* (L. 61, § 5, D., XLVII, 2). On voit qu'Africain s'en tient, pour le mandat, au droit commun et n'admet en aucun cas la possibilité de l'abandon noxal. Cette décision s'accorde avec les principes du mandat donné dans le seul intérêt du mandant, principes qui, en rendant ce dernier responsable de son dol et de sa *culpa levis in abstracto*, ne font qu'obéir à l'axiome : *nemini officium suum damnosum esse debet*. La décision d'Africain, généralisée, eût empêché de se produire l'injustice que nous avons signalée à propos des contrats de vente et de constitution de gage. La règle que nul ne doit supporter un dommage supérieur à la valeur de son esclave cédait, dans cette opinion, le pas à cet autre règle que nul ne doit éprouver un préjudice en rendant service.

Le contrat de dépôt devait, au dire du même jurisconsulte, être assimilé au contrat de mandat, au point de vue de la faute simple du déposant (L. 61, § 5, *in medio et in fine*, D., XLVII, 2). Julien paraît avoir professé l'opinion contraire (L. 31, *in fine*, D., XIII, 7). On devrait, d'après lui, appliquer au dépôt la même distinction qu'au contrat de constitution de gage. Ici encore, les principes nous paraissent être du côté d'Africain. Il est à peine besoin de dire qu'il faut, pour que les choses se passent comme nous l'avons dit, qu'aucune faute ne soit imputable au mandataire ou au dépositaire. S'ils ont par exemple spontanément confié de l'argenterie à l'esclave, le maître, qui n'en eût jamais fait autant, cesse d'être tenu (*ead. lege*, § 7).

Le commodant se trouve placé à l'extrémité de la théorie d'Africain. Il semble résulter du texte qu'il aurait toujours le droit de faire abandon, même en cas de dol, le contrat étant formé dans l'intérêt exclusif du commodataire : *si dolo quid fecerit, non ultrà pretium servi quid amissum* (*ead. lege*, § 6). Nous ne pensons pas que telle ait dû être l'opinion d'Africain. La version que nous venons de donner est celle qu'indique la Florentine ; la Vulgate porte au contraire *si non dolo quid fecerit*. Nous préférons admettre cette dernière leçon ; Africain n'aurait pu heurter à ce point les règles du contrat de commodat qui veulent que le commodant soit tenu de son dol (L. 18, § 3, D., XIII, 6). Cette décision, au reste, est contredite par Julien et Paul, dans les lois 22, D., XIII, 6, et 31, *in fine*, D., XIII, 7. Nous dirons en conséquence, que le commodant ne sera nullement tenu, s'il a ignoré les habitudes vicieuses de l'esclave ; qu'il sera poursuivi, avec faculté d'abandon noxal, s'il les a connues en même temps que le commodataire ; enfin qu'il sera tenu *in solidum* de l'action *commodati contraria*, si, sachant que l'esclave était tel, il ne s'en est point ouvert au commodataire, qui l'ignorait (LL. 61, § 6, D., XLVII, 2, et 22, D., XIII, 6, combinées).

Le contrat de louage paraît donner lieu à plus de difficultés. L'esclave, objet du contrat de louage, a commis un délit au préjudice du *conductor* ; par quelle action ce dernier recourra-t-il contre le *locator*? Certains textes, notamment les lois 27, § 4, D., IX, 2, et 60, § 7, D., XIX, 2, ne mentionnent pas la possibilité d'une action noxale. Les lois 45, § 1, D., XIX, 2, et 61, *aliàs* 63, §§ 5 et 6, D., XLVII, 2, au contraire, citent des cas où l'abandon noxal peut être fait. Nous pensons que la vérité se trouve dans ces deux derniers textes. Si les premiers ne parlent pas de l'action noxale, c'est qu'ils se réfèrent à la responsabilité contractuelle. Il ressort d'eux que, si le maître est tenu d'indemniser le tiers lésé, la cause en est dans son obligation de contractant ; c'est donc par l'action du contrat que le demandeur obtiendra réparation. D'après Africain, les choses se passeraient pour le louage comme pour le commodat. Cujas en donne pour raison que l'utilité retirée par le *conductor* du contrat de louage est manifeste : *maximè indiget opera servi, vel quâ aliâ re conductâ* (1). Nous rencontrons enfin, sur cette matière, deux textes qui semblent contenir une doctrine particulière à Ulpien ; ce sont les lois 27, § 11, *in fine*, et 34, *in fine*, D., IX, 2). Tandis que les autres jurisconsultes n'envisagent la faute du maître qu'au point de vue de la violation d'un contrat, Ulpien y voit un délit donnant lieu à l'action de la loi *Aquilia*. C'est au reste la doctrine de Gaius, qui permet de poursuivre la faute dans les contrats de bonne foi, soit par l'action née du contrat, soit par l'action *legis Aquiliæ*, sans qu'il puisse y avoir cumul entre elles (L. 18, § 1, D., XIII, 6). Nous remarquerons que ce n'était peut-être pas le cas d'appliquer ici la règle de Gaius, car ce qu'on considère avant tout, c'est le délit d'un esclave objet même du contrat, délit qui peut se produire de différentes manières, par *furtum*, *rapina*, ou autrement.

Demandons-nous maintenant, à propos des contrats que nous avons passés en revue, comment s'obtiendra la réparation du dommage causé, toutes les fois que le maître ne sera pas tenu *in solidum*. Sera-ce par l'action du délit intentée noxalement ou par l'action du

---

(1) *Comm.*, t. 1, p. 1108, *ad legem 45 locati, in libro XXIII Pauli ad Edictum*.

contrat modifiée? Nous pensons que ce sera le plus souvent par l'action du contrat. Tous les textes cités dans cette section, moins deux, paraissent l'établir. Seules, les lois 45, § 1, D., XIX, 2 et 22, D., XIII, 6, parlent de l'action *furti noxalis*. Peut-être le demandeur avait-il parfois le choix entre l'action pénale et l'action contractuelle intentée noxalement. Il est à remarquer d'ailleurs que cette dernière action ne sera pas véritablement noxale, car la règle *noxa caput sequitur* ne pourra s'y appliquer. On ne saurait concevoir, en effet, une poursuite dirigée par le tiers lésé contre les propriétaires ultérieurs de l'esclave, au moyen de l'action contraire de dépôt ou de mandat.

Disons, en terminant, que toutes ces difficultés disparaîtraient, si l'esclave n'avait pas été l'objet du contrat et si ce n'était pas non plus l'objet du contrat qui avait souffert du délit. L'action noxale elle seule était alors possible (L. 45, pr. D., XIX, 2). Si l'esclave, tout en ne faisant pas l'objet du contrat, avait fait porter son délit sur cet objet, l'action noxale était mise au service du tiers lésé, comme d'ailleurs l'action du contrat. Mais alors cette dernière n'était jamais donnée qu'*in solidum*. Les Romains respectaient mieux que dans les hypothèses précédentes les principes de la responsabilité contractuelle et ceux de l'action noxale (L. 1, *in principio*, et 12, D., III, 1. — L. 27, § 9, D., IX, 2. — L. 21, § 1, D., XIII, 6. — L. 2, § 4, D., XIX, 2. — *Coll. leg. mos.*, XII, VII).

SECTION II. — INFLUENCE DE LA COMPLICITÉ DU MAÎTRE.

Le maître peut se rendre complice du délit de son esclave de deux manières : 1° en donnant l'ordre de le commettre ; 2° en le tolérant, quand il peut l'empêcher. C'est ce que les textes appellent le *jussus* et la *scientia*. Nous avons réuni sous la même rubrique ces deux moyens pour le maître d'intervenir dans le délit de l'esclave, bien que la *scientia* ne constitue pas à proprement parler la complicité, parce que sa responsabilité est à peu près également engagée dans les deux cas. Les Romains ont sans doute pensé qu'il lui était plus facile qu'à tout autre d'empêcher le délit et que, ne le faisant pas, il était censé devoir en tirer profit. On présumait de sa part une complicité et même un ordre.

1° *Le maître a ordonné à son esclave de commettre le délit.*

En vertu de la règle contenue dans la loi 169, D., L, 17, le maître est seul responsable et il l'est *in solidum* : *in damnum dat qui jubet dare*. Toutes les conséquences que le délit a pu avoir sont à sa charge exclusive et personnelle, sans qu'il puisse se prévaloir du bénéfice de l'abandon noxal. L'esclave, n'ayant été entre ses mains qu'un instrument, sera libéré et ne pourra même pas être poursuivi après son affranchissement : *ejus enim nulla culpa est cui parere necesse sit* (L. 37, pr., D., IX, 2. — L. 2, § 1, D., IX, 4. — L. 15, § 3, D., XLVIII, 10). Le maître restait donc tenu pour le tout quand l'esclave cessait de lui appartenir.

Notre principe subissait toutefois une restriction importante. L'esclave, sous peine de subir les conséquences de sa trop grande docilité, devait résister aux ordres du maître, quand celui-ci le contraignait à commettre un acte de haute immoralité, tel qu'un vol manifeste ou un meurtre. Malgré la rigueur de la puissance dominicale, la législation romaine, obligée de reconnaître à l'esclave une conscience, n'admettait pas que le devoir d'obéissance fit de lui un instrument irresponsable. La loi 20, D., XLIV, 7, exprime cette idée en disant : *servus non omnibus rebus sine pœnâ domini dicto audiens esse solet, sicuti si dominus hominem occidere servum jussisset.* Ces actes, réprouvés par la conscience la moins scrupuleuse, sont ceux qui comportent ce que les textes appellent *atrocitatem fascinoris vel sceleris* (L. 2, § 7, D., XLIII, 24. — L. 17, § 7 D., XLVII, 10. — L. 157, pr., D., L. 17).

2° *Le maître a toléré le délit de l'esclave.*

La *scientia* est ainsi caractérisée par Paul : *scientiam hic pro patientiâ accipimus, ut qui prohibere potuit teneatur, si non fecerit* (L. 45, pr., D., IX, 2. — LL. 3 et 4, D., IX, 4). Être *sciens* c'est, en d'autres termes, savoir et ne pas empêcher. L'action dans ce cas s'intente *in solidum* contre le maître. Il ne pourra pratiquer l'abandon noxal qu'en prouvant qu'il a été dans l'impossibilité matérielle d'empêcher le délit (L. 4, C., III, 41). Les pupilles, témoins du délit, ne sont tenus que *noxaliter,* d'après le principe posé dans la loi 110, § 2, D., L. 17.

Ici se place une question importante dont la solution a donné lieu, parmi les jurisconsultes romains, à certaines difficultés. Le tiers lésé, qui peut s'attaquer au maître de l'esclave par l'action pénale *in solidum* en cas de *jussus* et de *scientia*, peut-il également intenter l'action noxale? On s'accorde aujourd'hui à reconnaître qu'il le peut, à la condition toutefois de ne pas cumuler les deux actions. Les textes confirment cette manière de voir, sauf cependant un fragment de Celse rapporté par Ulpien, dans la loi 2, § 1, *in medio*, D., IX, 4. Voici en deux mots l'historique de cette controverse.

A l'origine, sous l'empire de la loi des XII tables, le vol commis par l'esclave, *sciente domino*, n'était pas distingué du vol commis à l'insu du maître. Dans l'un et l'autre cas l'action noxale seule pouvait être intentée. Cet état de choses fut modifié par la loi *Aquilia*, qui survint peu après. Cette loi porte que le maître pourra être actionné *in solidum* à raison de sa *patientia*. Ce principe, établi pour le *damnum injuria datum*, fut bientôt généralisé et appliqué aux autres délits. Celse conclut de cette innovation que l'action noxale était devenue impossible et que seule l'action pénale *in solidum* pouvait être intentée contre le maître. En d'autres termes, il déclarait l'esclave libéré de toute poursuite et le maître seul tenu.

Cette opinion ne fut point adoptée par Julien, dont le sentiment était partagé par Ulpien et Marcellus (L. 2, § 1, *in fine*, D., IX, 4). Au dire de ces jurisconsultes, l'action noxale coexistait avec l'action *in solidum*; l'une ou l'autre pouvait être intentée au gré du demandeur. Mais cet effet devait-il se produire en cas de *jussus*, comme en cas de *scientia*? La raison de douter venait de ce qu'il était difficile de concevoir la possibilité d'intenter une action noxale quand l'esclave n'avait fait qu'obéir à son maître. C'était en définitive lui faire courir le risque d'être abandonné noxalement, dans une hypothèse où le maître devait seul souffrir du délit. L'affirmative est cependant certaine en l'état des textes. Tous les jurisconsultes, sauf peut-être Celse, l'admettent, en faisant toutefois des distinctions sur la gravité du délit (LL. 21, § 1 et 46, D., XXI, 1). Nous pouvons invoquer dans ce sens la loi 2, § 1, D., IX, 4, malgré l'incohérence de ce texte, qui, après avoir posé l'hypothèse de la *scientia*, contient une solution se rapportant au *jussus* (1).

Nous avons déjà dit que ces deux actions ne pouvaient se cumuler. Au reste, la *litis contestatio* intervenue sur l'une d'elle éteignait l'autre (LL. 4, § 3, et 7, § 1,

---

(1) Les Romains ont fait dans notre matière une distinction importante entre le *fascinus atrox* et le *fascinus non atrox*. La loi 157, pr., au titre de *reg. jus*, en contient le principe : *ad ea quæ non habent atrocitatem fascinoris, vel sceleris, ignoscitur servis, si dominis.... obtemperaverint.* Le maître paraît être alors seul obligé. L'esclave n'ayant été dans ses mains qu'un instrument irresponsable, son obéissance doit être excusée. Il n'en serait point de même quand le délit est accompagné de circonstances qui lui impriment une gravité exceptionnelle. L'esclave est tenu comme s'il avait agi de son propre chef, et le maître l'est en même temps que lui. Rien ne prouve mieux que les Romains tenaient l'esclave pour autre chose qu'un instrument sans conscience et sans responsabilité. Son devoir est de résister à son maître, quand celui-ci lui commande un acte que réprouverait la conscience la moins scrupuleuse. S'il obéit quand même, il est déclaré responsable de son acte. Il y aura alors deux coupables au lieu d'un (L. 2, § 1, D., IXI, 4. — L. 11, § 3, 24).

D., IX, 4). Remarquons enfin que l'action noxale, bien que donnant lieu à une réparation incomplète, pouvait être très utile au demandeur, en ce sens qu'elle lui permettait d'invoquer la règle *noxa caput sequitur*, s'il y trouvait son intérêt, et lui donnait les moyens de se garantir au moins partiellement contre l'insolvabilité du maître.

Avant de clore cette section, il convient de dire un mot de l'hypothèse où l'esclave appartient à plusieurs maîtres. La *scientia* et le *jussus* jouent ici un rôle considérable, sur lequel les textes ne se sont pas clairement expliqués.

Point de difficultés lorsque tous les maîtres ont ignoré le délit. Les uns et les autres ne seront tenus que *noxaliter*, et celui qui a payé à lui seul la *litis œstimatio* pourra recourir contre ses co-propriétaires dans la mesure de leur part civile. Si toutefois l'abandon noxal eût dû être plus avantageux, ceux-ci avaient le droit de ne payer que jusqu'à concurrence de leur part de propriété sur l'esclave (L. 25, § 15, D., X, 2. — L. 8, § 3, D., X, 3).

L'hypothèse inverse, c'est-à-dire celle où chacun des maîtres est coupable de *scientia* ou de *jussus*, n'est pas non plus embarrassante. Tous sont alors tenus *in solidum*, de telle manière que le demandeur peut exiger successivement de chacun d'eux la *litis œstimatio, detractâ noxœ deditione*, et sans qu'il y ait possibilité de recours entre les communistes : *nec enim ulla societas maleficiorum vel communicatio justa damni ex maleficio est* (L. 1, § 14, *in fine*, XXVII, 3). Ces principes se trouvent exposés dans la loi 5, pr., D., IX, 4).

Arrivons au cas où le délit a été commis sur l'ordre de l'un des maîtres et sans le consentement des autres. Le maître coupable supporte alors à lui seul et sans possibilité de recours le montant de la peine (L. 17, pr., D., IX, 4). Les co-propriétaires innocents peuvent bien être poursuivis *noxaliter*, mais un recours leur est ouvert contre le maître qui a ordonné le délit (L. 5, *in medio*, D., XLVII, 6. — Voir encore L. 10, D., IX, 4. — L. 8, § 2, D., X, 3. — L. 9, pr., D., XI, 3).

Plus délicate est l'hypothèse dans laquelle l'un des maîtres est coupable de *scientia* et l'autre n'a aucune faute à se reprocher. Les textes sont contradictoires. Si nous nous en rapportons à la loi 17, pr., D., IX, 4, nous dirons que l'abandon noxal fait par le maître innocent, contre lequel le créancier a fait porter ses premières poursuites, ne saurait libérer le maître coupable ; en conséquence, celui-ci sera tenu de désintéresser à lui seul le créancier qui n'aurait pas été complétement satisfait par l'abandon de l'esclave. Il résulte de ce texte que le *dominus ignorans* qui, actionné, a fait l'abandon noxal ne peut élever de ce chef aucune réclamation, car la *scientia* n'est point, dans les rapports entre associés, une de ces fautes qui permettent à celui qui en souffre d'obtenir une indemnité complète. Mais *quid du dominus sciens ?* Aura-t-il un recours contre son co-propriétaire innocent, toutes les fois qu'il aura été condamné à payer une valeur supérieure à celle de l'esclave ? La loi 5, pr., D., XLVII, 6, conçue dans l'hypothèse d'un vol commis par une *familia*, répond affirmativement, tout en limitant le recours à la moitié de ce qui aurait été payé du chef d'un seul esclave.

Telle n'est pas la solution qui se dégage de la loi 2, D., IX, 4. Paul, ne faisant aucune distinction entre le vol commis par une *familia* ou un esclave commun, déclare expressément que la poursuite dirigée contre le maître coupable libérera le maître innocent, et que le premier ne pourra élever aucune réclamation contre le second du chef de la condamnation par lui encourue : *nec a socio quidquam debebit consequi*. Si l'on ne veut pas admettre un dissentiment entre Paul et Marcellus, on peut, comme l'a fait Cujas (1), concilier nos trois textes en distinguant plusieurs degrés de *scientia*.

Il y aurait *scientia* dans trois cas : 1° quand on a ordonné le délit ; 2° quand on l'a connu et qu'on a pu l'empêcher ; 3° quand on l'a connu et qu'on n'a pas pu l'empêcher. Dans le premier cas, le *dominus sciens* n'a pas de recours ; dans le second, il en a un, tel que l'indique Marcellus ; dans le troisième, il est traité comme s'il était innocent. C'est dire en d'autres termes que la loi 9, D., IX, 4, prévoit, dans son début, l'hypothèse d'une *scientia*, qui n'est autre qu'un *jussus*, ce qui supprime toute possibilité de recours à l'encontre du maître qui s'en est rendu coupable. La phrase incidente qui suit immédiatement tendrait d'ailleurs à le démontrer : *sui enim facti nomine pœnam meruit*. Quant à la phrase finale de cette même loi et aux

---

(1) *In libro* **XXXIX** *Pauli ad Edictum*, pages 1360 et 1361.

mots *in duplum tantum consequetur* de la loi 5, pr., D., XLVII, 6, qui ont embarrassé quelques commentateurs, ils s'expliquent par les règles particulières contenues dans l'Édit : *Si familia furtum fecisse dicetur.*

En résumé, la situation des parties dans notre cas est la suivante. Le maître *sciens*, poursuivi le premier, met son co-propriétaire à l'abri de toute action. Le maître *ignorans*, actionné dans les mêmes conditions, ne libère pas au contraire, par l'abandon noxal de l'esclave, le co-propriétaire coupable, qui peut être encore poursuivi par le créancier *in id quod amplius est in damni persecutum*. De toutes manières, le maître innocent perdra la part de propriété qu'il a sur l'esclave et pourra même perdre davantage si le vol a été commis par une *familia*. Cette doctrine n'est pas très raisonnable. Elle est, à notre sens, un vestige et comme une conséquence des règles sur la *scientia* posées par la loi des XII tables. Nous avons dit que cette loi ne punissait pas la *scientia* aussi rigoureusement que le fit plus tard la loi *Aquilia*. Cela expliquerait peut-être l'origine de cette espèce de faveur accordée au maître coupable.

SECTION III. — INFLUENCE DU DOL DU MAÎTRE POSTÉRIEUR AU DÉLIT.

Un esclave commet un délit. Le tiers lésé en demande réparation à celui sous la *potestas* duquel l'esclave se trouve placé. Si le fait incriminé est exact, ou s'il est difficile d'en contester l'évidence, le maître sera tenté d'éviter le procès à l'aide de deux moyens : ou il niera avoir le coupable en sa possession, ou il se débarrassera de lui, soit en l'affranchissant, soit en l'aliénant, soit même en lui conseillant de prendre la fuite. Ce seront tout autant de manœuvres dolosives employées par le maître pour se soustraire aux poursuites. Il fallait déjouer ces calculs, d'autant mieux que le maître ne courait d'autre risque que celui d'abandonner l'esclave, si son adversaire parvenait à prouver le dol.

Le préteur organisa, dans ce but, une procédure spéciale qui fut à la fois une sauvegarde pour la partie lésée et un châtiment pour le maître coupable. *Prætor ait : si is in cujus potestate esse dicetur, negaverit se in suâ potestate servum habere, utrum actor volet, vel dejerare jubebo, in potestate suâ non esse, neque se dolo malo fecisse, quominus esset, vel judicium dabo sine noxæ deditione* (L. 21, § 2, D., IX, 4). Le maître était donc placé dans l'alternative ou de jurer qu'il n'avait pas l'esclave en son pouvoir et qu'il ne s'en était pas dessaisi dolosivement, ou d'accepter l'action du délit *detracta noxæ deditione*. S'il refusait de prêter serment, il était poursuivi comme s'il avait lui-même commis le délit. S'il jurait mensongèrement, il avait bien parfois le bénéfice de l'exception *jurisjurandi,* mais il succombait le plus souvent devant une poursuite de la partie lésée, lorsque celle-ci réussissait à démontrer le fait actuel de la possession (L. 2, § 1, D., II, 9. — LL. 12 et 21, § 6, D., IX, 4. — L. 17, D., XI, 1). Tenu *in solidum* au cas où il avait ordonné à son esclave de fuir, il l'était encore dans la même mesure s'il l'avait aliéné ou affranchi. L'action qui compétait au créancier contre le nouveau propriétaire ou l'affranchi ne mettait pas obstacle à l'exercice de l'action prétorienne contre lui-même. Il lui restait toutefois une ressource. Il pouvait repousser l'action du demandeur en prouvant : en premier lieu, que la *litis contestatio* était intervenue sur l'action noxale contre l'acquéreur ou sur l'action directe contre l'affranchi, car ces actions ne se cumulaient pas ; en second lieu, en démontrant que ces derniers étaient prêts à défendre au procès *cum satisdatione* (LL. 24 et 26 pr., D., IX, 4. — L. 42, § 1, D., XLVII, 2. — LL. 25 et 39, § 2, IX, 4).

Le demandeur qui, au lieu de déférer le serment, intentait de prime abord l'action *in solidum*, perdait son procès, s'il ne parvenait pas à prouver la *potestas* du maître (L. 22, § 3, *in fine*, D., IX, 4) ; mais il ne perdait pas son action, de telle sorte qu'il pouvait recommencer l'instance, si son adversaire acquérait ou recouvrait la *potestas* (L. 23, D., *eod. tit.*). Le principe de ces dernières solutions se trouve dans les lois 17 et 18, D., XLIV, 2).

Si le maître venait à résipiscence, et il le pouvait avec succès tant que la *litis contestatio* n'était pas intervenue, il recouvrait la faculté de faire abandon noxal. L'héritier du demandeur devait subir la rétractation du défendeur, et l'héritier du défendeur ne pouvait être actionné *in solidum* que s'il persistait en son propre nom à nier la *potestas*. Le mineur de vingt-cinq ans était encore mieux traité ; il avait en tout état de cause la liberté de revenir sur sa première déclaration. Toutes ces décisions sont réunies dans la loi 26, § 5, D., IX, 4. Le paragraphe 4 de la même loi porte enfin que, si l'esclave dont le demandeur nie avoir la *potestas* vient à mourir avant l'instance, le maître est libéré *si moram non fecerit in judicio accipiendo*. — Voyez encore LL. 16 et 32, § 4, D., IX, 4.

Si l'esclave appartenait à plusieurs maîtres, le dol de ces derniers n'avait pas d'autre effet que de transformer l'action noxale en action prétorienne *in solidum* (L. 39, pr., IX, 4). Si, parmi les communistes, quelques-uns seulement avaient cessé par dol de posséder, l'action *in solidum* était donnée contre eux, et l'action noxale contre ceux qui n'avaient pas abdiqué la possession (L. 26, § 2, *eod. tit.*).

CHAPITRE IX.

Hypothèses particulières.

SECTION I. — CAS OU L'ESCLAVE APPARTIENT A PLUSIEURS MAÎTRES.

Nous n'avons qu'un mot à dire de cette hypothèse, la plupart des solutions qu'elle comporte ayant été fondues dans les chapitres précédents.

La situation faite au demandeur par la présence de deux ou plusieurs maîtres, propriétaires de l'esclave délinquant, est avantageuse en ce sens qu'elle crée une espèce de solidarité entre les défendeurs. Nous nous plaçons bien entendu dans l'hypothèse ordinaire, qui est celle où le maître n'a coopéré en rien au délit. Le tiers lésé s'adressera, à son choix, à l'un quelconque des maîtres auxquels l'esclave appartient, pour le mettre en demeure de faire abandon noxal ou de payer la *litis œstimatio* (L. 8, D., IX, 4). Remarquons qu'il ne s'agit pas ici de poursuite *in solidum*, comme paraît le décider le texte que nous venons de citer. Les mots *quivis ex dominis in solidum noxali judicio tenetur* signifient que, une fois l'instance engagée contre l'un des communistes, celui-ci ne pourra éviter la condamnation qu'en abandonnant la propriété entière de l'esclave et non point seulement sa part, ou en payant le montant intégral de la *litis œstimatio*. Il aura évidemment droit, dans ce dernier cas, à un recours contre son co-propriétaire, pour qu'il prenne à sa charge la moitié de la condamnation. Ce recours s'exercera par l'action *communi dividundo* dans notre cas et par l'action *familiæ erciscundæ* dans l'hypothèse d'un *servus hereditarius* possédé par deux co-héritiers (L. 8, D., IX, 4. — L. 25, § 15, D., X, 2. — LL. 8, §§ 3, 4 et 15, X, 4).

La loi 8 porte que le maître poursuivi pouvait, au début de l'instance et avant la *litis contestatio*, se décharger du procès, en abandonnant sa part de copropriété sur l'esclave. Par ce fait même, le tiers lésé était mis dans l'impossibilité de poursuivre le surplus de la réparation contre les autres maîtres devenus ses associés (L. 43, § 12, D., XLVII, 2). Ulpien décide cependant que, lorsqu'il intentera l'action *communi dividundo*, qui lui est accordée *ut evidenti injuriâ non afficietur*, il pourra faire valoir ses droits sur l'esclave (1).

---

(1) La loi 64, *aliàs* 63, pr., *eod. tit.*, nous offre un autre exemple de cette même action donnée à la partie lésée pour éviter une injustice.

Remarquons en terminant que le créancier, par la poursuite qu'il intente contre l'un des maîtres, épuise son droit d'agir contre les autres, dès qu'il y a eu *litis contestatio* sur l'instance engagée : *altero convento, alter quoque liberatur* (L. 20, pr., D., XI, 1).

La loi 5, D., IX, 4, fournit elle aussi un argument *a contrario* en faveur de cette solution.

SECTION II. — CAS OU PERSONNE NE VEUT PRENDRE LA DÉFENSE DE L'ESCLAVE.

Le maître poursuivi *noxaliter* devait prendre la défense de son esclave et accepter le *judicium* ou faire abandon noxal (L. 2, § 1, D., II, 9. — LL. 22, §§ 3, 29 et 32, D., IX, 4). Il s'exposait, en manquant à l'un ou à l'autre de ces devoirs, aux peines de la contumace : *contumacia autem pœnam hanc ferre debet ut in solidum conveniatur* (L. 21, § 4, D., IX, 4. — L. 11, § 4, D., XI, 1) (1). De toutes manières, la victime du délit pouvait se faire autoriser par le préteur à prendre possession de l'esclave ; c'est ce que l'on appelle la *ductio servi jussu prætoris* (LL. 28, *in fine*, 31, 32 et 39, § 3, D., IX, 4). Il est à remarquer que ce résultat pouvait se produire quand, en l'absence du maître, personne ne s'offrait à défendre l'esclave.

La *ductio* devait même se réaliser le plus souvent

---

(1) On conçoit très bien cette condamnation par contumace dans la procédure extraordinaire, mais les principes se refusent à l'admettre à l'époque formulaire.

dans cette dernière hypothèse (L. 2, § 1, *in medio*, D., II, 9. — L. 26, § 6, D., IX, 4).

Si la *ductio* était intervenue en l'absence du maître, celui-ci pouvait obtenir du préteur *causâ cognitâ* une *restitutio in integrum*, au moyen de laquelle il recouvrait, avec la possession de l'esclave, son droit de défense, *ne ei absentia noceat* (L. 2, § 1, D., II, 9. — LL. 26, §§ 6, et 30, D., IX, 4). La même *restitutio* était corrélativement accordée au demandeur, qui avait perdu l'action noxale par la *ductio servi* (L. 2, § 1, *in fine*, D., II, 9. — L. 26, § 6, *in fine*, D., IX, 4).

Le demandeur devenait-il, dans notre hypothèse, propriétaire quiritaire de l'esclave ? Non. Il ne l'avait qu'*in bonis*, mais avec la faculté de l'usucaper par la possession annale (L. 2, §1, D., II, 9. — L. 28, D., IX, 4). S'il venait à perdre la possession, il avait à son service l'action publicienne (L. 6, D., XI, 2).

Quelques auteurs ont prétendu, en se basant sur la loi 23, D., XX, 1, que cette *ductio* ne donnait au demandeur qu'une possession *rei servandæ causâ*, avec droit de gage. Cette opinion ne tient pas en présence de textes aussi affirmatifs que ceux que nous venons de citer. Les mots *pro pignore* du texte invoqué ont d'ailleurs un sens plutôt figuré que technique ; ils signifient tout simplement : pour sûreté.

SECTION III. — DE L'ÉDIT :
SI FAMILIA FURTUM FECISSE DICETUR.

Les principes qui régissaient l'action noxale se trouvaient singulièrement modifiés, quand le délit avait été commis par plusieurs esclaves appartenant au même maître. On craignait avec raison que ceux-ci, dans l'intention secrète de ruiner leur maître, ne s'entendissent entre eux pour commettre un délit, de manière à mettre leur maître dans l'alternative de les abandonner tous à la partie lésée, ou de payer la *litis œstimatio* autant de fois qu'il y avait de têtes dans la *familia*. Les résultats eussent été désastreux pour la fortune du maître, que le délit commun fût le résultat d'une manœuvre de la part des esclaves, ou qu'il eût été commis par eux sans arrière-pensée. Aussi le préteur intervint-il pour tempérer dans notre cas la rigueur du droit. Il décida que le maître aurait le choix entre deux partis : ou abandonner *noxaliter* tous les esclaves coupables faisant partie de la même *familia*, ou payer une *litis œstimatio* égale à celle qui aurait été due si le vol avait été commis par un homme libre (L. 1, pr., D., XLVII, 6). Si le maître avait déjà fait abandon d'une partie de sa *familia*, on imputait le montant de la condamnation sur la valeur des esclaves déjà cédés (L. 31, D., IX, 4), et, si la valeur de ces esclaves n'était pas égale au double plus le simple qui eût fait l'objet de la *condictio*, le maître pouvait être encore poursuivi pour l'excédant, en vertu du principe qui l'oblige à payer ce qui aurait été dû si le coupable eût été un homme libre. Cette solution remarquable ne laisse pas que de dénaturer profondément le caractère de l'action noxale.

Au cas où la victime était morte en laissant plusieurs héritiers, on avait fini par admettre, après quelques hésitations, que ceux-ci pouvaient obtenir tout ce que leur auteur aurait pu réclamer, mais rien de plus. En conséquence, s'il restait dû quelque chose au défunt sur le montant de la peine, ils ne pouvaient obtenir que le solde (LL. 4 et 6, D., XLVII, 6).

Le maître qui a satisfait le créancier dans la mesure de l'édit libère celui ou ceux qui ont acquis postérieurement un ou plusieurs des esclaves coupables et les esclaves coupables eux-mêmes, s'ils viennent plus tard à être affranchis (L. 3, pr., D., XLVII, 6).

L'esclave affranchi qui subit, quand il y a lieu, l'action du créancier ne paie que pour son compte et ne libère pas son ancien maître, lequel reste tenu pour la *familia*. Même solution pour l'esclave donné ou légué ; le maître reste tenu, en même temps que le donataire ou le légataire, pour les esclaves qu'il a encore en son pouvoir. L'acheteur, au contraire, libère le vendeur par le paiement de l'indemnité due aux termes de l'Édit. (LL. 3, pr., et § 1, D., *eod. tit.*).

Trois questions.

1° Qu'entend-on par ces mots : *tantum offerre (dominus) quantum si unus liber furtum fecisset ?*

Ces mots signifient que le maître doit payer, s'il s'agit par exemple d'un *furtum nec manifestum*, le double de la valeur matérielle de l'objet volé, appréciée depuis le vol, au moment le plus avantageux pour le demandeur, augmenté de tout le préjudice qu'il a souffert du délit. A ce double vient encore s'ajouter le simple qui fait l'objet de la *condictio*, quand l'auteur du vol est un homme libre (L. 31, D., IX, 4. — L. 2, D., XLVII, 6). Tant que ce total ainsi formé n'est pas obtenu, le créancier peut agir ; son action ne s'éteint pas par la *litis contestatio* intervenue du chef d'un premier esclave (L. 1, § 3, D., XLVII, 6).

2° L'Édit s'appliquait-il dans tous les cas ?

Non. Si le maître a connu le délit et ne l'a pas empêché, à plus forte raison s'il l'a ordonné, il ne jouit pas du bénéfice de l'Édit (L. 1, § 1, *eod. tit.*). Il en est de même pour celui qui a acquis après coup la propriété des esclaves auteurs du délit (L. 31, *in fine*, D., IX, 4).

3° Le bénéfice de l'Édit était-il accordé pour toute espèce de délits commis par une *familia* ?

Pas davantage. L'Édit s'appliquait sans aucun doute au *furtum* et à la *rapina*. Il n'est point sûr, au contraire, qu'il ait prévu l'hypothèse d'un *damnum injuria datum*. Gaius et Ulpien l'affirment (L. 32, pr., D., IX, 2. — L. 3, § 3, D., XXXIX, 4. — L. 1, § 2, D., XLVII, 6). Paul le nie (L. 9, D., II). Quant au délit d'injure et au fait d'avoir détérioré l'*album* du préteur, il est hors de doute que ces hypothèses se trouvaient en dehors de la sphère d'application de l'Édit, à l'exception toutefois du cas où les esclaves s'étaient concertés pour charger un tiers de lacérer l'*album* (L. 9, D., II, 1. — L. 34, D., XLVII, 10).

SECTION IV. — DU TITRE :

SI EX NOXALI CAUSA AGATUR, QUEMADMODUM CAVEATUR

(D., L. II, T. 9).

Le maître avait un moyen bien simple de s'épargner les ennuis d'un procès, quand son esclave s'était rendu coupable d'un délit. Il n'avait qu'à céder ses droits de propriété sur l'esclave à un autre maître plus puissant que lui *(potentior)*, lequel, par sa situation personnelle, pouvait se flatter, en effrayant le demandeur, de lui faire abandonner sa prétention ou tout au moins de terminer le procès aux meilleures conditions possibles. Ce pouvait être pour le cédant une source de bénéfices ou un procédé de vexation. Le préteur dut parer à ce danger en édictant, pour le maître *qui sistere judicio promisit cum satisdatione*, l'obligation de maintenir l'esclave dans la situation où il se trouvait au début de l'instance : *in eâdem causâ eum exhibere, in quâ tunc est donec judicium accipiatur* (L. 1, D., *eod. tit.*). Par cette promesse, le défendeur s'interdisait le droit d'aliéner l'esclave ou de l'abandonner noxalement à tout autre qu'au demandeur. S'il contrevenait à cet engagement, il était tenu de payer *in solidum* la *litis œstimatio* (L. 16, D., IX, 4). Il va de soi que cet engagement n'empêchait pas le maître de livrer noxalement l'esclave coupable au demandeur lui-même (LL. 2 et 4, D., II, 9. — L. 78, pr., D., IX, 4).

Le demandeur avait donc, dans notre cas, trois actions à son service : 1° l'action *ex stipulatu* née de sa promesse ; 2° l'action du délit, donnée *in solidum* sans faculté d'abandon noxal, le défendeur ayant cessé de posséder par dol ; 3° une action *in factum* spéciale créée par le préteur contre celui qui aliène sa chose pour empirer la situation du demandeur (L. 1, pr., D., IV, 7. — L. 3, § 5, D., II, 1).

CHAPITRE X.

PROCÉDURE DE L'ACTION NOXALE. — FORMULE.

Procédure in jure.

Le maître actionné ne se présente pas, ni personne pour lui. — Un décret du préteur autorise le demandeur à s'emparer de l'esclave et à l'usucaper, c'est l'hypothèse de la *ductio servi* (L. 2, § 1, D., II, 9. — L. 6, D., VI, 2. — LL, 26, §§ 6, 30 et 32, D., IX, 5). La *restitutio in integrum* lui sera accordée, si son absence n'est pas le résultat d'un calcul (L. 30, D., IX, 4).

Le maître actionné ne se présente pas, mais abdique ses droits sur l'esclave (servum pro derelicto habet). — Si le demandeur prend possession du délinquant, il acquiert immédiatement le *dominium* et non pas seulement l'*in bonis* (L. 38, § 1, D., IX, 4).

Le maître ne se présente pas et cesse par dol de posséder l'esclave. — Le bénéfice de l'abandon noxal lui est retiré ; il est tenu de payer, quoi qu'il arrive, la *litis æstimatio* tout entière (L. 2, § 1, D., II, 9. — L. 12, D., IX, 4. — L. 17, D., XI, 1).

Le maître actionné se présente in jure. — Il a le choix entre deux partis : ou faire sans coup férir l'abandon noxal, ou défendre s'il y voit son intérêt (1).

---

(1) Le maître a intérêt à accepter le *judicium*, s'il espère pouvoir démontrer l'innocence de l'esclave ou encourir une condamnation moins onéreuse que l'abandon noxal.

La formule est alors délivrée *cum noxæ deditione* (LL. 1, 21, pr., et 29, D., IX, 4).

Le maître se présente et nie avoir l'esclave in potestate. — Son adversaire peut, à son choix, lui déférer le serment ou se faire délivrer une action *sine noxæ deditione* (LL. 21, §§ 2, 6, 22 et 4, 23, IX, 4).

Le maître se présente, promet de sistere in judicio, *mais ne tient pas sa promesse de conserver l'esclave* in eâdem causâ. — Il est tenu de payer *in solidum* la *litis æstimatio* (L. 2, § 1, D., II, 9. — L. 16, D., IX, 4).

Procédure in judicio.

Si le maître, comparaissant *in jure*, ne fait point l'abandon noxal et se refuse à payer la somme réclamée par le demandeur, la procédure continue et amène les parties devant le *judex*. Il s'est formé entre elles un quasi-contrat qui les oblige à subir la sentence et à s'y conformer. Malgré la survenance de ce lien nouveau, le défendeur conserve encore le droit d'effectuer l'abandon noxal et d'éviter ainsi, sinon la sentence, au moins la condamnation. Si, dans le cours des débats, il juge l'accusation fondée, il peut se raviser et abandonner l'esclave. La sentence du juge n'en sera pas moins prononcée, mais elle l'absoudra nécessairement. Le montant de la condamnation s'apprécie comme si le défendeur était lui-même l'auteur du délit, sauf bien entendu la faculté qui lui est laissée de faire abandon noxal (Inst. IV, 17, § 1).

Il importe de signaler qu'après la *litis contestatio* le maître paraît, dans plusieurs circonstances, être tenu plutôt en vertu d'une obligation personnelle que *propter rem*. Ce résultat ne peut être qu'une conséquence de la transformation profonde qu'a subie le droit déduit en justice. Ainsi les lois 37 et 38 D., IX, 4, paraissent indiquer nettement que l'action subsiste, lorsque l'auteur du délit a été l'objet d'une aliénation postérieure à la *litis contestatio*, cette aliénation fût-elle même consentie au profit du demandeur. Même solution à l'occasion de la restitution d'un esclave faite, au cours du procès, sur une action en revendication intentée en même temps par une autre personne (L. 58, D., VI, 1). Quelques auteurs ont pu même admettre, en combinant la loi 26, § 4, D., IX, 2, avec la loi 16, D., IX, 4, la survivance de l'action à la mort de l'auteur du délit, survenue dans la période qui suit la liaison de l'instance. Nous croyons toutefois que cette solution n'est vraie, comme l'expliquent les textes cités, que pour le défendeur qui a cessé de posséder l'esclave par dol. Quant à l'esclave *statuliber*, devenu libre *pendente judicio*, la loi 14, § 1, D., IX, 4, conclut manifestement au contraire à l'extinction de l'action et à l'absolution du maître.

Dans les cas où l'action subsiste malgré l'événement qui rend l'abandon noxal impossible après la *litis contestatio*, un tempéramment paraît avoir été apporté à la permanence de l'obligation du défendeur ; c'est lorsque la mort de l'esclave a été causée par un délit ou un quasi-délit. Le propriétaire peut alors se libérer de toute obligation en cédant à la partie lésée les actions nées du délit (L. 1, § 16, D., IX, 1. — L. 14, D., IX, 4).

Post condemnationem.

Le maître ne perd pas encore le bénéfice de l'abandon noxal. En effet, la sentence même du juge lui laisse cette faculté : *decem aut noxæ dedere condemnatus*. Il faut remarquer toutefois que la *deditio noxalis* change de caractère, dès que la condamnation est intervenue. Elle n'est plus qu'*in facultate solutionis* (1), de telle sorte

---

(1) Cet ouvrage était aux trois quarts imprimé, quand a paru dans la *Nouvelle Revue historique de Droit français et étranger*, tome XI, livraison de juin et juillet 1887, un article très remarquable de M. P. F. Girard sur les actions noxales, dont nous nous serions volontiers inspiré en maints endroits. L'auteur traite dans cette étude, avec un soin particulier et une science incontestable, la question de la nature de l'obligation dont est tenu le défendeur à l'action noxale. Cette obligation est-elle une obligation facultative dans laquelle l'une des prestations est seule *in obligatione*, l'autre n'étant qu'*in facultate solutionis*, ou constitue-t-elle une véritable obligation alternative dans laquelle le défendeur a le choix de se libérer comme il l'entend, sans pourtant être dispensé de faire l'une des deux prestations quand l'autre est devenue impossible ? La question vaut la peine d'être étudiée en droit pur et surtout en procédure, car il est intéressant de se se demander comment la formule exprimera l'obligation du défendeur à l'action noxale.

M. Girard conclut que jusqu'à la *litis contestatio* l'abandon noxal seul est *in obligatione*, ce qui corrobore la thèse que nous avons soutenue au début ; qu'après la *litis contestatio* l'amende et l'abandon noxal font l'objet d'une obligation alternative et qu'enfin, après la condamnation, seule l'amende est *in obligatione*, tandis que l'abandon noxal n'est plus qu'*in facultate solutionis*. Il fait remarquer avec juste raison que c'est là un contre-coup des transformations subies par le droit au cours de son exercice. Les principaux textes

que la survenance de la mort de l'esclave ne libérerait par le maître. Cette solution se dégage clairement de la loi 6, § 1, D., XLII, 1. Il résulte de cet état de choses que celui qui a obtenu une condamnation, avec faculté pour le défendeur de se libérer par abandon noxal, n'encourt pas la peine de la plus *petitio*, en ne demandant que l'indemnité.

Cette situation privilégiée faite au maître devait cependant avoir un terme. L'exercice de l'action *judicati* avait en effet pour résultat de supprimer le bénéfice de l'abandon noxal. Cette solution s'imposait, puisque, une fois délivrée, cette dernière action portait uniquement sur le montant de la *litis æstimatio* : *tamdiù quis habet noxæ dedendi facultatem, quamdiù judicati conveniatur* (L. 20, § 5, D., V, 3).

Formule.

Nous ne connaissons aucun texte qui donne la formule complète de l'action noxale. Nous essaierons de la reconstituer à l'aide de quelques indications fournies par l'Édit du préteur et par les jurisconsultes.

Nous ne nous arrêterons pas à discuter le point de savoir si l'action noxale était personnelle ou réelle. Il est certain qu'elle était personnelle, parce que d'abord, dans toute action pénale, le demandeur se présente comme créancier et qu'ensuite l'action noxale

---

sur lesquels l'auteur base son argumentation sont le paragraphe 75 du Com. IV de Gaius, la loi 1, pr., et § 11, D., IX, 1. Les lois 20, § 5, D., V, 3 ; 6, § 1, D., XLII, 1 ; 2, pr., D., IV, 4 ; 2, D., II, 10 ; 53, § 4, D., XXX, 1, et le Chap. XXII de la loi *Rubria*.

met en question l'obligation même résultant du délit de l'esclave. Nous estimons donc qu'on tient un langage inexact quand on dit que l'action noxale était *concepta in rem*, à moins toutefois qu'on ne veuille, par cette manière de parler, présenter sous une autre forme la règle *noxa caput sequitur*.

Il est à croire que la formule que nous cherchons devait avoir une *demonstratio* distincte de l'*intentio*. La *demonstratio* devait indiquer la source du droit réclamé, partant exposer le fait reproché à l'esclave. L'*intentio* devait être la même que celle usitée dans l'action même du délit dégagée de toute qualification.

La loi 42, § 1, D., IX, 4, paraît établir que le nom du défendeur y figurait; elle contient ces mots: *propter eum dare apportere*. Quant à la condamnation, elle nous est fournie par les lois 6, § 1, D., XLII, 1. — L. 42, pr., D., XLVII, 2. — Paul, I, 15, 1. *Si condemnandus videbur dominus, ita debeat condemnare : Publium Mævium Lucio Titio in decem aureos condemno aut noxam dedere*. Des Édits prétoriens distinguent au reste entre les *judicia*, qui doivent avoir lieu avec ou sans *noxæ datio* (L. 2, *in fine*, D., III, 41. — L. 1, pr., D., IX, 3. — L. 5, § 6, *eod. tit*. — L. 21, § 2, D., IX, 4. — L. 1. pr., XXXIX, 4. — Inst. IV, 17, § 1). Les mots : *aut noxæ dedere* ne sont regardés que comme une *adjectio* (L. 6, § 1, *in medio*, D., XLII, 1).

Le contexte de la formule devait donc être à peu de choses près celui-ci, dans l'hypothèse d'un *damnum legis Aquiliæ* :

Judex esto, quod servus N^i N^i quo de agitur, injussu domini hominem A^i A^i injuria occidit, si paret N^m N^m

ob eam rem propter hunc servum A° A° damnum decidere oportere, judex quanti is homo in eo anno plurimi fuit, tantum œs dare aut servum noxœ dedere A° A° condemna, si non paret, absolve.

Ruddorf (1) a reconstitué la formule de l'action noxale, pour le cas où le *dominus* a nié avoir l'esclave en sa possession ou a cessé par dol de le posséder. Elle devait être ainsi conçue, dans l'hypothèse du *furtum* :

Judex esto, si paret servum quo de agitur, cùm eum N^s N^s in potestate habere negaret, in potestate N^i N^i fuisse dolove malo N^i N^i factum esse quominus in potestate esset, quanti ea res est, quam ob rem eum servum de quo agitur, si liber esset, pro fure damnum decidere oporteret tantæ pecuniæ quadrupli N^{us} N^{us} A° A° condemna, si non paret, absolve.

Nous croyons l'occasion bien choisie pour prendre position dans une controverse, restée célèbre, qui a divisé et divise encore les auteurs.

Les actions noxales sont-elles nécessairement arbitraires ?

Cette question a fait surgir trois opinions différentes. Les uns soutiennent que toute action pénale intentée noxalement est arbitraire, alors même qu'elle ne le serait pas de sa nature. Les autres enseignent que l'action noxale n'est jamais arbitraire. D'autres enfin, adoptant une opinion intermédiaire, disent que l'action

---

(1) *Edicti perpetui*, page 93, § 81.

noxale est ou non arbitraire, selon que l'action ainsi qualifiée l'est ou ne l'est pas elle-même (1).

La première opinion tire son principal argument d'un passage des *Institutes* (*Inst.*, IV, 6, § 31), dans lequel l'abandon noxal est compris parmi les réparations pouvant faire l'objet d'un *jussus judicis*. Elle invoque encore en ce sens les lois 14, §§ 1, et 19, pr., D., IX, 4, qui parlent d'*arbitrium* et d'*officium judicis*, expressions techniques employées pour désigner ce qui se passe dans les actions arbitraires.

Les partisans de la seconde opinion se bornent à contester l'autorité des décisions sur lesquelles s'appuie le premier système. Justinien, disent-ils, a inexactement exprimé cette idée vraie que l'abandon noxal, fait *in judicio*, entraînait l'absolution du défendeur. Les expressions d'*arbitrium* et d'*officium judicis* ne prouvent rien. Elles ne font qu'indiquer le rôle du juge, chargé d'absoudre le défendeur, dans un cas où l'abandon noxal est devenu impossible sans la faute du maître, ou de régler l'exécution de la *deditio noxalis*, lorsque le défendeur a choisi ce mode de libération. On fait ensuite remarquer dans cette opinion que, si les actions noxales étaient arbitraires, les Romains n'eussent pas manqué de sanctionner l'*arbitrium* du juge par les moyens ordinaires de coercition, tels que

---

(1) Du Caurroy, *Inst.*, p. 407. — Accarias, *Pr. de Droit romain*, p. 1200. — Bonjean, *Traité des Actions*. — Vinnius, *Inst.*, p. 917. — Donellus, *De in lit. jurando*, n° 12. — Zimmern, *Traité des Actions*, pp. 163 et 199, note 3. — De Savigny, *Système T. V.*, § 223, note 5.

la *manus militaris* (1) ou le *juramentum in litem* ; or les textes sont muets sur ce point. De plus, le caractère particulier d'une action arbitraire est que le juge arbitre *ex œquo et bono* la réparation à accorder au demandeur. Que deviendrait alors, a-t-on dit, ce pouvoir d'estimation, si le juge n'était pas maître de modifier la peine du délit? Enfin, on ne saurait concevoir un *jussus* portant sur une alternative, sur un choix à exercer ; il serait puéril de donner au demandeur un ordre auquel il est libre de ne pas obéir.

Reste la troisième opinion, qui nous paraît la plus raisonnable et la plus conforme aux textes. Nous combattons ce que le premier système a de trop absolu, à l'aide des considérations sur lesquelles s'appuie le second. Nous n'admettons pas davantage ce dernier, parce qu'il nous paraît faire trop prompte justice des textes et bouleverser trop profondément les principes de l'action pénale qui sert de base à l'action noxale.

La qualification de *noxale* ajoutée à une action ne saurait avoir pour effet d'en modifier les principes constitutifs. Nous savons en effet que l'action noxale n'est pas une action spéciale, ayant sa vie propre ; elle n'a pour effet que d'offrir au défendeur un choix à exercer librement, une alternative qu'on ne doit pas confondre avec l'*arbitrium* du juge, lequel engendre un ordre. Cela est d'autant plus vrai que le *jussus* d'une

---

(1) L'application de la *manus militaris* à l'époque classique est contestée. La loi 68, D., VI, 1, l'admet cependant d'une manière formelle.

action arbitraire précède la condamnation, tandis que l'alternative ouverte par l'action noxale se trouve précisément dans la condamnation elle-même. Il n'y a et ne doit y avoir, en d'autres termes, rien de changé à l'action pénale, supposée directement intentée contre le maître, si ce n'est la faculté de l'abandon noxal laissée au défendeur. Par ce système intermédiaire, nous respectons, tout en en restreignant la compréhension, le texte si affirmatif de Justinien (1).

Voici comment les choses devaient se passer, quand l'action intentée *noxaliter* était de sa nature arbitraire. Le juge réglait d'abord *ex arbitrio* le montant du dommage causé, c'est-a-dire la satisfaction que doit fournir le défendeur : ce sera par exemple, dans l'action *quod metus causâ*, la libération du débiteur par acceptilation. Si le défendeur refusait d'obéir à *l'arbitrium*, le juge le condamnait alors à payer au demandeur une somme d'argent égale à celle à laquelle eût été condamné l'auteur même du dommage, en lui laissant toutefois le bénéfice de l'abandon noxal : *Publium Mœvium Lucio Titio decem aureos condemno aut noxam dedere* (Inst. IV, 17, § 1). Le défendeur avait intérêt à obéir à *l'arbitrium* et éviter ainsi la condamnation parce que, tout en conservant même *post con-*

---

(1) Nous adoptons cette opinion comme un pis aller. Au fond la question est à peu près insoluble. Indépendamment de la difficulté qu'il y a à concilier *l'arbitrium* du juge avec l'alternative laissée au défendeur, nous ne pouvons laisser ignorer que la loi 19, pr., IX, 4, cite comme arbitraire l'action de la loi *Aquilia* intentée *noxaliter* ; or cette action n'est pas arbitraire de sa nature.

demnationem la faculté d'abandonner l'esclave, cette manière de se libérer n'était plus pour lui qu'*in facultate solutionis*, ce qui pouvait l'exposer à la peine du double sur l'action *judicati*.

Citons, comme exemples d'actions noxales non arbitraires, les actions : *furti, rei bonorum raptorum, legis Aquiliœ, injuriarum*, et comme actions noxales arbitraires les actions de *dolo et quod metus causâ* (L. D., IV, 2. — L. 9, § 4, IV, 3).

CHAPITRE XI.

ABANDON NOXAL.

La *deditio noxalis* est, on peut le dire, la caractéristique de l'action noxale. Nous savons en effet qu'elle pouvait intervenir en tout état de cause, même *post condemnationem*, jusqu'à ce que la *litis contestatio* fût intervenu sur l'action *judicati*. Lorsque le maître, avant toute poursuite, se déclarait disposé à abandonner l'esclave coupable, le demandeur pouvait, par l'action *ad exhibendum*, exiger que toute la *familia* du défendeur lui fût représentée, afin de reconnaître le véritable auteur du délit (1). L'abandon se produisait-il avant toute condamnation, le défendeur devait au créancier le transport de tous les droits qu'il avait sur l'esclave, mais rien de plus. Propriétaire, il devait transférer

---

(1) Le créancier trompait ainsi le calcul du maître, qui aurait pu lui abandonner un esclave d'une valeur inférieure.

le *plenum dominium* (1) ; simple possesseur, il était libéré par l'abandon qu'il faisait de sa possession. Dans les deux cas, il était obligé de prester la *cautio de dolo* et de donner garantie expresse pour toute éviction résultant de son propre fait (LL. 14, § 1, *in fine*, et § 32, D., IX, 4).

Si l'abandon, au lieu d'être fait avant l'instance, intervenait en exécution de la condamnation, le défendeur qui avait livré l'esclave, supposé grevé d'usufruit ou d'hypothèque, n'était point libéré et restait encore exposé à l'action *judicati* (L. 4, § 8, D., XLII, 1. — L. 69, D., XLVI, 3). L'action *judicati* cessait d'être possible dès que les droits réels avaient pris fin (2).

Justinien dit du propriétaire qui fait abandon : *nec minùs perpetuum ejus dominium a domino transfertur (Inst., IV, 8, § 3)*. Cette proposition est vraie en ce sens que le maître qui se repent d'avoir cédé son esclave ne sera plus fondé à le reprendre en offrant le paiement de la *litis æstimatio*. Il serait injuste que le tiers lésé fût à la merci de son débiteur, déjà considérablement protégé par son droit d'option. Les *Institutes* cependant, après avoir constaté ce principe, enseignent que l'es-

---

(1) Quelques auteurs, et notamment Vinnius, pensent que le demandeur acquiert seulement l'esclave *in bonis*. C'est une erreur. Les textes dont on tire argument et qui sont les lois 26, § 6, *in fine*, D., IX, 4, 2, § 1, D., II, 9, ne s'appliquent pas à l'esclave *noxæ deditus*, mais à l'esclave emmené par ordre du préteur, dans les hypothèses donnant lieu à la *ductio servi*.

(2) Notons qu'avant la condamnation le créancier évincé pouvait aussi agir *de dolo* (L. 9, § 4, D., IV, 3).

clave pouvait arriver à la liberté *auxilio pretoris*, dès qu'il avait les moyens de désintéresser son maître en lui payant le dommage causé par son délit. Les auteurs sont à peu près unanimes à reconnaître la singularité de cette décision. Non seulement les textes de l'époque classique ne font aucune mention d'un procédé de ce genre, accordé à l'esclave pour conquérir sa liberté *invito domino*, mais plusieurs au contraire le nient implicitement. Telle est la loi 134, § 1, D., L. 17, qui porte : *nemo ex suo delicto meliorem suam conditionem facere potest*. De plus, un fragment de Papinien, en attribuant ce bénéfice au seul fils de famille livré *noxaliter*, laisse clairement entendre qu'il ne saurait appartenir à l'esclave (*Coll. leg. mos. et rom.*, II, 3. — L. 2, C., IV, 43).

Parmi les auteurs, quelques-uns, comme Vinnius et Maynz, estiment cependant que Justinien n'a point innové et que les choses devaient se passer comme il le rapporte dans le droit classique. Ils invoquent à l'appui de leur thèse la loi 4, § 10, D., XL, 1, et argumentent de ce que, la cause de la servitude de l'esclave étant le dommage causé, la réparation de ce dommage qui fait cesser la cause, doit en même temps faire disparaître l'effet. Si juste que puisse être cette explication, il est évident qu'il y avait là un bénéfice accordé aux esclaves les moins dignes d'intérêt et comme un encouragement donné à leurs pires instincts.

Nous préférons admettre, avec la majorité des interprètes, une innovation de Justinien, qui a dû, au moment où il supprimait l'abandon noxal pour les fils et filles de famille, transporter sans réflexion aux esclaves un bénéfice de tout temps accordé aux fils de famille (1).

Il reste à prévoir, sur la matière de l'abandon noxal, deux hypothèses que nous examinerons rapidement :

1° L'esclave abandonné noxalement est grevé d'usufruit ou d'hypothèque. — Le créancier hypothécaire et l'usufruitier, quoique non tenus de l'action noxale, ne pourront exercer leurs droits contre l'acquéreur auquel l'esclave a été abandonné de bonne foi qu'en lui payant la *litis œstimatio* (L. 17, § 2, D., VII, 1).

2° L'abandon noxal a été fait par un *non dominus* simple possesseur de l'esclave. — Il va sans dire que le demandeur ne devient pas propriétaire et n'acquiert qu'un juste titre pour usucaper. Le cas où le défendeur possédait l'esclave de bonne foi n'offre aucune difficulté. Le tiers lésé, actionné en revendication par le *verus dominus*, lui opposera utilement l'exception de dol, pour se faire payer le montant de la *litis œstimatio* (L. 58, D., VI, 1. — LL. 11, 27, § 1; et 28, D., IX, 4). Au cas où il viendrait à perdre la possession de l'esclave, les textes lui accordent formellement l'action publicienne ; car il peut, dans l'espèce, usucaper *pro noxæ dedito* sans le secours de la bonne foi (L. 5, D., VI, 2. — L. 3, § 21, D., XLI, 2). La loi 28, D., IX, 4, porte que, si l'esclave est rentré en la possession

---

(1) Le texte de Justinien, appliqué au fils de famille, n'était pas déraisonnable, puisque ce dernier retournait à son état naturel qui est la liberté.

du *verus dominus*, le tiers lésé paralysera l'exception *justi dominii* par une réplique de dol.

Les choses se passeront de la même manière, quand celui qui a fait l'abandon noxal possédait l'esclave de mauvaise foi, sauf peut-être pour l'action publicienne dans certain cas. On sait, en effet, que cette dernière action n'est donnée qu'à ceux qui sont *in causâ usucapiendi*. Or, si l'on suppose que la possession du défendeur à l'action noxale a pour origine un vol, il est difficile d'accorder cette action à la partie lésée (L. 9, § 5, VI, 2).

Nous ne pensons pas non plus que le créancier, qui a reçu l'esclave d'un possesseur de mauvaise foi et qui intente l'action publicienne contre le *verus dominus*, puisse répondre par la *replicatio doli* à l'exception *justi dominii*. La loi 28, D., IX, 4, paraît n'accorder cette faveur qu'au possesseur de bonne foi. — Voir encore L. 4, § 31, D., XLIV, 4.

L'abandon noxal est indivisible. — Deux conséquences déjà indiquées, pages 40 et 76, que nous ne rappelons que pour mémoire :

1° La personne lésée par le délit d'un esclave commun peut intenter l'action noxale contre l'un quelconque des co-propriétaires. Avant la *litis contestatio*, le co-propriétaire poursuivi peut se libérer en faisant seulement l'abandon de sa part. L'acquéreur règle alors ses droits avec les autres co-propriétaires par l'action *communi dividundo* (L. 8, D., IX, 4. — L. 61, pr., XLVII, 2). Après la *litis contestatio*, le *dominus* poursuivi ne pourrait éviter la condamnation en offrant seulement sa part de propriété sur l'esclave (L. 8, D., IX, 4).

2° Si le délit de l'esclave a porté sur une chose indivise, le *dominus*, poursuivi par un seul des co-propriétaires lésés, doit faire abandon pour le tout, bien qu'il ne doive payer la *litis œstimatio* que jusqu'à concurrence de la part afférente au poursuivant (L. 27, § 2, D., IX, 2).

L'abandon noxal ne se résumait point dans la remise purement matérielle de l'esclave auteur du délit ; il devait être accessoirement un acte juridique, une aliénation susceptible de faire passer l'esclave sous la puissance de la partie lésée. Cette aliénation, réalisée dans le principe par une *mancipatio* ou une *in jure cessio*, s'opérait sous Justinien par une simple tradition (LL. 29 et 32, D., IX, 4. — Gaius, I, § 134). Gaius rapporte (IV, § 79) qu'il y avait controverse parmi les jurisconsultes sur le point de savoir s'il fallait, dans le premier cas, trois mancipations successives, ou si une seule suffisait.

CHAPITRE XII.

APPRÉCIATION DE L'ACTION NOXALE.

Comme on a pu le voir au cours de cette étude, les Romains ont largement développé leur théorie des actions noxales. Si compliqué que soit le mécanisme de ces actions, on remarquera sans peine que les jurisconsultes ont eu à cœur de ne rien laisser dans l'ombre et de se prononcer sur un grand nombre de cas différents, en donnant sur tous des détails minutieux et précis. Rien ne prouve mieux l'importance qu'on attachait à Rome à ce système de répression qui s'enracinait jusque dans le droit public. L'idée mère de l'abandon noxal est, dans toutes ses applications, une idée de vengeance et de châtiment. Le général forcé de subir un traité désastreux payait de sa personne la honte infligée au nom romain. Le citoyen ou le magistrat qui outrageait un ambassadeur étranger était livré corps et biens à la nation lésée *ut populus religione solvatur*. L'esclave coupable devenait la propriété de sa victime. C'est à la personne seule du délinquant que les Romains en voulaient. Lui seul était en faute à leurs yeux, car on ne pouvait admettre en principe qu'il eût reçu mandat de mal faire.

Une difficulté se présentait pour les délits des esclaves. Ceux-ci ne s'appartenaient point ; ils étaient la plupart du temps la propriété d'un maître qui avait sur eux les droits les plus étendus. Ne fallait-il pas sauvegarder ce droit de propriété et empêcher que la victime du délit ne se fît justice elle-même au détriment du bon ordre de la cité ? Ne fallait-il pas, d'un autre côté, constituer un défenseur à l'esclave incapable de comparaître en justice ? La législation romaine a su parer à ces difficultés sans édicter la responsabilité du maître. L'esclave doit être puni. Le châtiment lui viendra du maître lui-même ou de la victime du délit : du maître, s'il se résout, pour conserver son esclave, à payer la *litis æstimatio* ; de la victime, si elle obtient l'abandon noxal du délinquant.

Cet abandon devait effrayer les esclaves. C'était pour eux l'inconnu, avec ses terribles perspectives. La crainte d'un châtiment qui pouvait aller jusqu'à la mort, en passant par les plus affreuses tortures, devait produire sur leurs esprits de salutaires effets.

Le principe de la responsabilité pécuniaire du maître n'eût point donné les résultats que l'on cherchait. C'eût été toujours un châtiment infligé au père et au maître innocents, et parfois l'impunité accordée au fils ou à l'esclave coupable.

Placés en présence d'une situation délicate qui présentait un double danger : celui, d'une part, de compromettre l'ordre public, par l'autorisation d'une mainmise directe sur l'esclave, et celui, d'autre part, de frapper un innocent en épargnant un coupable, les Romains ont fait de leur mieux pour satisfaire tous les intérêts et dissiper toutes les craintes. Les développements qu'ils ont donnés à la théorie des actions noxales et la persistance de ces actions jusqu'aux limites mêmes de leur droit prouvent qu'ils y avaient réussi.

DROIT FRANÇAIS

DE LA
RESPONSABILITÉ DES PATRONS
EN MATIÈRE D'ACCIDENTS

PRÉLIMINAIRES

Parmi les difficultés que soulève la question du travail, il en est une qui préoccupe vivement ceux qui s'intéressent de près aux classes laborieuses; nous voulons parler des accidents survenus au cours de l'ouvrage commandé.

Dans un siècle comme le nôtre, où les questions ouvrières s'imposent à l'examen des plus indifférents et soulèvent les problèmes les plus délicats, on ne pouvait laisser dans l'ombre la question des accidents. Tout le monde a été frappé de l'importance des intérêts en jeu et de l'insuffisance des moyens propres à les sauvegarder. Un vent de réformes a soufflé; de tous côtés on s'est mis à l'œuvre pour apporter une pierre au nouvel édifice. Les publicistes ont éveillé l'opinion; les congrès ouvriers ont jeté le cri d'alarme et provoqué d'énergiques résolutions. Le législateur s'en est ému et a plusieurs fois tenté de donner satisfaction aux réclamants. La jurisprudence, tout en restant ferme dans ses principes traditionnels, en a fait une application de jour en jour plus large et plus libérale. La doctrine elle-même a pris parti au débat avec une louable insistance, en élargissant ses limites et en découvrant de nouveaux horizons.

C'est qu'il ne s'agit de rien moins que de protéger l'existence même des travailleurs et d'assurer aux membres de leur famille, quand ils meurent victimes de leur profession, les moyens de vivre, soit en leur facilitant l'obtention d'une indemnité légitimement due, soit en les assistant dans le malheur, à défaut de réparation exigible.

C'est que les conditions du travail ne sont plus les mêmes qu'autrefois. L'industrie est entrée dans une phase nouvelle, grâce à la vigoureuse impulsion que lui ont donnée les découvertes modernes. L'outillage et les procédés de fabrication se sont transformés par suite des progrès de la mécanique et surtout de l'application de la vapeur à l'industrie. L'ouvrier, qui autrefois travaillait principalement de ses mains, est devenu aujourd'hui, dans une large mesure, le serviteur de la machine. Sans cesse en contact avec elle, il est plus que jamais exposé à en subir les brutales atteintes.

De plus, le travail en commun assez rare autrefois est devenu, dans presque toutes les branches d'industries, une nécessité. Il est à la fois un effet de la transformation de l'outillage et une loi de la production de la richesse à bon marché. Actuellement, dans un très grand nombre d'ateliers, les ouvriers sont enrégimentés sous la conduite d'un véritable cadre de contre-maîtres et sous les ordres d'un petit nombre de patrons. Ils sont tenus, par le fait même de leur agglomération et des autres conditions de l'entreprise, de déployer un maximum d'efforts dans un minimum de temps et d'espace donné, car l'extrême rapidité de l'exécution est, elle aussi, une loi de la production. Cela étant, l'ouvrier n'est plus seulement exposé aux accidents qui sont le résultat d'un cas fortuit, de sa faute propre ou de celle du patron, mais encore à ceux qui sont dus à la faute du préposé du patron, son compagnon de travail.

Notons enfin que, par suite de l'importance qu'a prise l'industrie dans le courant de ce siècle, le nombre des ouvriers s'est considérablement accru, avec lui par conséquent le chiffre absolu des accidents.

Aussi les statistiques, bien que très imparfaites, indiquent-elles une progression constante dans le nombre des accidents industriels. Il résulte d'un relevé, produit par *le Moniteur des Assurances* (1),

---

(1) *Les Accidents mortels*, de A. Legoyt, 1874, p. 277.

que les accidents mortels, en France, ont plus que doublé de la période de 1821-1836 à la période de 1836-1860 : 4,744 et 10,298, pour le même nombre de départements. Leur accroissement relatif à la population est très sensible : 15 pour 10,000 habitants dans la première période, et 28 pour 10,000 habitants dans la seconde période. *L'Économiste français* (1) donne, pour la période de cinq ans qui précède l'année 1880, un chiffre moyen de 10,592 accidents mortels. Le rapport des accidents mortels aux non mortels, dans tous les pays, étant généralement de 5 0/0, on arrive au chiffre effrayant de plus de 63,552 accidents annuels de toute nature. Sur ce chiffre, les accidents purement industriels entreraient, d'après M. Félix Faure (2), pour 20,000 par an sur un chiffre de 3,000,000 d'ouvriers.

Il est à présumer toutefois qu'on ne comprend dans ce chiffre que les accidents graves entraînant une incapacité notable du travail de la profession. En effet, si l'on se reporte aux résultats obtenus par le travail de statistique ordonné par le Gouvernement allemand à l'occasion de la nouvelle législation sur les assurances ouvrières, on observe que le nombre des accidents est singulièrement plus élevé que ne l'a énoncé M. Félix Faure. Les observations ont duré, en Allemagne, quatre mois et ont porté sur 93,554 établissements et sur

---

(1) Numéro du 27 décembre 1884, p. 803.
(2) Déb. parl. de la Chambre des députés, *Journal officiel*, année 1883, p. 525.

1,957,548 ouvriers. Le chiffre total des accidents s'est élevé à 29,572 ; 661 ouvriers sont morts des suites de leurs blessures ; 127 ont été atteints d'une incapacité permanente et totale de travail ; 433 d'une incapacité permanente, mais partielle de travail ; 28,352 d'une incapacité temporaire. Ces chiffres représentent pour l'année 1,983 accidents mortels, 1,680 suivis d'une incapacité permanente et 85,056 suivis d'une incapacité temporaire, en tout 88,722 accidents pour 1,957,548 ouvriers (1).

Si le même rapport était applicable aux accidents survenus en France, ce n'est donc point 20,000 victimes que l'on aurait à compter annuellement pour 3,000,000 d'ouvriers, mais sept fois plus environ, soit exactement 135,967 (2).

---

(1) Chaufton, *les Assurances, leur passé, leur présent, leur avenir*. Paris, librairie Chevalier-Marescq, 1885, t. I, p. 48.

(2) Il est regrettable qu'en France rien ou presque rien n'ait été fait dans le voie de la statistique. Lorsque, en 1867, le ministre du commerce fut chargé de l'élaboration du projet de loi sur l'établissement par l'État d'une Caisse d'assurances pour les invalides du travail, il prescrivit des recherches destinées à préparer les bases du calcul des primes. Ces recherches n'eurent aucun résultat. Le bureau de la statistique ne possédait que le relevé, pendant une période de dix ans, des accidents survenus dans les mines, relevé qui accusait 320 accidents graves pour 100,000 ouvriers. C'est sur ces indications imparfaites que fut calculée la prime que chaque ouvrier devait verser dans la Caisse d'assurances, créée plus tard par la loi du 30 juillet 1868.

Depuis lors, malgré diverses tentatives, notamment celle qui résulte de la loi de 1874 sur le travail des enfants dans les manu-

En même temps que les accidents se multiplient, il devient plus difficile d'en rechercher et d'en connaître les causes. La machine, si perfectionnée soit-elle, a des secrets qui échappent au contrôle préventif et qu'elle ne dévoile pas même après une catastrophe. Le préjudice que cette situation crée à l'ouvrier est considérable. Il en résulte pour lui évidemment une difficulté plus grande de faire la preuve de l'imputabilité de l'accident, sans laquelle il n'y a pas de responsabilité et partant pas d'indemnité.

Il est facile, en effet, de concevoir que le patron puisse être déclaré responsable des suites de l'accident survenu à son ouvrier. Il engage les services de ses semblables pour leur faire faire sous ses ordres, sous sa direction et sous sa dépendance, un travail qu'il ne veut ou ne peut faire lui-même. Il leur livre, pour les aider dans leur tâche et pour leur faire produire

---

factures, l'administration n'est point arrivée, en France, à posséder une statistique générale des accidents industriels. Seuls, les accidents de chemins de fer, ceux survenus dans les industries extractives et ceux résultant de l'explosion des générateurs à vapeur sont exactement connus, parce qu'ils font l'objet de relevés spéciaux. Mais ces relevés, faits sans méthode, ne présentent qu'une importance secondaire au point de vue général que nous envisageons.

Il est bon toutefois de remarquer qu'à côté de ces indications il en existe d'autres qui permettent d'apprécier l'importance de la substitution du travail mécanique au travail manuel. Ainsi, les machines à vapeur, qui étaient employées en 1834 au nombre de 1,132, ont atteint en 1879 le chiffre de 39,559. (Discours de M. Girard, rapporteur. Ch. des dép., déb. parlem., *Journal officiel*, séance du 13 mai 1882, p. 592.)

la plus grande somme d'ouvrage perfectionné dans un minimum de temps, des outils de toutes sortes dont le maniement présente le plus ordinairement des dangers continuels. Cet outillage, c'est le patron qui l'a choisi, qui l'a disposé, qui en a surveillé l'installation et contrôlé la fabrication. L'ouvrier, mis en contact avec ces engins, est tenu de s'en servir suivant leur destination et conformément aux ordres reçus.

Il est donc vrai de dire que le patron expose ses ouvriers à des dangers certains, que le mécanisme soit naturellement dangereux ou qu'il ne puisse le devenir qu'occasionnellement. L'ouvrier accepte, il est vrai, la situation qui lui est faite; mais il n'y adhère qu'à une condition tacitement posée, c'est que l'outillage et l'installation de l'atelier seront en bon état, que toutes les vérifications et les épreuves des instruments auront été faites, en un mot que toutes les précautions auront été prises pour éviter les accidents. Le patron a donc le devoir de veiller à la sécurité de son personnel, en réglant jusqu'aux moindres détails, en se conformant aux règlements, quand il en existe, en soumettant son mécanisme à d'incessantes vérifications, en employant les procédés nouveaux de préservation, en ne fournissant à l'ouvrier que de bons matériaux et en choisissant son personnel de manière à diminuer, dans la plus large mesure, les dangers inséparables du travail en commun.

S'il manque à tous ces devoirs, il commet une faute dont il doit répondre ; si un accident se produit dans ces conditions, il en doit réparer les suites.

Autrefois, avec le travail manuel, cette responsabilité

était facile à établir, quand il y avait lieu de l'invoquer. Aujourd'hui, avec le travail presque exclusivement mécanique et en l'état de la soudaineté et de l'inexplicabilité des accidents qu'il fait naître, son établissement ne laisse pas que de créer aux intéressés de réels embarras. De là le nombre toujours croissant des accidents déclarés sans cause connue et mis au compte de la force majeure ou du cas fortuit. De là, par conséquent, le nombre de plus en plus considérable des ouvriers non indemnisés.

On le voit, la nécessité d'une réforme quelconque dans la législation des accidents du travail se fait vivement sentir. C'est à bon droit, par conséquent, qu'on s'est employé de tous côtés, comme nous l'indiquions au début, à chercher le remède. Les uns ont cru le rencontrer dans une interprétation nouvelle de la législation existante, les autres dans une réforme législative portant, soit sur une modification plus ou moins profonde à faire subir aux règles juridiques qui régissent la responsabilité, soit sur l'organisation d'un système particulier d'assurances. De ces idées mères sont nées une infinité de propositions qu'il est intéressant et utile à tous les points de vue d'analyser et d'apprécier. Pourquoi faut-il, hélas! que l'on cherche encore, en France, la meilleure des solutions, lorsque certains peuples voisins possèdent, depuis quelques années déjà, une législation protectrice ?

C'est à étudier l'état actuel de la législation française des accidents industriels et le mouvement de réforme qui s'est produit sur ce point, tant en France qu'à l'Étranger, que ce modeste travail est employé. Pour y arriver, voici le plan que nous avons cru devoir adopter.

Nous traiterons, dans une première partie, de la législation actuelle des accidents du travail en France et des différentes interprétations que lui donnent la jurisprudence et la doctrine, en ce qui touche les conditions auxquelles est engagée la responsabilité du patron, la dévolution de la preuve et les fins de non-recevoir qui peuvent être opposées au cours de l'instance. Nous consacrerons le dernier chapitre de cette première partie à l'étude du contrat d'assurance contre les accidents et des modifications qu'il apporte à la situation créée par le droit commun.

La deuxième partie aura pour objet l'étude du mouvement de réforme en faveur de la classe ouvrière sur la question spéciale des accidents. Un premier chapitre comprendra l'examen des législations étrangères ; un deuxième chapitre, l'étude des projets de réforme en France. Nous donnerons enfin, dans un troisième et dernier chapitre, notre conclusion personnelle et un essai de solution de la question.

PREMIÈRE PARTIE

La législation des accidents du travail en France

CHAPITRE Ier.

ÉTAT ACTUEL DES TEXTES QUI RÉGISSENT LA MATIÈRE.

Le Code civil français a presque entièrement passé sous silence le contrat de travail. Cette omission s'explique. A l'époque de l'élaboration de nos lois civiles, les questions ouvrières étaient loin d'avoir acquis l'importance qu'elles ont aujourd'hui. Le législateur ne pouvait à cette époque réglementer des situations nouvelles, qui se font jour pour la première fois à la fin de ce siècle.

Aussi bien, les rédacteurs du Code civil n'ont consacré au louage des ouvriers que deux articles, qui forment au contrat de louage d'ouvrage la section Ire du chapitre III, livre III, titre VIII du Code civil. Et encore l'un de ces deux articles, l'article 1780, contient une disposition inutile et oiseuse, qui interdit à tout homme d'engager ses services pour sa vie durant ou pour une entreprise indéterminée. L'autre article, qui est l'article 1781, a été avec raison abrogé par la loi du 2 août 1868. Il portait que le maître devait être cru sur son affirmation pour la quotité et le paiement du salaire.

De la réglementation du contrat de louage de services, des règles qui doivent régir les rapports si nombreux et si importants d'employeur à employé, il n'en est pas question. Alors que les contrats les plus usuels, tels que la vente, le mandat, le louage de choses, sont minutieusement réglementés, il n'est rien dit, au contrat de louage d'ouvriers, des stipulations expresses ou tacites des parties contractantes, des garanties à fournir de part et d'autre et des dispositions prises en vue de la violation des engagements.

Cet état de choses a fait surgir bien des difficultés dans la pratique. L'absence de règles a amené bien des hésitations, parfois même des contradictions, dans la jurisprudence, de sérieuses et vives controverses au sein de la doctrine.

C'est surtout en ce qui concerne les accidents du travail qu'on doit amèrement regretter que tout ou presque tout, dans le contrat dont nous parlons, soit resté en dehors des prévisions du législateur. La vie, si fréquemment engagée et risquée par ceux qui se livrent à un travail matériel quelconque pour le compte d'autrui et surtout par ceux qui sont employés dans les carrières, les usines et les manufactures, méritait, à coup sûr, une protection au moins égale à celle dont nos lois entourent les autres biens et la jouissance des richesses mobilières et immobilières.

Il est à la vérité, dans nos Codes, deux dispositions qui s'appliquent sûrement à la matière; ce sont celles contenues dans les articles 319 et 320 du Code pénal. La généralité des termes de ces deux articles comprend sans aucun doute le fait pour le patron d'avoir fait naître, par sa faute, l'accident dans lequel un de ses ouvriers a trouvé la mort ou a été plus ou moins grièvement blessé. Mais c'est l'action publique seule que ces textes prévoient. Quant à l'action civile, nous ne voyons, dans tout notre droit, aucune disposition qui s'y rattache d'une manière assez précise et assez manifeste pour réunir, au point de vue des principes, toutes les opinions. On est bien d'accord en doctrine et en jurisprudence pour, en l'absence de textes, appliquer le droit commun ; mais l'important est de savoir quel sera le droit commun applicable, et c'est là que les divergences commencent. Faut-il chercher ce droit commun dans les articles du Code qui traitent des obligations conventionnelles ou dans le titre des engagements qui se forment sans convention ? En d'autres termes, doit-on appliquer spécialement les articles 1302, 1315 et autres du Code civil ou les articles 1382 et suivants du même Code ? Si l'on applique les règles du contrat, quelles conséquences en résultera-t-il pour les intéressés, notamment au point de vue de la preuve ? Le contrat sous-entendra-t-il des stipulations de sécurité ? S'il les sous-entend, dans quelle mesure ? Voilà tout autant de questions diversement résolues au grand détriment des ouvriers et souvent aussi des patrons.

Il n'existe donc, en droit civil, aucun système organisé

en vue du contrat de travail (1) et particulièrement en vue des accidents qu'il engendre. Les lois préventives font elles-mêmes défaut, à moins qu'on ne veuille donner quelque sérieuse importance à certaines lois de police, que nous allons énumérer et dont la plupart ne se rattachent à notre question que de très loin ou seulement sur des points de détail.

Il faut reconnaître, en effet, que les lois de police et d'industrie se sont parfois occupées de la sécurité des ouvriers, mais si timidement, si imparfaitement que les résultats obtenus sont à peine tangibles. Nous devons mentionner dans ce sens : 1° la loi du 19 juillet 1791 ; 2° un arrêté du 3 germinal an IX sur les laminoirs, moutons, presses, balanciers et coupoirs, et une ordonnance du 4 prairial an IX concernant l'emploi de ces divers engins ; 3° une ordonnance du 24 octobre 1823 sur les bâtiments qui menacent ruine ; 4° un décret du 25 janvier 1865, remplacé par un décret du 30 avril 1880 relatif aux chaudières à vapeur ; 5° la loi du 18 juin 1870 sur le transport par eau et par terre des marchandises dangereuses ; 6° un décret du 12 août 1874, qui détermine la nomenclature des matières explosibles, modifié par celui du 15 janvier 1875 ; 7° les décrets des 2 septembre 1874 et 31 juillet

---

(1) Citons toutefois, à titre de curiosité, l'article 14 de la loi du 22 germinal an XI, qui recommande aux patrons et aux ouvriers d'exécuter leur contrat de bonne foi, disposition qui ne fait que reproduire le droit commun de tous les contrats, ainsi que l'indique l'article 1134 du Code civil.

1875, qui prescrivent les mesures à prendre pour l'embarquement et le débarquement des matières dangereuses.

Nous pourrions citer encore : 1° un décret du 15 octobre 1810 et une ordonnance du 14 janvier 1815 sur les manufactures et ateliers insalubres, incommodes et dangereux ; 2° les décrets des 31 octobre 1866, 31 janvier 1872, 7 mars 1878, 22 avril 1879, 26 février 1881 et 31 octobre 1882. Mais ces décrets et ordonnances ont eu en vue presque exclusivement la salubrité extérieure des mines et ateliers, les dangers et les inconvénients que peut présenter le voisinage des établissements industriels.

Toutefois des lois spéciales, se rapportant à l'industrie minière, ont visé particulièrement les accidents du travail. La loi organique du 21 avril 1810 et le décret du 3 janvier 1813, complété par une ordonnance du 26 mai 1843, contiennent quelques règles importantes sur les obligations que le contrat de louage d'ouvrage impose au patron et à l'ouvrier en vue de la sécurité du travail. Les articles 47 à 50, 81 et 82 de la loi de 1810 et l'article 30 du décret de 1813 visent uniquement les cas où l'existence de la mine et des mineurs pourrait être compromise (1).

Nous devons citer encore, dans cet ordre d'idées, un projet de loi sur les délégués mineurs qui, depuis

---

(1) On a nommé, en 1877, une commission parlementaire chargée d'étudier les moyens propres à prévenir les explosions de grisou. Le rapport général de cette commission est très instructif; mais là s'est bornée l'initiative des pouvoirs publics.

quatre ans, est à l'étude au sein du Parlement. Ce projet a pour but essentiel de protéger, par un système rigoureux d'inspection, l'existence des ouvriers mineurs exposés à de plus fréquents dangers que tous les autres ouvriers. Bien que les mines et carrières souterraines soient seules visées, il est loisible à l'autorité préfectorale d'étendre les dispositions de la loi aux mines et carrières à ciel ouvert. Les délégués sont des ouvriers du fond ou d'anciens ouvriers non renvoyés de la mine investis, par les suffrages de leurs collègues, d'un mandat de trois ans, aux termes duquel ils doivent, au moins deux fois par mois, procéder à la visite et à la vérification des chantiers, des galeries et des appareils, et rédiger un procès-verbal de leur visite, qui sera communiqué au préfet et de là aux ingénieurs. Ils sont, en outre, chargés de procéder sans délai à la constatation des accidents survenus dans les travaux. Il est nommé un délégué et un suppléant par exploitation. Si l'exploitation occupe plus de 250 ouvriers, un arrêté du préfet pourra la diviser en sections nommant chacune un délégué. Les visites et constatations prescrites sont payées aux délégués comme journées de travail (1).

Nous ne pouvons passer sous silence la loi du 15 juillet 1845 sur la police des chemins de fer et

---

(1) Telle est du moins la rédaction que, sur le rapport de la commission, le Sénat a très récemment adoptée, le 15 juin 1888. Le projet, qui a déjà subi cinq délibérations tant à la Chambre qu'au Sénat et qui plusieurs fois a été amendé, vient d'être renvoyé à la Chambre pour qu'elle statue définitivement.

l'ordonnance réglementaire du 15 novembre 1846, qui prescrivent, pour éviter les accidents, des mesures dont l'insuffisance est depuis longtemps démontrée (1).

Enfin la loi du 19 mai 1874 sur le travail des enfants dans l'industrie renferme, notamment dans l'article 14, quelques dispositions préventives d'une incontestable utilité, qui gagneraient beaucoup à être étendues aux adultes.

Malgré cela, il n'y a dans cette législation fragmentaire et décousue aucune vue d'ensemble. On en est encore en France à la période des tâtonnements ; les rares dispositions prises sont timides et particulières à des catégories de personnes ou d'entreprises. Jamais l'autorité n'a osé aborder de face le grand problème de la sécurité de l'ouvrier dans l'industrie et l'embrasser dans tout son ensemble. Les projets de loi, actuellement soumis au Parlement, procèdent du même esprit de particularisme et de spécialisation. Nous convenons qu'il y a à opérer, au point de vue des risques, des distinctions et des classements dans les industries et que l'urgence de dispositions légales préventives se fait sentir beaucoup plus dans les unes que dans les autres. Il n'en est pas moins vrai que le problème dont nous parlons mériterait une solution plus générale et plus étendue, car, les conséquences

---

(2) En 1882, M. Delattre et plusieurs de ses collègues ont déposé sur le bureau de la Chambre une proposition de loi relative à la sécurité publique dans les chemins de fer, qui n'a point encore abouti. (*Journal officiel*, 1882. Doc. parl., Ch. des dép., n°s 473 et suiv.)

des accidents industriels étant aussi désastreuses dans le petit atelier que dans les grandes usines, la loi doit au fond édicter partout les mêmes sanctions et les mêmes garanties.

Tel est l'état actuel de la législation française. Mais, si nos lois sont pauvres sur la matière, il existe des monuments de jurisprudence nombreux et intéressants. Nous allons les passer soigneusement en revue et, après en avoir dégagé l'esprit et les principes, en étudier les conséquences.

CHAPITRE II.

DE L'INTERPRÉTATION DE LA LOI PAR LA JURISPRUDENCE.

SECTION Ire.

PRINCIPE DE LA RESPONSABILITÉ DU PATRON.

Pour la jurisprudence française, il n'y a pas de doute : la vraie, la seule garantie des ouvriers victimes d'accidents réside, au point de vue de la responsabilité civile, dans l'application des articles 1382 et suivants du Code civil. Ces articles portent en substance : que tout fait quelconque de l'homme qui cause à autrui un dommage oblige celui par la faute duquel il est arrivé à le réparer (art. 1382); que chacun est responsable du dommage qu'il a causé non seulement par son fait, mais encore par sa négligence, par son imprudence (art. 1383) ou par le fait des personnes dont il doit répondre (art. 1384) et des choses ou des animaux qu'il a sous sa garde (art. 1385 et 1386).

Tel est pratiquement le droit commun qu'il faut appliquer, en l'absence de textes précis et spéciaux, pour résoudre les difficultés nombreuses que soulèvent les questions de responsabilité, pour déterminer notamment à quelles conditions et dans quelles limites le patron doit répondre des suites d'un accident. La faute ou la négligence du patron ou de ses préposés, voilà l'unique origine du droit de l'ouvrier. L'action que lui ou ses ayants cause doivent intenter, lorsqu'ils élèvent des prétentions à une indemnité, est une action en responsabilité basée sur le délit ou le quasi-délit dont le maître s'est rendu coupable par son fait, sa négligence ou son imprudence.

Qu'il y ait lieu de faire application des articles 319 et 320 du Code pénal et de baser ainsi sur le résultat d'une poursuite correctionnelle, intervenue ou à intervenir, une action en responsabilité, ou d'intenter cette même action en dehors de toute action publique, les moyens d'arriver au but que l'on se propose d'atteindre sont les mêmes. Le demandeur devra imputer une faute quelconque au défendeur et en établir légalement l'existence, faute de quoi il succombera dans ses prétentions. Cela revient à dire que la faute du patron, qui a pu donner naissance à l'accident et qu'on doit relever à son encontre, est de nature *délictuelle*. Il faut donc prouver contre lui qu'il a contrevenu au principe en vertu duquel il est tenu de respecter les droits d'autrui, de ne causer à son semblable aucun dommage, ni directement, ni indirectement. Le dommage consiste, en notre matière, dans une atteinte plus ou moins grave portée à la personne même de l'ouvrier. La cause du dommage réside, d'une manière générale, dans une installation vicieuse de l'atelier et plus particulièrement dans l'emploi d'instruments de travail défectueux, dans un choix peu judicieux du personnel ou dans la non-application des moyens de préservation propres à atténuer, sinon à faire disparaître, les périls ordinaires de l'entreprise.

Ainsi donc les tribunaux français ont toujours jugé et jugent encore, en matière de responsabilité, comme s'il n'y avait entre le patron et l'ouvrier aucun lien de droit préexistant. Nulle part, il n'est fait allusion aux engagements préalables auxquels les parties ont dû réciproquement se soumettre. Ce n'est pas certes qu'on en conteste l'existence, mais on néglige d'y rechercher aucune indication utile. La notion du délit suffit au magistrat; l'idée du contrat lui paraît étrangère à la question. La faute délictuelle est la cause nécessaire et suffisante de la responsabilité.

Il suffit, pour s'en convaincre, d'ouvrir un recueil de jurisprudence. Citons au hasard quelques décisions :

« Attendu, dit un arrêt de la Cour de Rouen rendu
» le 23 mai 1856 (1), qu'il est reconnu par toutes les
» parties que le sieur Bodson, préposé par Duval pour
» placer des tuyaux et appareils à gaz dans la filature
» du sieur Théodore Legrand, à Pavilly, a été, dans

---

(1) Sirey, 1857. 1. 534.

» le cours de son travail, saisi par ses vêtements, qui
» se sont enroulés sur l'un des arbres de couche en
» mouvement, et qu'emporté par une rotation préci-
» pitée de plusieurs minutes il a reçu aux côtes, aux
» os de l'avant-bras gauche des fractures graves qui
» l'ont empêché jusqu'à ce jour et l'empêcheront pour
» l'avenir de se livrer, comme précédemment, à un
» travail qui lui permette du subvenir complétement
» à ses besoins ;

» Qu'il s'agit au procès de savoir par la faute de qui
» cet accident est arrivé.....;

» .... Qu'il y avait imprudence, de la part de
» Legrand ou de ses préposés, à faire effectuer un
» pareil travail pendant que les arbres de couche,
» au-dessus desquels il devait avoir lieu, étaient en
» pleine activité;

» .... Que Legrand a ainsi engagé *sa responsa-*
» *bilité d'après les articles 1382 et 1383 du Code*
» *civil* (1), etc. »

Le 30 juin 1867, la femme Painvin, occupée à laver du linge dans le lavoir du sieur Deschamps, fut grièvement blessée par l'explosion d'une chaudière qui y était installée. Elle intenta contre Deschamps une

---

(1) Cet arrêt est remarquable en ce sens qu'il décide que la responsabilité de l'accident, arrivé à un ouvrier dans l'exécution d'un travail, incombe non au maître qui l'emploie, mais à celui pour le compte duquel le travail est effectué. A vrai dire il était difficile, en l'espèce, d'appliquer un autre principe que celui contenu dans les articles 1382 et 1383.

action en dommages-intérêts qui fut successivement rejetée par le tribunal de la Seine, la Cour de Paris et la Cour de cassation (1).

« Attendu, dit cette dernière Cour, que si, aux
» termes de l'article 1383, chacun est responsable du
» dommage qu'il a causé, non seulement par son fait,
» mais encore par sa négligence ou son imprudence,
» *il résulte en même temps des dispositions des*
» *articles 1382 du même Code* que son fait ne l'oblige
» à réparation que si le dommage est arrivé par sa
» faute; qu'ainsi l'existence d'une faute légalement
» imputable constitue l'une des conditions essentielles
» de l'action en responsabilité...... »

La Cour de Caen (2) est plus explicite encore :
« Attendu, dit-elle, que la Compagnie des chemins
» de fer de l'Ouest n'est pas responsable de plein droit
» des accidents survenus à ses agents ou employés;
» *qu'elle n'est responsable que dans les termes de*
» *l'article 1382 du Code civil*, c'est-à-dire respon-
» sable seulement du dommage occasionné par sa
» faute, etc. »

Le dernier arrêt que nous relevons en ce sens dans les recueils est un arrêt de cassation, en date du 18 octobre 1886 (3), qui porte :

---

(1) Cass., 19 juillet 1870. (S., 1871. 1. 9.)
(2) Caen, 25 juillet 1881. (S., 1882. 2. 76.)
(3) Sirey, 1887. 1. 17.

« Sur le premier moyen tiré de la violation des
» articles 1382 et suivants du Code civil : Attendu que
» le sieur Réocreux, qui réclamait à la Compagnie des
» mines de la Loire des dommages-intérêts à raison
» d'un accident dont il avait été victime, n'a pas établi
» qu'une faute de la Compagnie l'ait causé ou ait
» contribué à le déterminer.....;

» Qu'en rejetant en conséquence sa demande de
» dommages-intérêts, *l'arrêt attaqué n'a pas violé*
» *les articles 1382 et 1383 du Code civil*; —
» Rejette... (1).

Le principe de l'article 1383 une fois adopté, il était facile à la jurisprudence de juger, comme elle l'a souvent fait, que l'existence d'une faute légalement imputable constituait l'une des conditions essentielles de toute action en responsabilité (2) ;

Qu'il ne suffisait pas en conséquence, pour motiver l'allocation de dommages-intérêts, de constater à la charge du défendeur un fait qui lui fût imputable, mais qu'il fallait encore spécifier que ce fait constituait une faute (3) ;

---

(1) Dans le même sens : Lyon, 29 juin 1867. (Dalloz, Rep., vol. 34, p. 216.) — Cass., 13 mai 1868. (S., 1868. 1. 356.) — Cass., 19 août 1874. (S., 1875. 1. 24.) — Grenoble, 8 avril 1876. (S., 1877. 2. 271.) — Cass., 2 décembre 1884. (S., 1886. 1. 367.) — Cour de Liège, 18 juin 1885. (S., 1885. 4. 30.)

(2) Lyon, 20 janvier 1863. (S. 1864, 2. 1.)

(3) Cass., 19 juillet 1870. (S., 1871. 1. 9.) — Cass., 12 septembre 1873. (S., 1874. 1. 184.)

Que cette faute elle-même devait donner naissance au préjudice souffert, de telle manière qu'il y eût entre la cause et l'effet une relation intime que, dans toutes circonstances, les juges avaient le devoir de constater et d'apprécier.

« Attendu, dit un arrêt de la Cour de cassation du
» 19 août 1874 (1), que si, aux termes de l'article 1382,
» tout fait de l'homme qui cause à autrui un dommage
» oblige son auteur à le réparer, il n'en peut être
» ainsi que si la faute à lui imputée a été la cause
» directe du préjudice dont la réparation est deman-
» dée, etc. »

Quant à l'appréciation de la faute, la Cour suprême s'arroge le droit de vérifier si les faits constatés par les juges du fond constituent en droit la faute, telle qu'elle doit résulter des termes des articles 1382 et suivants du Code civil pour engager la responsabilité du patron (2). Il est bon de noter toutefois que, sur ce point, des dissentiments se sont élevés un certain temps entre les diverses Chambres de la Cour de cassation. Tandis que la Chambre civile restait ferme dans l'affirmation du principe que nous venons de rapporter, la Chambre des requêtes et la Chambre

---

(1) Sirey, 1875. 1. 24. — Dans le même sens : Cass., 6 février 1883. (S., 1886. 1. 15.)
(2) Cass. civ., 5 juin 1872. (S., 1872. 1. 157.) — Cass. civ., 15 avril 1873. (S., 1873. 1. 174.) — Cass. civ., 10 août 1878. (S., 1879. 1. 481.)

criminelle proclamaient au contraire le pouvoir souverain des juges du fond (1). L'accord n'a pas tardé à s'établir. En effet, un arrêt récent de la Chambre des requêtes du 14 avril 1885 (2), rendu sur un arrêt de Lyon en date du 29 mai 1884, admet la jurisprudence traditionnelle de la Chambre civile. Il ressort clairement de cet arrêt que la décision des premiers juges doit contenir des éléments suffisants, pour que la Cour suprême puisse contrôler si les conséquences juridiques des faits allégués ont été légalement appréciés.

La cause que la jurisprudence assigne à la responsabilité des patrons entraîne des conséquences pratiques fort importantes qu'il importe d'étudier. Parmi les principales, les unes ont trait aux conditions de fait auxquelles la responsabilité du patron est engagée; les autres concernent la dévolution de la preuve. Nous allons passer en revue ces deux conséquences dans l'ordre que nous venons d'indiquer, en consacrant une section particulière à l'examen de chacune d'elles.

DEUXIÈME SECTION.

CONDITIONS DE FAIT AUXQUELLES LA RESPONSABILITÉ DU PATRON EST ENGAGÉE.

En fait, la jurisprudence, une fois admis le principe

---

(1) Cass. req., 28 novembre 1855. (S., 1857. 1. 95.) — Cass. req., 5 février 1872. (S., 1872. 1. 386.) — Cass. req., 12 janvier 1875. (S., 1875. 1. 254.) — Cass. crim., 21 novembre 1856. (D., P., 1856. 1. 471.)

(2) Surrel contre Houillères de Saint-Étienne.

de la responsabilité délictuelle, l'a rigoureusement appliqué. Elle ne saurait être soupçonnée de tendresse pour les patrons. L'appréciation qu'elle fait de leur faute et le chiffre des réparations auquel elle les condamne (1) sont de nature, dans un très grand nombre de cas, à donner satisfaction aux plus exigeants. On doit reconnaître qu'elle n'a rien négligé, dans l'intérêt de l'ouvrier, pour tirer de son principe toutes les déductions qu'il pouvait comporter. N'était la procédure admise pour arriver à établir, avec la faute du patron, sa responsabilité, on ne trouverait peut-être pas d'ouvriers, victimes d'accident, qui ne se déclareraient satisfaits de leurs juges.

De l'ensemble des décisions qui vont être rapportées ou analysées il résulte que, en thèse générale, le maître et l'ouvrier supportent respectivement la responsabilité

---

(1) Pour donner un exemple de la générosité avec laquelle les tribunaux apprécient le préjudice causé, nous citerons un arrêt de la Cour de Bordeaux du 30 novembre 1881. (S., 1882. 2. 183.) Cet arrêt décide que l'indemnité due à la victime d'un accident doit comprendre même l'évaluation du préjudice moral résultant de l'atteinte portée à l'affection des parents. — Dans le même sens : arrêt de la Cour de cassation de Belgique du 7 mars 1881 (S., 1882. 4. 9) et de la Cour de Nancy du 9 décembre 1876. (S., 1879. 2. 228.) — Il paraît cependant difficile d'adopter, dans ce cas particulier, un *criterium* permettant d'apprécier équitablement le préjudice causé et de fixer l'indemnité équivalente. On a l'air, en procédant ainsi, de permettre de spéculer sur un malheur de famille et d'autoriser le défenseur à discuter et à nier même, au mépris des convenances les plus élémentaires, l'existence des sentiments d'affection dont on se prévaut.

de leur faute, le maître en s'acquittant des dommages-intérêts mis à sa charge, l'ouvrier en s'entendant débouter de toute prétention à une indemnité ; — que, en cas de faute commune, la responsabilité du maître ne disparaît pas, mais se trouve atténuée ; — qu'enfin les cas fortuits, de force majeure ou sans cause connue demeurent à la charge exclusive de l'ouvrier. C'est dire que toutes les fois que l'accident est dû à une installation défectueuse de l'atelier, au vice des outils, des matériaux ou des auxiliaires que le patron donne à l'ouvrier, celui-ci a droit d'être indemnisé, si légère que soit la faute imputable au patron ; que cette responsabilité n'existe pas, soit quand il est établi que l'accident est exclusivement dû à l'imprudence, à l'inattention ou à l'inobservation des règlements de la part de l'ouvrier adulte et en possession de ses facultés, soit lorsque l'ouvrier a été victime d'un accident dont on ne connaît ni l'origine, ni la cause. C'est l'application à notre matière de cette règle de droit si souvent formulée : les dommages-intérêts supposent l'existence d'une faute ou tout au moins d'un fait imputable au défendeur ; or l'on ne peut rien imputer à personne, quand on subit des événements qu'il était impossible de prévoir ou d'empêcher.

La condition essentielle de la responsabilité étant la faute du patron, nous parcourrons dans une première sous-section les principales hypothèses dans lesquelles elle existe. Nous consacrerons ensuite deux sous-sections à indiquer comment le patron n'est point responsable, quand l'accident est dû soit à une faute même de l'ouvrier, soit à un cas fortuit ou de force majeure.

Iʳᵉ SOUS-SECTION. — FAUTE IMPUTABLE AU PATRON.

Il va de soi qu'il n'est pas nécessaire, dans une espèce donnée, pour mettre à la charge du patron les suites d'un accident, de relever à son encontre une faute active *(in committendo)*. L'article 1383 assimile très explicitement au fait direct du défendeur à l'action en responsabilité son imprudence et sa négligence. C'est même par application de ces idées que sont obtenues contre les patrons les plus fréquentes condamnations. Au surplus, la faute étant jugée ici d'origine délictuelle, le patron est déclaré responsable, dès qu'elle existe, si minime qu'elle soit et alors même qu'elle n'aurait amené que de très loin l'accident; car le principe de la responsabilité n'est point basé sur l'importance de la faute commise, mais sur sa simple constatation.

Voici d'ailleurs une série d'espèces des plus remarquables, qui indiquent à quelles conditions de fait le patron est déclaré en faute par les tribunaux et partant jugé responsable de l'accident survenu.

Est en faute le patron qui fournit à l'ouvrier un outillage défectueux ou de mauvais matériaux. — Il en est ainsi spécialement lorsqu'un ouvrier a été blessé par la rupture d'un échafaudage sur lequel il travaillait, s'il est établi que cet échafaudage avait été mal construit (1); lorsqu'une courroie destinée, dans une usine,

---

(1) Lyon, 20 février 1869. (D., P., 1869. 2. 221.)

à transmettre le mouvement à un tour à tarauder, étant mal agencée sur les poulies destinées à la recevoir, a blessé, en glissant d'elle-même, l'ouvrier chargé de la manœuvrer (1); lorsque, par suite de la mauvaise qualité des matériaux, une maison s'est écroulée et a blessé plusieurs ouvriers employés à sa construction (2); lorsqu'enfin l'explosion d'une machine à vapeur est due à l'emploi, pour l'alimentation de la chaudière, d'eaux ayant déjà servi à diverses manipulations et saturées d'acides gras (3).

La solution est la même, lorsque l'ouvrier est atteint par des objets, outils ou matériaux, au maniement desquels il n'était point préposé. — Les tribunaux appliquent alors plus particulièrement l'article 1384 du Code civil, aux termes duquel on est responsable du dommage causé par les choses que l'on a sous sa garde (4). — C'est ainsi qu'on a pu déclarer respon-

---

(1) Paris, 4 février 1870. (S., 1870. 2. 324.)
(2) Cass. crim., 8 mars 1867. (D., P., 1867. 1. 461.)
(3) Trib. civ. de la Seine, 15 décembre 1883. (*Gaz. du Palais*, février 1884, p. 209.)
(4) Un jugement du tribunal de Bruxelles, rendu au bénéfice d'ouvriers blessés par l'explosion d'une machine à vapeur auprès de laquelle ils se trouvaient accidentellement placés, fait nettement ressortir de l'article 1384 la responsabilité du patron. — « Attendu,
» dit ce jugement, que du texte de l'article 1384 du Code civil il ressort
» clairement que le propriétaire d'une chose inanimée qu'il a sous
» garde est responsable du dommage causé par le fait de cette
» chose.... » — Bruxelles, 16 avril 1872. (*Pasic.*, 1872. 2. 176.)

sable le propriétaire d'un bateau à vapeur dont l'un des mariniers avait péri par suite de l'explosion de la chaudière, lorsque la rupture de la machine avait été causée soit par le manque d'eau, soit par un chauffage trop intense, soit par un vice de construction (1). C'est ainsi encore que le directeur d'une usine a pu être condamné à indemniser un ouvrier, grièvement blessé par une explosion de gaz dû au mauvais état de la canalisation, pendant qu'il était occupé à travailler près de l'endroit où la fuite de gaz s'était produite (2).

Il importe peu que l'installation de l'ouvrier, jugée vicieuse, fût admise par l'usage, si les accidents qui en sont résultés sont de ceux qui peuvent et doivent être prévus. Une jurisprudence constante considère le chef d'un établissement quelconque de travail comme tenu de prendre toutes les précautions dont l'efficacité est généralement reconnue, quelque coûteuses qu'elles puissent être et quelque nombreux que soient les inconvénients qui peuvent en résulter. Prescrits ou non par les règlements, ces moyens préventifs doivent être employés, dès l'instant qu'ils sont praticables et possibles. C'est dire que le patron doit se tenir au courant des inventions nouvelles destinées à prévenir les accidents, des procédés moins dangereux de fabri-

---

(1) Lyon, 13 décembre 1854. (D., P., 1855. 2. 86.)
(2) Cass., 13 janvier 1868. (S., 1868. 1. 298.) — Dans le même sens: Lyon, 3 juin 1869. (Dalloz, Rep. Ouvriers, n° 100.) — Amiens, 15 novembre 1883. (S., 1884. 2. 6.)

cation, pour appliquer les unes et employer les autres le plus diligemment possible.

Il a été jugé dans ce sens que le patron d'un atelier de tissage est responsable de l'accident survenu à une ouvrière par suite de l'échappement de l'une des navettes du métier voisin, alors que tout danger aurait pu être évité par l'établissement de grillages sur les côtés des métiers ou par un espacement plus grand de ces métiers (1). Ce jugement pose très nettement le principe que : « l'industriel est responsable moralement » et légalement de toutes les conséquences qu'une » disposition plus économique de ses ateliers peut » avoir pour la santé et pour la vie de l'ouvrier ». Conformément à ce principe, la Cour de Dijon (2), réformant un jugement du tribunal civil d'Autun, en date du 6 décembre 1876, a décidé qu'une compagnie de hauts-fourneaux devait garantir, par des appareils même non consacrés par l'usage, ses ouvriers puddleurs contre les débris de fonte enflammée qui jaillissent, au moment de la coulée, sous forme d'étincelles (3).

Dans un autre ordre d'idées, la Cour de Nîmes (4) a condamné une compagnie de chemins de fer à indem-

---

(1) Trib. civ. de Mulhouse, 18 janvier 1867. (Dalloz, Rep. Ouvriers, n° 96.) — Dans le même sens : Caen, 22 décembre 1876. (S., 1877. 2, 49.)

(2) Dijon, 27 avril 1877, sous Cass., 7 janvier 1878. (S., 1878. 1. 413.)

(3) Voir cependant en sens contraire : Metz, 26 mai 1864. (Dalloz, Rep. Ouvriers, n° 108.)

(4) Nîmes, 20 février 1872. (D. P. 1872. 5. 387.)

niser un de ses employés, victime d'un accident survenu au cours de la tâche qui lui avait été confiée, parce que, ayant réduit dans sa gare le personnel du service de nuit, elle avait ainsi augmenté au delà de toute mesure la tâche des employés qu'elle conservait (1).

Il ne suffit pas que le patron ait pris toutes les précautions possibles pour prévenir les accidents ; il doit encore, d'une manière plus générale, prémunir ses ouvriers contre les effets de leur propre imprudence (2). — Notons à ce sujet qu'il est de jurisprudence constante que l'imprudence de l'ouvrier ne fait obstacle au succès d'une action en responsabilité contre le patron que lorsqu'elle a été la cause unique de l'accident. Pour peu qu'une faute imputable au patron ait contribué à donner naissance à l'accident, il est de règle d'admettre en principe l'action en responsabilité, sauf à atténuer dans une mesure plus ou moins large le montant de la réparation (3).

« L'ouvrier, dit un arrêt (4), doit être protégé contre
» ses propres maladresses et autres manquements

---

(1) Dans le même sens : Paris, 21 décembre 1874. (D., P., 1876. 2. 72.) — Aix, 10 janvier 1877. (S., 1877. 2. 336.) — Aix, 27 novembre 1877. (S., 1878. 2. 232.) — Trib. civ. de la Seine, 15 décembre 1883. *(Gaz. du Palais*, 1884. 1. 209.)

(2) Paris, 4 février 1870. (S., 1870. 2. 324.) — Lyon, 20 juin 1873. (D., P., 1873. 2. 189.) — Amiens, 15 novembre 1883. (S., 1884. 2. 6.)

(3) Quelques tribunaux ont même jugé que l'imprudence constatée de la victime de l'accident n'atténuait en rien la responsabilité du patron. En ce sens : Lyon, 16 juillet 1862. (S., 1863. 2. 34.)

(4) Besançon, 8 février 1875. (S., 1875. 1. 204.)

» personnels; mais, le principe de la responsabilité du
» maître étant reconnu, la restriction de ses consé-
» quences doit être admise dans certaines limites à sa
» décharge et vu l'importance personnelle des torts de
» l'ouvrier.... »

Il a été jugé dans ce sens que le maître qui, dans un but d'économie, a fait marteler et aplatir le tube avertisseur d'une machine à vapeur est responsable de l'accident survenu par suite d'explosion, lors même que l'ouvrier, qui en a été victime, aurait été averti des modifications apportées à la machine et aurait pu s'assurer par d'autres moyens que le maniement de la machine ne présentait plus aucun danger (1).

Doit être assimilée à une installation vicieuse de l'atelier la faute du maître qui se met en opposition avec des prescriptions réglementaires prises dans l'intérêt de l'ouvrier. C'est ainsi que le maître d'une carrière a pu être déclaré responsable, pour avoir laissé pratiquer un mode d'exploitation contraire aux

---

(1) Caen, 17 mars 1880. (S., 1880. 2. 176.) — Citons, dans le sens du principe de l'atténuation de la responsabilité patronale à l'occasion et dans la mesure de l'imprudence de l'ouvrier, les décisions suivantes : Paris, 21 décembre 1874. (D., P., 1876. 2. 72.) — Nancy, 9 décembre 1876. (S., 1879. 2. 228.) — Bordeaux, 19 août 1878. (S., 1879. 2. 13.) — Cass., 20 août 1879. (S., 1880. 1. 55). — Cass., 28 août 1882. (S., 1885. 1. 19.) — Orléans, 16 novembre 1883. (*Gaz. du Palais*, 1884. 1. 567.) — Cass., 10 novembre 1885. (S., 1885. 1. 129.) — En sens contraire : Paris, 19 janvier 1867. (D. P., 1867. 5. 370.)

règlements (1). C'est ainsi encore que la Cour de Besançon a pu, dans un arrêt déjà cité, condamner une compagnie de chemins de fer à des dommages-intérêts, pour avoir enfreint les règlements à elle imposés, et notamment celui du 10 mars 1867, qui interdit à tous agents de s'introduire entre les véhicules d'un train en marche (art. 122).

Toutes choses égales, l'obligation pour le patron de veiller à la sûreté de ses ouvriers est plus rigoureuse, lorsque ces ouvriers sont des enfants; sa responsabilité est en conséquence plus sévèrement appréciée. — Notons d'ailleurs qu'une loi déjà citée, la loi du 19 mai 1874 sur le travail des enfants dans les manufactures, et les décrets et règlements d'administration publique qui l'ont suivie, notamment le décret du 13 mai 1875, sont venus étendre considérablement le champ d'application de la responsabilité patronale.

Ainsi il a été jugé que le maître est responsable de l'accident dont un jeune ouvrier a été victime, au cours d'un travail autre que celui qui lui était ordinairement confié, bien que ce dernier ait contrevenu à la défense qui lui avait été faite de ne point s'approcher d'un appareil à vapeur, dit malaxeur, si le maître n'avait pas pris des mesures suffisantes pour que cette défense fut observée (2).

La Cour de Paris a décidé, dans le même sens,

---

(1) Paris, 27 septembre 1843. (Dalloz, Rép. Responsabilité, n° 631.)
(2) Lyon, 26 avril 1871. (S., 1871. 2. 156.)

qu'il y avait faute à la charge du patron dans le fait d'avoir laissé travailler un enfant à proximité d'une courroie de transmission, lors même que le travail dont il était chargé ne présentât de lui-même aucun danger et que la courroie ne pût être munie d'aucun appareil protecteur (1).

Enfin il ressort d'un jugement, rendu par le tribunal civil de la Seine (2), qu'un enfant mineur a droit à réparation à l'occasion de l'accident qui lui est survenu par sa seule inattention ou son manque de prudence, s'il est établi que toutes les précautions n'avaient pas été prises par le chef d'établissement et qu'il y a eu infraction à la loi du 19 mai 1874. — Il a été décidé cependant que, dans ce dernier cas, on devait tenir compte de la faute de l'enfant pour atténuer la responsabilité du maître. — Spécialement sur la loi de 1874, la Cour d'appel de Paris, dans son audience du 1ᵉʳ mars 1887 (3), a posé en principe : « qu'en prescri-
» vant l'adoption de dispositions matérielles, de nature à
» écarter des enfants toute cause de danger dans les
» limites des prévisions possibles, le législateur a
» entendu non seulement les protéger de la manière
» la plus efficace contre les dangers inhérents à leurs
» occupations, mais encore les défendre contre les
» conséquences graves que pourraient avoir pour eux

---

(1) Paris, 12 décembre 1881. (S., 1882. 2. 136.)
(2) Trib. civ. de la Seine, 26 février 1884. (*Gaz. du Palais*, 1884. 1. 503.)
(3) Journal *le Droit*, 5 avril 1887.

» les actes de légèreté, d'étourderie et de caprice, si
» naturels à leur âge et se poursuivant au milieu des
» machines et des métiers d'un atelier (1) ».

Par application de l'article 1384, la responsabilité du maître est admise toutes les fois qu'un accident arrive à un ouvrier par le fait d'un camarade de travail employé dans le même atelier. Le patron a, en effet, l'obligation de n'admettre dans son atelier que des travailleurs prudents, capables et éprouvés. La jurisprudence, par de nombreuses décisions, protège ainsi l'ouvrier contre les inconvénients inévitables du travail en commun. Dans ce cas le patron, cité comme responsable, n'a point la faculté qu'ont le père, l'instituteur ou l'artisan actionnés du fait de leurs enfants, de leurs élèves ou de leurs apprentis mineurs, de prouver qu'il n'a pu empêcher l'acte dommageable, fondement de l'action. Cette dernière solution ressort clairement d'un arrêt de Dijon du 23 avril 1869 (2). Quant à la première, elle est établie nettement par l'ensemble des décisions judiciaires (3).

---

(1) Voir encore : Lyon, 2 décembre 1854. (S., 1855. 2. 606.) — Bourges, 23 janvier 1867. (D., P., 1867. 2. 197.) — Paris, 21 avril 1875. (D., P., 1876. 2. 96.) — Nancy, 9 décembre 1876. (S., 1879. 2. 228.) — Bordeaux, 19 août 1878. (S., 1879. 2. 13.) — Cass., 22 février 1883. (S., 1885. 1. 464.) — Trib. civ. de Saint-Étienne, 30 décembre 1886. (Journal le Droit, 5 avril 1887.)

(2) Sirey, 1869. 2. 148. — Voir encore : Dijon, 24 juillet 1874. (S., 1875. 2. 73.)

(3) Voir notamment : Lyon, 13 déc. 1854. (D., P., 1855. 2. 86.) — Besançon, 1er décembre 1880. (S., 1881. 2. 20.) — Besançon, 7 janvier

« Attendu, dit l'arrêt précité de Dijon, que, le libre
» choix des ouvriers appartenant au maître, la loi a
» rendu celui-ci nécessairement garant des rapports
» forcés établis entre eux, par son fait, dans l'exercice
» de son industrie. La sécurité de tous exigeait cette
» protection, et, si le maître a trop légèrement donné
» sa confiance ou n'a pas pris des renseignements
» suffisants sur la moralité ou la capacité de celui qu'il
» introduit dans son usine, pour y travailler avec les
» ouvriers déjà admis, il doit, en cas de préjudice causé
» à ceux-ci, réparer le mal qu'il pouvait conjurer
» d'avance.... »

Lorsque la faute, dont le chef d'établissement s'est rendu coupable, est telle que le ministère public s'est vu dans la nécessité de poursuivre et de demander au tribunal correctionnel de faire application au délinquant des articles 319 et 320 du Code pénal, l'action civile en responsabilité peut être intentée, comme nous l'avons dit déjà, en concurrence avec l'action publique ou isolément devant le tribunal civil. Dans ce dernier cas, il a été jugé que l'ordonnance de non-lieu, intervenue en faveur du patron responsable, ne fait pas obstacle à l'action intentée par la partie lésée, en vertu des articles 1382 et suivants, devant la juridiction

---

1884. (*Gaz. du Palais*, 1884. 1. 693.) — Dans le même sens : Sourdat, *Traité de la Responsabilité*, t. 2, n° 911. — Aubry et Rau, t. 4, p. 760, § 447, texte et note 19. — En sens contraire : Toulouse, 26 janvier 1839 (S., 1839. 2. 432), cassé par arrêt de Cassation du 28 juin 1841. (S., 1841. 1. 476.)

civile. En effet l'ordonnance de non-lieu, révocable au criminel en cas de survenance de nouvelles charges, ne constitue pas à proprement parler un jugement, c'est-à-dire une décision susceptible de devenir par l'autorité de la chose jugée une vérité judiciaire (1).

Il nous reste, pour terminer cette sous-section, à nous demander quel est d'une manière précise, dans une espèce donnée, l'auteur responsable de l'accident. La solution est bien simple et bien naturelle. Celui-là est responsable qui a l'autorité, qui a le droit de donner des ordres et instructions sur la conduite à tenir dans l'accomplissement des travaux, qui en un mot a le pouvoir de s'immiscer dans la direction ou simplement la surveillance de l'entreprise.

Deux arrêts de la Cour de Paris, en date du 24 novembre 1842 (2) et 15 avril 1847 (3), jugeant deux espèces dans laquelle une compagnie industrielle avait traité avec un entrepreneur pour l'exécution de certains travaux, ont décidé que la responsabilité des accidents, arrivés par l'imprudence soit de l'entrepreneur, soit de ses ouvriers, ne pouvait être étendue à la compagnie industrielle, si cette dernière ne s'était pas réservé la direction des travaux. Dans ce cas l'entrepreneur,

---

(1) Grenoble, 14 décembre 1880. (S., 1882. 2. 34.) — Voir encore : Alger, 1er mars 1880. (S., 1881. 2. 67.) — Cass., 12 décembre 1877. (S., 1880. 1. 149.)
(2) Sirey, 1842. 2. 521.
(3) Sirey, 1847. 2. 283.

seul en faute, est seul responsable. Ainsi jugé par la Cour de cassation, le 20 août 1847 (1).

En sens inverse, est responsable la compagnie des chemins de fer qui, ayant traité à forfait avec un entrepreneur pour la construction de la voie, a déclaré se réserver la surveillance de l'entreprise, alors d'ailleurs que l'accident a eu pour cause la négligence de l'entrepreneur. Celui-ci doit, en effet, être considéré comme le préposé de la compagnie, malgré sa qualité d'entrepreneur à forfait (2). La même solution doit être donnée au regard de l'entrepreneur lui-même à l'occasion d'une faute commise par son préposé. Dès l'instant que la négligence dont ce dernier s'est rendu coupable s'est produite dans les fonctions auxquelles il était employé, l'entrepreneur doit en répondre par le seul fait qu'il a le droit de donner des ordres et des instructions à son préposé (3). Au contraire le propriétaire, qui a traité à forfait avec un ouvrier pour la transformation de ses bois en charbons, n'est pas jugé responsable de l'accident survenu par le fait de cet ouvrier, s'il ne s'est point réservé la surveillance du travail (4). Quoique préposé du patron, l'ouvrier était ici seul juge des procédés à employer pour remplir ses fonctions et des précautions à prendre pour éviter les accidents.

---

(1) Sirey, 1847. 1. 855.
(2) Cass., 10 novembre 1868. (D., P., 1869. 1. 132.) — En sens contraire : Liège, 19 mai 1881. (S., 1881. 4. 40.)
(3) Cass., 26 mai 1875. (S., 1876. 1. 13.)
(4) Cass., 30 décembre 1875. (S., 1876. 1. 91.)

Cette jurisprudence se fonde très juridiquement sur l'article 1384 du Code civil, qui fait dépendre la responsabilité du commettant non point seulement du choix qu'ils ont fait de leurs préposés, mais en outre du droit qu'ils possèdent de leur donner des ordres et instructions dans l'accomplissement de leurs fonctions. Les arrêts reconnaissent par ces solutions que la responsabilité naît de l'autorité, qui elle-même engendre la faute légalement imputable.

L'obligation de réparer le dommage causé, dont sont tenues les personnes civilement responsables, n'exonère pas de toute responsabilité les auteurs mêmes du dommage (1); ces derniers peuvent être poursuivis en garantie, dès l'instant qu'une faute peut être relevée à leur charge.

Si l'individu civilement responsable et l'auteur du fait qui a occasionné l'accident ont l'un et l'autre participé au délit ou au quasi-délit, on admet assez généralement qu'ils doivent concourir au paiement de l'indemnité (2).

IIe SOUS-SECTION. — FAUTE IMPUTABLE A L'OUVRIER.

La règle qui se dégage naturellement des arrêts d'espèces que les Cours ont été appelées à rendre est,

---

(1) Cass., 2 décembre 1881. (S., 1883. 1. 44.) — Aubry et Rau, t. 4, p. 767, § 447. — Laurent, *Droit civil*, t. 20, n° 622. — Sourdat, t. 2, n° 770.

(2) Cass., 22 novembre 1848. (S., 1848. 1. 700.) — Cass., 24 février 1886. (S., 1886. 1. 460.) — Sourdat, t. 2, n° 771.

comme nous l'avons dit déjà, que l'ouvrier supporte seul les conséquences de sa faute, de sa négligence ou de son imprudence. Le patron ne saurait être atteint par un fait qui ne lui est pas imputable. Dès l'instant qu'il est établi que l'ouvrier était convenablement installé dans son travail, qu'il n'avait à sa disposition que des outils en bon état, que toutes les précautions et mesures de protection nécessaires avaient été prises par le chef de l'établissement, ce dernier est déchargé de toute responsabilité. Si loin que l'on pousse les obligations du patron, si exigeante que soit la jurisprudence sur la somme de vigilance et d'attention qu'il doit apporter au bon fonctionnement de l'usine ou de l'atelier, on ne saurait mettre à sa charge un fait qui s'est passé hors de son entremise et sans sa participation. C'est un principe de droit naturel que chacun doit supporter le poids de ses fautes et les conséquences qu'elles entraînent. Que le chef d'industrie soit tenu de répondre du fait de son préposé, compagnon de travail de l'ouvrier blessé, parce qu'il est responsable du choix de son personnel, ce n'est que justice, car il est alors possible de découvrir chez lui l'origine d'une faute; mais qu'il soit tenu de réparer les suites d'un accident survenu à l'ouvrier même qui l'a fait naître par sa seule faute, c'est ce que les tribunaux se sont constamment refusé à sanctionner. Pour eux la faute est, avec juste raison, la condition essentielle et déterminante de la responsabilité.

C'est ainsi qu'il a été décidé que l'employé d'une compagnie de chemins de fer, chargé de graisser des poulies entre le passage des trains de Lyon à la Croix-Rousse montés à l'aide de câbles et blessé dans cette opération, n'était pas fondé à réclamer une indemnité à la compagnie, si l'ouvrage dont il était chargé ne présentait aucun danger sérieux à raison des mesures de précautions employées et si l'accident n'était dû qu'à son manque de prudence et à sa témérité (1).

Jugé dans le même sens que l'ouvrier, blessé par l'explosion d'une mine, n'est pas recevable à demander des dommages-intérêts à un entrepreneur, alors que ce dernier a pris ou fait prendre toutes les précautions usitées en pareil cas et que la victime de l'accident est restée dans la zone déclarée dangereuse, malgré l'ordre formel qui lui avait été donné à plusieurs reprises de se retirer (2).

N'est pas davantage responsable de la mort d'un ouvrier causée par l'effondrement d'un échafaudage le patron qui en avait expressément interdit l'accès, alors même que l'effondrement aurait été déterminé par un vice de construction imputable au patron (3).

De même, la demande d'indemnité d'un ouvrier mineur contre son patron est à bon droit rejetée quand l'ouvrier, à qui il a été remis un outil défectueux, s'en

---

(1) Trib. civ. de Lyon, 2 janvier 1868. (Dalloz, Rép. Ouvriers, p. 2105, note 2.) — Dans le même sens : Cass., 17 novembre 1886. (S., 1887. 1. 221.)

(2) Alger, 30 juin 1879, sous Cass., 17 mars 1880. (S., 1880. 1. 215.)

(3) Chambéry, 28 juillet 1880, sous Cass., 15 novembre 1881. (S., 1883. 1. 402.)

est servi malgré la connaissance qu'il avait de ses défectuosités et sachant les précautions qu'exigeait son maniement (1).

Ces deux dernières solutions sont d'autant plus remarquables qu'à l'imprudence de l'ouvrier venait se joindre la faute du patron. Il semble dès lors que la Cour de cassation, tenant compte de la responsabilité encourue par le patron, aurait dû faire droit à la demande de l'ouvrier, sauf à en modérer le chiffre. Elle ne l'a point fait parce qu'il n'existait pas, entre la faute imputable au maître et l'accident, cette étroite solution qui est nécessaire pour engendrer la responsabilité. L'accident était bien plutôt dû à l'imprudence ou à l'inattention de l'ouvrier qui paraissaient, dans l'espèce, être la cause directe et immédiate de l'accident.

Doit être assimilé à l'imprudence de l'ouvrier le fait pour lui d'avoir manqué de courage ou d'intelligence dans l'accomplissement de sa tâche. Ainsi une collision avait eu lieu entre deux trains, sur une voie ferrée. Le mécanicien, qui avait été blessé, prétendait avoir droit à des dommages-intérêts. La compagnie l'accusa au contraire d'avoir lâchement abandonné son poste et de n'avoir été blessé que par suite de son manque de courage. Le tribunal de la Seine, saisi du procès, a décidé que le mécanicien devait,

---

(1) Cass., 2 décembre 1884. (S., 1886. 1. 367.)

en l'état des circonstances de la cause, supporter. seul les conséquences de l'accident et a rejeté sa demande (1).

IIIᵉ SOUS-SECTION. — RISQUES INHÉRENTS AU TRAVAIL.

Fidèle à son principe de la responsabilité délictuelle, la jurisprudence devait exonérer le patron de toute responsabilité, toutes les fois que l'accident est dû à une cause inconnue, un cas fortuit ou de force majeure. L'obligation à des dommages-intérêts naissant pour lui de l'existence et de la constatation d'une faute à sa charge, il est évident que les accidents de cette nature ne devaient et ne pouvaient l'atteindre. Ce sont des risques inhérents à l'ouvrage, qui sont la conséquence forcée des fonctions confiées à l'ouvrier et acceptées par lui librement. Celui-ci a dû et a pu, en louant son travail, mesurer le danger, le prévoir et prendre ses précautions pour l'éviter. N'eût-il commis aucune imprudence qu'il reste seul chargé des suites de l'accident survenu.

On ne saurait au préalable imputer à personne

---

(1) Journal *le Droit* du 3 décembre 1867. — Voir encore à l'appui des décisions que nous venons de rapporter : Douai, 20 décembre 1839. (S., 1840, 2. 471.) — Lyon, 17 janvier 1844. (S., 1844. 2. 401.) — Paris, 19 janvier 1867. (D., P., 1867. 5. 370.) — Trib. civ. de la Seine, 11 mars 1884. (*Gaz. du Palais*, 1884. 1. 571.) — Cass., 17 novembre 1884. (S., 1885. 1. 360.) — Trib. civ. de Chambéry, 25 mars 1885. (Journal *le Droit*, 17 juin 1885.) — Cass., 7 juin 1886. (S., 1887. 1. 227.)

l'imperfection des connaissances humaines sur l'action des forces de la nature; on ne saurait demander au patron plus qu'il ne peut et ne doit donner. S'il existe des travaux naturellement dangereux qui, dans les conditions générales acceptées par la pratique, exposent inévitablement ceux qui s'y livrent à de grandes chances d'accident, celui-là seul doit en souffrir qui a volontairement et en connaissance de cause accepté leur éventualité.

« Il résulte de cette doctrine, dit M. Labbé (1), que
» certains dommages ne seront pas réparés. Une
» machine éclate et porte la mort au loin par ses
» débris; elle était bien construite suivant les données
» de la science actuelle; elle a été dirigée avec pru-
» dence dans son action; aucune prévoyance humaine
» ne pouvait conjurer le péril. Personne ne doit de
» dommages-intérêts. Est-ce injuste? Non. Quelques
» individus souffrent par accident de l'état imparfait des
» connaissances humaines; ils souffrent des conditions
» inévitables au milieu desquelles la vie de l'humanité
» se passe dans un temps déterminé. Il est dans
» l'intérêt de la société que certains moyens de pro-
» duction d'une grande puissance soient mis en cause.
» Tout le monde en profite et non point seulement le
» propriétaire ou l'exploitant, car les produits se
» vendent moins cher. Tout le monde est exposé à
» éprouver un préjudice sans aucun recours, si la
» science et l'industrie n'ont pas encore réussi à

---

(1) Note sous Cass., 19 juillet 1870. (S., 1871. 1. 9.)

» trouver des procédés parfaits pour gouverner en
» toute sûreté l'agent naturel dont la force brutale et
» irresponsable est employée. Le propriétaire ou celui
» qui exploite la machine a sa part, une part seulement
» dans le profit, et il encourt pour sa part et pour une
» grande part les risques des accidents de force
» majeure, en ce qu'il est exposé le plus souvent à
» être la première victime. » Nous pourrions ajouter :
en ce qu'il est exposé à subir des pertes matérielles
plus ou moins grandes qu'il est seul à supporter.

S'il est juste de répartir autant que faire se peut
les risques du travail entre celui qui le dirige et
celui qui l'exécute, on ne pouvait mieux faire, en
l'état des principes suivis, que laisser à la charge
du chef de l'établissement les dégâts matériels
occasionnés par l'accident et à la charge de l'ouvrier
les suites des blessures par lui reçues dans l'accomplissement de sa tâche, sans la faute de l'employeur.
Il en devait être ainsi pour tous les accidents résultant
des risques inévitables de l'ouvrage, sans qu'il y ait
motif de distinguer les accidents sans cause connue de
ceux provenant d'un cas fortuit ou de force majeure.
Les uns et les autres, étant la négation même d'une
faute imputable au patron, ne sauraient en aucune
façon engager sa responsabilité. Les accidents sans
cause connue peuvent, il est vrai, dans certains cas,
naître d'une faute originelle et cachée du patron, qui
a le devoir de corriger sans cesse les façons défectueuses de la pratique et d'arracher en quelque sorte
à la science son dernier mot ; mais, comme il est
indispensable, pour fonder contre lui un jugement de

condamnation, de faire apparaître cette faute, de la constater, de l'apprécier et d'en établir nettement les relations avec le préjudice causé, les accidents de cette nature ne pouvaient être mis à la charge de l'entreprise.

C'est ainsi que, toujours logique avec son principe, la jurisprudence a décidé qu'une compagnie de chemins de fer n'encourt aucune responsabilité à l'égard du machiniste qui s'est fait une hernie, en glissant sur le marchepied de sa machine (1).

Le travail des mines présente des risques nombreux et souvent inévitables. Les Cours qui ont eu à juger des espèces s'y rapportant ont souvent sanctionné les règles que nous venons d'établir. Un arrêt de la Cour de Lyon, en date du 9 mai 1874 (2), déclare que : doit être débouté de sa demande l'ouvrier mineur blessé par la chute d'un bloc qui s'est subitement détaché des parois de la galerie dans laquelle il travaillait, alors que l'éboulement, au point où il s'est effectué, était le résultat du travail de l'ouvrier et que ce travail avait pour but de le produire.

La Cour de cassation (3) qui, on le sait, s'est arrogé le droit d'examiner en fait les procès de responsabilité, a jugé elle aussi que l'ouvrier mineur, blessé par l'explosion d'une mine souterraine déter-

---

(1) Chambéry, 8 juin 1872. (S., 1872. 2. 275.)
(2) Sirey, 1874. 2. 316.)
(3) Cass. req., 26 novembre 1877. (S., 1878. 1. 148.)

minée par une violente compression de l'air, n'était pas fondé à réclamer une indemnité à la compagnie minière, contre laquelle il n'avait été articulé aucun fait de nature à la constituer en faute.

« Attendu, dit le jugement du tribunal d'Angers,
» plus tard confirmé, que le demandeur ne produit
» aucun document et n'articule aucun fait d'où l'on
» puisse induire que l'accident dont il a été victime
» et dont il réclame la réparation soit, dans une
» mesure quelconque, le résultat du fait, de l'impru-
» dence ou de la négligence de la compagnie ;

» Qu'il est établi par un rapport de l'ingénieur des
» mines que l'inflammation de la poudre dans le trou
» de la mine que chargeait le demandeur n'a pu être
» déterminée que par une compression trop violente
» de l'air ;

» Qu'aucune précaution indiquée par la science ne
» pouvait empêcher le développement de ce phénomène
» encore mal expliqué ; d'où il suit qu'il n'y a dans la
» cause qu'un cas purement fortuit, n'engendrant
» aucune responsabilité, etc. »

Si le principe qui est contenu dans le jugement que nous venons de citer est généralement admis, les solutions d'espèces sont parfois contradictoires. Il est, en effet, des tribunaux qui, en fait, voient un cas de force majeure ou un cas fortuit dans un événement où d'autres tribunaux prétendent constater une faute à la charge du patron. C'est ce qui est arrivé dans des espèces identiques soumises à des juges différents. Ainsi nous avons cité un arrêt de

Dijon du 27 avril 1877, qui conclut à la responsabilité de l'exploitant de hauts-fourneaux, dont l'ouvrier a été blessé à l'œil par un jet d'étincelles provenant de la fonte en fusion. Déjà le jugement du tribunal d'Autun, sur lequel la Cour de Dijon avait été appelée à statuer, avait vu dans cet accident un cas fortuit dont l'exploitant ne pouvait être déclaré responsable. La Cour de Metz, par arrêt du 26 mai 1864, déjà cité, avait jugé elle aussi dans le même sens. Ces décisions contredisent absolument celle de la Cour de Dijon. Ici le patron est jugé en faute pour n'avoir pas employé des masques protecteurs ; là il est réputé non responsable des suites de ce manque de précautions, parce que l'usage de ces masques n'était entré dans les habitudes d'aucune forge et semblait devoir être, pour les puddleurs, plutôt un embarras qu'un moyen d'éviter les accidents (1). Un arrêt récent de la Cour de Rouen du 30 mars 1885 (2), jugeant une espèce identique, a statué comme la Cour de Metz et le tribunal d'Autun.

TROISIÈME SECTION.

DE LA DÉVOLUTION DE LA PREUVE.

La question de savoir lequel des deux, du patron ou de l'ouvrier, aura la charge la preuve, a son importance et sa gravité. Suivant la solution adoptée, le

---

(1) Voir encore : Bourges, 15 juillet 1840 (Dalloz, Rep. Responsabilité, n° 94) ; — Caen, 25 juillet 1881 (S., 1882. 2. 76); — Cass. req., 14 avril 1886 (S., 1887. 1. 76.)

(2) *Gaz. du Palais*, 1885. 1. 133.

défaut de preuve entraînera une réparation sans faute ou un dommage sans réparation. Or, il est à peine besoin de faire remarquer que l'équité ordonne de s'écarter le plus possible de ces deux résultats également déplorables et injustes.

La chose est d'autant moins facile que l'une des deux parties devant de toute nécessité avoir la charge de la preuve, celle-là sera placée dans une situation inférieure qui sera tenue de la faire. Indépendamment des difficultés qu'elle rencontrera pour établir les faits sur lesquels elle appuie sa prétention et pour les faire admettre comme pertinents et concluants, les doutes, s'il en existe, s'interpréteront contre elle, avec d'autant plus de raison qu'il s'agit d'un délit ou d'un quasi-délit.

Il est vrai que la faute en matière d'accidents industriels, étant toujours délictuelle ou aquilienne d'après la jurisprudence, doit être prise en considération dès qu'elle existe, si légère, si minime qu'elle soit. Mais cela n'empêche pas les accidents sans cause connue, dont le nombre est considérable, d'avoir pour conséquence soit d'obliger la partie qui n'est pas en faute à réparer le dommage causé, soit de laisser en souffrance des intérêts précieux. Nous reviendrons plus loin sur l'importance du rôle de la preuve en cas d'accident; nous nous contentons pour le moment d'indiquer qui doit en fournir les éléments, du patron ou de l'ouvrier.

Étant donné l'origine que la jurisprudence assigne à la responsabilité du patron, la question ne pouvait faire de doute. Les principes généraux sur la preuve conduisent à imposer à l'ouvrier la charge de prouver la faute du patron. Il devra établir : 1° que le patron a commis une faute ; 2° que cette faute a été la cause de l'accident dont il a été victime.

Cela va de soi. L'ouvrier demandeur doit prouver le fait générateur de son droit, la cause qui lui a donné naissance et qui l'a rendu créancier d'indemnité. Or, cette cause n'est autre que la faute qu'il reproche au patron. L'article 1315 du Code civil exprime cette idée en disant que celui qui réclame l'exécution d'une obligation doit en prouver l'existence. C'est donc à l'ouvrier à établir l'existence de cette faute. Cela est d'autant plus rigoureusement exact qu'il s'agit, dans l'espèce, d'un délit ou d'un quasi-délit. La présomption n'est certes pas en faveur d'un fait illicite et dommageable commis avec ou sans l'intention de nuire. On ne saurait présumer la culpabilité de l'ouvrier, pas plus dans les fautes incriminées par la loi pénale qu'à l'occasion de délits civils. La faute aquilienne n'existe qu'autant qu'elle est prouvée (1).

L'obligation de réparer le dommage se formant, dans notre cas, indépendamment de toute convention et sans la volonté du créancier, l'ouvrier, qui n'a pu se procurer d'avance une preuve écrite de sa créance, est admis à faire la preuve de la faute du patron par tous les moyens admis par la loi. Ceci résulte des

---

(1) L. 51., D., 17. 2.

articles 1348 et 1353 du Code civil. Le patron pourra donc se voir opposer : 1° la preuve littérale, conformément aux articles 1317 à 1340 du Code civil ; 2° la preuve testimoniale administrée au moyen des enquêtes, suivant les formes tracées dans les articles 25, 34 à 40, 252 à 294 et 432 du Code de procédure ; 3° les présomptions légales, notamment celles résultant de l'autorité de la chose jugée ; 4° les présomptions graves, précises et concordantes, abandonnées à la prudence et aux lumières des juges, suivant l'article 1353 ; 5° l'expertise qui tient par divers côtés de la preuve testimoniale, et la descente sur les lieux ; 6° enfin, l'aveu et le serment.

Comme on le voit, les moyens mis à la disposition de l'ouvrier demandeur sont nombreux. Mais plus nombreuses sont encore les difficultés qu'il rencontre pour arriver à démontrer, à l'encontre de son patron, cette faute, sans laquelle il n'y a pas de responsabilité.

« Il lui faut d'abord, dit M. Vavasseur (1), articuler
» des faits précis, pertinents et admissibles, selon
» les termes de la procédure, c'est-à-dire tendant à
» établir soit une infraction aux règlements, soit un
» outillage défectueux, une installation dangereuse,
» une absence de précaution, en un mot un fait
» quelconque qui sera réputé illicite ou pourra
» constituer une faute imputable au patron ou à ses
» subordonnés. Puis, l'articulation formulée, il reste

---

(1) Vavasseur, journal le Droit, n° du 20 mai 1880.

» à prouver la vérité des faits, soit au moyen des
» procès-verbaux, s'il y en a et s'ils sont suffisamment
» explicites, soit par une enquête testimoniale. »

Cette enquête donnera difficilement les résultats attendus, à raison de certaines considérations que nous développerons plus tard. L'ouvrier blessé et à plus forte raison ses héritiers, s'il est mort, auront de la peine à établir nettement soit le vice de construction qu'ils allèguent, soit la mauvaise qualité des matériaux, soit le vice ou le défaut d'entretien des outils, engins et machines dont ils se sont servis (1). Si la cause de l'accident échappe aux recherches les plus minutieuses, si même elle n'est pas exactement déterminée, l'accident se classera de lui-même parmi ceux dont la cause est inconnue ou qui proviennent d'un cas fortuit ou de force majeure. En vain l'ouvrier aura-t-il démontré que personnellement il a fait tous ses efforts pour se prémunir contre tout accident; en vain établira-t-il qu'il a usé de prudence, d'intelligence

---

(1) Quant à la preuve de l'existence entre ouvriers et patrons des relations de commettant à préposé, elle s'établit d'après les principes ordinaires. Il ne saurait, en général, être question de la représentation du contrat, car le plus souvent ces relations s'établissent par conventions verbales. La preuve testimoniale, avec ou sans commencement de preuve par écrit (1347 et 1348, C. civ.), l'aveu et le serment (1354 et 1357) seront le plus ordinairement employés. Très souvent aussi, les juges se détermineront par de simples présomptions tirées des faits, des circonstances et des usages. Inutile de dire qu'ils ont, en cette matière, un pouvoir discrétionnaire.

même dans l'exécution de son travail. Il ne sera pas indemnisé et supportera seul les coups du sort, les conséquences de sa mauvaise fortune.

Cette situation, qui ne manque pas de gravité, mérite de fixer l'attention. On fait en somme supporter à l'ouvrier l'imperfection des procédés humains, employés pour maîtriser les forces mystérieuses de la nature. Et cependant, a-t-on dit, ce n'est point à lui qu'est dévolue la mission de corriger les façons défectueuses de la pratique, de faire avancer la science, d'arracher à la nature son secret pour en faire disparaître ou en atténuer au moins les cruelles manifestations. Si, en pareil cas, l'accident a été aussi difficile à prévenir que délicat à expliquer et si la difficulté de la preuve augmente alors à raison directe de la difficulté qu'il y avait à le prévenir, ne paraît-il pas injuste d'en rendre responsable un autre que le maître, qui bénéficie presque seul du progrès des moyens de production dont l'emploi multiplie précisément les causes d'accident?

Ces considérations morales, consciencieusement exposées par une certaine école, n'ont point eu créance dans la pratique. Il aurait fallu, pour qu'on pût en tenir compte, que la jurisprudence obéît à d'autres principes que ceux contenus dans les articles 1382 et suivants du Code civil. Or, nous allons voir qu'elle est restée fidèle à ce point de départ, malgré les protestations des intéressés et malgré surtout l'opposition d'une doctrine contraire, dont nous développerons le principe et les conclusions au chapitre suivant.

Un arrêt de Cassation du 19 juillet 1870 (1) établit clairement que la preuve est à la charge de l'ouvrier blessé.

« Attendu, dit cet arrêt, qu'il résulte des dispositions
» de l'article 1382 que le fait du patron ne l'oblige à
» réparation que si le dommage est arrivé par sa
» faute ; qu'ainsi l'existence d'une faute légalement
» imputable constitue l'une des conditions essentielles
» de l'action en responsabilité ; que celui qui se prétend
» lésé par un délit ou un quasi-délit est, en consé-
» quence et en sa qualité de demandeur, tenu d'en
» justifier ; que, faute par lui d'en rapporter la preuve,
» sa demande n'est pas établie et doit être rejetée,
» sans que le défendeur ait à prouver le fait sur lequel
» il fonde une exception de libération.... »

Un autre arrêt de la Cour de Rennes du 24 juillet 1874 (2) arrive indirectement aux mêmes conclusions, en admettant l'ouvrier demandeur à prouver, par la voie ordinaire des enquêtes et par témoins, que l'accident dont il avait été victime était imputable à la faute d'un employé dont le maître était responsable.

« Attendu, dit un autre arrêt de Caen du 25 juillet
» 1881 (3), que la Compagnie du chemin de fer de
» l'Ouest n'est pas responsable de plein droit des acci-

---

(1) Sirey, 1871. 1. 10.
(2) Sirey, 1874. 2. 244.
(3) Sirey, 1882. 2. 76. — Voir encore dans le même sens : Cass., 17 novembre 1884. (S., 1885. 1. 360.) — Cour de Liège, 18 juin 1885. (S., 1885. 4. 30.)

» dents survenus à ses agents ou employés... Attendu
» qu'il n'est justifié quant à présent d'aucune faute
» imputable à la Compagnie, etc. (1). »

Plus récemment encore la Cour de cassation, par un arrêt en date du 18 décembre 1886 (2), a résolu la question de preuve dans le même sens. L'arrêt s'appuie sur les articles 1382 et 1383 et en tire comme conclusion d'espèce que l'ouvrier mineur, blessé dans un éboulement, doit non seulement alléguer contre le patron des faits pouvant le constituer en faute, mais réussir à fournir la preuve de la vérité de cette allégation.

On le voit, les tribunaux ont eu foi dans le point de départ qu'ils avaient adopté ; ils l'ont suivi, pour ainsi dire, sans regarder derrière eux et sans se préoccuper

---

(1) La même solution, quant à la preuve, résulte d'un certain nombre d'arrêts, dont un de Cassation, en date du 10 novembre 1884 (S., 1885. 1. 129), qui jugent que c'est au voyageur transporté à prouver que la blessure qu'il a reçue dans le voyage provient d'une faute imputable à la Compagnie. L'article 1784, qui présume les voituriers responsables de la perte et des avaries des choses qui leur sont confiées, doit être interprété restrictivement et ne s'entend pas du transport des personnes, lequel reste soumis au droit commun des articles 1382 et suivants. Cette solution est devenue de jurisprudence à peu près constante, malgré les résistances d'un grand parti de doctrine. — Voyez en sens contraire : Cour d'appel de Bruxelles du 20 novembre 1881, du 14 mai 1883 et du 27 janvier 1884. (Pasic., 1882. II. 136.)

(2) Sirey, 1887. 1. 46.

un instant des théories nouvelles. Ces théories, nous le verrons, se sont fait jour presque subitement et n'ont point tardé, bien que de création récente, à recruter des adeptes nombreux et des plus autorisés dans la doctrine. Elles renversent sans pitié, quant à la dévolution de la preuve, les idées admises et presque consacrées par la jurisprudence. Sans recourir à l'initiative parlementaire, sans écouter plus que de raison les revendications parfois exagérées de la classe ouvrière, par la seule autorité de la loi et la seule application des principes contenus dans nos Codes, de savants et hardis commentateurs sont arrivés ou ont prétendu arriver à donner satisfaction aux revendications des ouvriers, qui se plaignent d'avoir la charge de la preuve en cas d'accident. A la responsabilité délictuelle ils ont opposé la responsabilité contractuelle qui, à leurs yeux, est seule de mise dans l'espèce; à la notion d'un délit civil ils ont substitué celle d'un contrat, le contrat de louage de services qui lie le patron et l'ouvrier. Ils ont battu en brèche les articles 1382 et suivants, et, il faut le reconnaître, ils ont employé pour cela des armes redoutables, de sérieux et puissants arguments. Par cet espèce de chassé-croisé ils arrivent assez naturellement à renverser la preuve, c'est-à-dire à en décharger l'ouvrier et à obliger le patron à prouver soit la faute de ce dernier, soit le cas fortuit ou la force majeure.

La jurisprudence, qui connaissait certes ces tentatives de la doctrine, n'avait jamais cru devoir en discuter même le mérite et s'en tenait étroitement à l'application de son principe, quand un récent arrêt de

Cassation du 31 mai 1886 (1) est venu aborder franchement la difficulté soulevée par la doctrine et apprécier la consistance des idées nouvelles. Ces dernières n'ont point eu à se louer de l'accueil que leur a fait la Cour suprême. Bien qu'elle eût à s'occuper d'une espèce particulière qui s'écartait assez de la matière des accidents industriels, elle a cru devoir trancher la question générale parce qu'elle lui était soumise et qu'elle a voulu faire disparaître, dans la pratique, toute hésitation et, parmi les ouvriers, toute espérance chimérique.

Nous étudierons l'espèce de cet arrêt au chapitre suivant.

Puisque nous traitons de la question de preuve, c'est ici le lieu de parler d'un arrêt de Cassation, en date du 19 avril 1887 (2), qui fait une remarquable application de l'article 1386 du Code civil, relatif au vice de construction d'un bâtiment. La décision contenue dans cet arrêt est spéciale aux accidents occasionnés par des avaries survenues à une machine à vapeur. Elle mérite de nous arrêter quelques instants.

Le 19 juillet 1883, un ouvrier massier, nommé Lejon, fut tué sur le coup par des débris d'un mur renversé par le choc du volant d'une machine à vapeur qui avait fait explosion. Sa veuve actionna la

---

(1) Sirey, 1887. 1. 209.
(2) Sirey, 1887. 1. 217. — Voir Sourdat, *Traité général de la Responsabilité*, t. 2, n° 1451.

Société des Usines de la Providence, sous les ordres de laquelle Lejon travaillait, en paiement de 30,000 fr. de dommages-intérêts. Le tribunal d'Avesnes déclara, en date du 1ᵉʳ mars 1884, la demanderesse mal fondée dans ses conclusions, par le motif que la cause de l'accident était purement accidentelle et que la compagnie n'avait à se reprocher aucun fait de négligence ou d'imprudence. Par arrêt du 9 juillet 1884, la Cour de Douai, adoptant les motifs des premiers juges, confirma le jugement. Un pourvoi fut aussitôt formé par la veuve Lejon. Une des branches du moyen unique proposé était fondée sur la violation de l'article 1386, *violation qui avait sa source dans le refus d'expertise prononcé par le tribunal.*

La Cour suprême, après délibération en Chambre du Conseil, a admis ce moyen et cassé l'arrêt de Douai :

« Attendu que la disposition de l'article 1386,
» relative au vice de construction d'un bâtiment, a
» pour base le principe que le propriétaire est respon-
» sable de plein droit des défauts qui y sont inhérents ;
» *que ce principe s'étend à tout ce qui en dépend par*
» *incorporation;* qu'il suit de là que la victime du
» dommage causé par cette ruine n'est tenue
» d'établir que le vice de construction, et qu'elle ne
» saurait être tenue d'établir en outre toute autre
» faute du propriétaire par suite de laquelle ce vice se
» serait produit ; — Casse.... »

Une première solution qui découle de cet arrêt, c'est que l'article 1386 s'applique non point seulement au bâtiment, mais encore à tout ce qui y est incorporé et notamment aux machines industrielles. Il en résulte que, lorsqu'un accident aura été déterminé par une machine incorporée au bâtiment et en faisant partie intégrante, le principe à appliquer, pour régler la situation des parties au procès, doit être celui contenu dans l'article 1386, tandis qu'au contraire les articles 1382 et 1383 recevront leur application, lorsque l'accident aura été produit par une machine isolée et non incorporée.

La différence entre ces deux espèces n'est certes pas aussi importante qu'elle le paraît au premier abord. Il est vrai que l'article 1386 établit une présomption de faute à l'encontre du propriétaire du bâtiment ou de la machine incorporée, mais cette présomption n'a lieu qu'autant que la victime de l'accident a prouvé le défaut d'entretien ou le vice de construction. C'est la seconde solution contenue dans notre arrêt. Cette dernière preuve étant à sa charge et devant être préalablement produite, il est facile de voir que l'application de l'article 1386 ne fait pas opposition aux principes admis par la pratique et que la preuve n'en reste pas moins à la charge de l'ouvrier blessé. N'est-ce pas, en effet, être tenu de démontrer une faute imputable au patron qu'être appelé à prouver le vice de construction de la machine ou son défaut d'entretien ? Si tant est qu'il existe une différence entre nos deux hypothèses, elle ne saurait consister qu'en ce que la preuve du vice de construction ou du défaut d'entretien, une fois faite, le patron ne saurait se soustraire à la responsabilité qu'il a encourue en offrant de prouver qu'il n'a pu empêcher le dommage. Seule, l'allégation d'un cas fortuit ou de force majeure ou d'une faute imputable à la victime serait de nature à l'exonérer. Il est vrai qu'alors le patron aurait à prouver l'exception dont il se prévaut ; mais ce résultat importerait peu en présence de l'unanimité des décisions judiciaires qui déclarent le patron responsable de la faute la plus légère. Ne pourrait-on pas soutenir, en effet, que, le vice de construction une fois établi, le propriétaire de la machine doit être déclaré responsable par le seul fait qu'il a la machine en sa possession et qu'il en fait usage ?

Comme exemple de machine non incorporée, voir un arrêt de Cassation du 19 juillet 1870 (1). Il est aisé de voir que cet arrêt laisse à la charge de l'ouvrier blessé la preuve d'une faute imputable au patron (2).

---

(1) Sirey, 1871. 1. 9.
(2) Toute autre serait la solution, si l'on admettait la théorie qu'enseigne M. Laurent. (*Princ. du Dr. civ.*, t. 20, nos 639 et 640.) Le savant auteur belge soutient que la responsabilité du propriétaire de machines doit être réglée, non par l'article 1386, mais par l'article 1384, qui dispose qu'on doit répondre « *des choses que l'on a sous sa garde* ». Il en résulterait que le propriétaire, dont la machine se rompt ou éclate, est présumé en faute et doit par conséquent réparer le dommage causé, s'il ne prouve lui-même que l'accident est dû à un cas fortuit, de force majeure ou à la faute personnelle de la victime, laquelle n'a rien autre chose à prouver que le fait même du dommage. M. Laurent arrive ainsi très facilement au renversement de la preuve auquel de très bons esprits ont tenté de donner, au prix de beaucoup d'efforts, une base juridique inattaquable. Il faut convenir que l'obscurité et le peu de précision de l'article 1384 ont pu fournir des armes à cette ingénieuse théorie. En effet, cet article renferme la double responsabilité établie par le législateur « *du fait des personnes dont on doit*

Notons encore une tentative faite, dans ces dernières années, pour affranchir de la preuve l'ouvrier ou l'employé blessé au service du patron.

---

répondre et des choses que l'on a sous sa garde ». Le père et la mère sont responsables du dommage causé par leurs enfants mineurs, les instituteurs et artisans du dommage causé par leurs élèves et apprentis, les maîtres et commettants du dommage causé par leurs domestiques et préposés. Pour tous ces cas il existe, à la charge de la personne déclarée responsable, une présomption de faute qui admet la preuve contraire dans les deux premiers cas et qui ne l'admet pas, au dire d'une jurisprudence constante, dans le troisième. La construction de l'article conduirait à croire que le législateur a eu l'intention de faire peser la même présomption de faute sur le propriétaire qui a des choses sous sa garde. Dès lors, cette présomption rejetterait tout au moins sur lui le fardeau de la preuve. D'ailleurs, l'article 1385, qui s'occupe spécialement des animaux, est rédigé dans cet esprit. « Le propriétaire d'un animal, dit-il, ou celui qui s'en sert, pendant « qu'il est à son usage, est responsable du dommage que l'animal » a causé, soit que l'animal fût sous sa garde, soit qu'il fût égaré » ou échappé. »

Malheureusement pour les partisans de cette opinion, l'article 1386, qui est relatif à des choses inanimées, vient fournir un argument contraire. La responsabilité du propriétaire y est en effet subordonnée à la preuve préalable d'un défaut d'entretien ou d'un vice de construction du bâtiment ou de la machine. Il paraît donc beaucoup plus vraisemblable d'admettre que la loi n'a fait, dans l'article 1384, que poser le principe de la responsabilité du propriétaire, à l'occasion des choses qu'il a sous sa garde, sans décider qui aurait la charge de la preuve. Les articles 1385 et 1386 sont ensuite venus spécialiser le principe posé en l'article 1384 et en faire deux applications différentes, l'une aux animaux, l'autre aux bâtiments. Ces deux articles résolvent l'un et l'autre et en sens inverse la question de preuve qui n'avait point été touchée par l'article 1384.

Ce qui démontre la vérité de cette interprétation, c'est que les

Un accident, survenu par le fait d'un voyageur à un homme d'équipe d'une compagnie de chemin de fer, a été la cause de cette tentative. Hâtons-nous de dire qu'elle n'était point nouvelle et que la Cour de Paris l'avait une fois sanctionnée par arrêt du 14 août 1852 (1). Il ne s'agissait rien moins que d'appliquer au règlement des rapports de droit nés d'un accident, entre l'employé et la Compagnie, les principes du mandat contenus dans l'article 2000 du Code civil.

Voici les faits :

Choulet, homme d'équique au service de la Compagnie P.-L.-M., employé en cette qualité à la gare d'Aix-les-Bains, fut, le 5 juillet 1877, grièvement blessé par un voyageur, au moment où il faisait exécuter l'ordonnance du 15 novembre 1846, qui défend de pénétrer dans les voitures ou d'en sortir ailleurs que par la portière opposée à l'entre-voie. Il forma une demande d'indemnité contre la Compagnie devant le tribunal civil de Chambéry, qui la rejeta en déclarant

---

quatre derniers paragraphes de l'article 1384 ne s'occupent que de la responsabilité du fait des personnes dont on doit répondre et ne disent pas un mot de la responsabilité du fait des choses que l'on a sous sa garde. Ce soin est laissé aux articles 1385 et 1386, qui seuls règlent la matière.

L'arrêt précité de Cassation du 19 juillet 1870 a adopté cette manière de voir en refusant d'admettre, sans une disposition expresse et spéciale, l'existence d'une présomption légale. Depuis lors, la jurisprudence ne s'est jamais départie de cette voie — Voir : Cass., 17 juillet 1872 (S., 1872. 1. 337); — Montpellier, 20 août 1875 (S., 1876. 2. 225); — Cass., 16 juin 1879. (S., 1879. 1. 374.)

(1) *Journal du Palais*, 1852. 2. 571. — D., P., 1853. 2. 75.

non applicable l'article 1384, le voyageur étant un tiers et non un préposé pour la Compagnie. Sur l'appel de Choulet, la Cour de Chambéry (1) réforma le jugement de première instance :

« Attendu que le service dont, à ce moment, était
» chargé Choulet avait un caractère particulier ; qu'il
» lui attribuait une mission importante et exception-
» nelle de surveillance (2), ayant pour objet principal

---

(1) Chambéry, 14 avril 1880, sous Cass., 24 janvier 1882. (S., 1882. 1. 209.)

(2) En ce disant, la Cour évitait de prendre parti dans la délicate controverse qui divise les auteurs, sur le point de savoir quelles sont au juste les différences qui séparent le mandat du contrat de louage de services. Elle s'étudie plutôt à concilier les deux opinions en présence.

On sait que l'une de ces opinions consiste à soutenir qu'il y a mandat, lorsqu'une personne chargée d'accomplir un acte pour autrui agit au nom du commettant et comme son représentant. C'est la thèse soutenue par MM. Aubry et Rau, t. 4, p. 512 ; — Pont, *Petits Contrats*, t. 1, n° 823 et suiv. ; — Laurent, t. 27, n° 338.

L'autre opinion prétend que la différence entre le louage de services et le mandat tient plus à la nature intrinsèque de l'acte accompli qu'à la qualité de l'agent. Il y aurait mandat, lorsque l'acte est plutôt intellectuel que matériel, et louage de services, lorsqu'il se résume dans une œuvre mécanique et purement matérielle, de manière à paraître constituer une œuvre servile. — Dans ce dernier sens : Troplong, *Traité du Louage*, t. 2, p. 233, n° 779 ; — Marcadé, t. 6, p. 518.

Jusqu'ici, la jurisprudence a hésité à prendre parti sur la question. L'arrêt de Chambéry dévoile cet embarras. La Cour de Cassation elle-même ne s'est pas prononcée sur la valeur de ces deux théories. Elle a préféré, comme nous allons le voir, se borner à écarter dans l'espèce qui lui était soumise l'application des règles du mandat.

» et direct d'assurer l'exécution des ordres adminis-
» tratifs et des règlements de la Compagnie ; qu'à ce
» point de vue il est incontestable que Choulet était,
» pour cette partie de son service et notamment vis-
» à-vis des voyageurs transportés par les trains,
» investi d'un mandat spécial de la Compagnie, soumis
» par conséquent à toutes les obligations, mais ayant
» droit aussi à toutes les garanties que la loi attache
» au mandat, et que c'est à l'occasion de l'accom-
» plissement de ce mandat qu'il a été blessé..... »

Il résultait naturellement de cette thèse que le préposé mandataire ne devait point être tenu de prouver l'existence d'une faute personnelle à la Compagnie. Il obtenait de la sorte, et sans mot dire, une réparation qu'il n'aurait pas été fondé à réclamer par la seule application des articles 1382 et suivants. On sait, en effet, que le mandataire, aux termes de l'article 2000 du Code civil, a le droit de se faire indemniser des pertes qu'il a essuyées au cours et à l'occasion de sa gestion, sans imprudence qui lui soit imputable (1). Telle est la solution qui se dégage de l'arrêt de Chambéry, contre lequel un pourvoi fut immédiatement formé par la Compagnie de Lyon.

Comme motif du pourvoi, on invoqua la violation des articles 1382 et suivants et la fausse application de l'article 2000, en ce que l'arrêt attaqué avait rendu

---

(1) Dans le même sens : Sourdat, *Responsabilité*, t. 2, p. 151, n° 213 *ter*.

la Compagnie responsable du fait d'un tiers dont elle n'avait pas à répondre.

La Cour suprême, considérant que Choulet était chargé d'une mission de surveillance spécialement attachée à son service, qu'il n'était qu'un homme de service à gages et ne faisait qu'exécuter les ordres qu'il avait reçus en cette qualité, cassa, à la date ci-dessus indiquée, l'arrêt rendu par la Cour de Chambéry, en refusant à Choulet la qualité de mandataire, avec les conséquences qu'il prétendait en faire découler au point de vue de la preuve.

Renvoi devant la Cour de Grenoble, qui, par un arrêt fortement motivé rendu le 10 janvier 1883 (1), se rangea à l'avis de la Cour suprême et confirma, pour les motifs suivants, le jugement rendu par le tribunal civil de Chambéry :

« Attendu que l'employé d'une compagnie de chemin
» de fer, pas plus qu'un agent de l'État, ne peut se
» prétendre son mandataire ni le gérant de ses affaires;
» que l'employé reçoit un salaire convenu pour faire
» un service prévu et déterminé par les règlements;
» qu'il doit faire ce service à ses périls et risques seuls,
» contre toute personne qui commettrait une faute dont
» il aurait eu à souffrir.... (2). »

Tel était le sort réservé à la restauration de cette idée, consacrée une première fois en 1852 par la Cour de Paris et qui ne tendait à rien moins qu'à régler les

---

(1) Sirey, 1883. 2. 55.
(2) En ce sens : Lyon, 19 juillet 1853. (D., P., 1853. 2. 233.)

questions de responsabilité entre commettants et préposés par l'application des règles du mandat. La Cour de cassation et, après elle, la Cour de Grenoble ont fait justice de cette hardie tentative, et ce qui donne à leur décision une importance capitale au point de vue des principes, c'est qu'elle est intervenue dans une espèce où la situation respective des parties pouvait de quelque manière faire croire à la vérité de la théorie du préposé mandataire.

QUATRIÈME SECTION.

FINS DE NON-RECEVOIR.

Les principes juridiques auxquels obéit la jurisprudence, dans la question qui nous occupe, nous amènent à indiquer rapidement quelles règles elle suit en matière de prescription et quelle influence elle prête aux conventions par lesquelles les parties atténuent ou excluent la responsabilité.

1re SOUS-SECTION. — PRESCRIPTION.

Nous avons déjà eu l'occasion de faire remarquer que, lorsqu'un accident quelconque se produit, la question d'imputabilité se pose non seulement au civil, mais encore au criminel. La loi, estimant à son juste prix la sûreté de la vie de l'homme, a fait avec raison de tout ce qui la menace l'objet d'une pénalité. L'homicide commis ou les blessures causées même par imprudence, maladresse, inattention, négligence et inobservation des règlements, rendent le coupable passible de peines correctionnelles, variant de 16 francs d'amende à deux années d'emprisonnement (art. 319 et 320, C. p.). Seuls l'homicide ou les blessures purement accidentels et fortuits exemptent de toute peine leur auteur.

Or, si l'on se reporte aux termes mêmes des articles que nous venons de citer, il paraît difficile de contester qu'ils embrassent la presque unanimité des accidents imputables du travail. Il faudrait donc admettre la possibilité de l'intervention utile du ministère public, dans tous les cas d'accidents, et la nécessité d'infliger une peine correctionnelle au coupable ou à la personne civilement responsable, dès l'instant qu'il est démontré que l'accident est dû à une installation défectueuse de l'ouvrier, quelle que soit d'ailleurs l'importance et la gravité des défauts constatés. Toutefois en pratique le parquet ne fait emploi des moyens dont il dispose qu'en cas de mort ou de blessures graves, ou encore lorsque le nombre des victimes est considérable et qu'il y a lieu de suspecter la bonne tenue de l'atelier ou du chantier.

Au point de vue de la réparation civile, il est intéressant de se demander si les articles du Code pénal qui visent l'homicide et les blessures involontaires sont ou non applicables.

Il est, en effet, de jurisprudence et de principe constants que l'action civile, résultant d'un crime ou d'un délit, se prescrit par trois ans comme l'action publique, lors même quelle serait exercée séparément devant les tribunaux civils (1). Pour qu'il en soit ainsi cependant, il faut que l'action civile ait pour base unique et exclusive le crime ou le délit (2). Spécialement, dans la question qui nous occupe, l'action civile de l'ouvrier blessé se prescrira par trois ans, conformément aux articles 2 et 638 du Code d'instruction criminelle, toutes les fois que le fait servant de base à la demande constituera le délit d'homicide et de blessures involontaires ; cette action au contraire durera trente ans quand le fait, mis à la charge du patron, ne présentera aucun caractère délictueux et ne constituera qu'un fait dommageable purement matériel, tombant exclusivement sous l'application des articles 1382 et suivants du Code civil.

« Attendu, dit un arrêt de la Cour de Caen du 22 dé-
» cembre 1876 (3), que les faits énoncés dans l'exploit
» introductif d'instance constitueraient, si la preuve en
» était administrée, le délit de blessures involontaires
» commis par imprudence, inattention, négligence ou
» défaut de précaution, prévu par les articles 319 et
» 320 du Code pénal ; que conséquemment il serait
» prescrit, conformément aux articles 637 et 638 du
» Code d'instruction criminelle..... ;

---

(1) Nîmes, 19 décembre 1864. (S., 1865. 2. 46.) — Colmar, 26 février 1867. (S., 1867. 2. 354.) — Nancy, 14 décembre 1883. (S., 1884. 2. 157.) — Villey, *Rev. crit.*, 1875, p. 81 et suiv. — En sens contraire : Berthauld, *Cours de Droit pénal*, 29e leçon, p. 635.

(2) Cass., 27 août 1867. (S., 1868. 1. 117.) — Cass., 8 juillet 1885. (S., 1885. 1. 494.)

(3) Sirey, 1877. 2. 50.

» Attendu que la demanderesse ne prouve pas que,
» en outre des faits de négligence ou défaut d'attention
» qu'elle a articulés, le défendeur ait manqué à certains
» devoirs particuliers ou à des règles spéciales qui le
» concernent comme usinier et qui pourraient constituer
» une faute, entraînant la responsabilité édictée par
» l'article 1382 du Code civil; qu'elle ne lui reproche
» que des faits qui sont prévus par la loi pénale ; qu'ils
» sont dès lors couverts par la prescription... (1). »

D'autre part, il a été jugé plusieurs fois que, si le fait allégué par l'ouvrier demandeur comme base de son action constitue un délit défini par les articles 319 et 320 du Code pénal, il ne saurait être permis à ce même ouvrier de le dépouiller arbitrairement de son caractère délictueux, en le présentant comme un simple fait dommageable tombant sous l'application de l'article 1382 du Code civil (2). Décider autrement serait rendre tout à fait illusoires les dispositions des articles 637 et 638 du Code d'instruction criminelle.

---

(1) En ce sens : Cass., 1er février 1882 (S., 1883. 1. 155) ; — Cass., 19 octobre 1885 (S., 1886. 1. 128); — Cass., 4 août 1886. (S., 1887. 1. 169.)

(2) Cass., 13 mai 1868. (S., 1868. 1. 356.) — Arrêt de Caen, précité. — Notons toutefois, à ce sujet, qu'il est de jurisprudence constante que la déclaration d'un arrêt correctionnel portant « qu'aucun fait d'imprudence ou de négligence n'était établi à la charge du prévenu », écarte seulement l'imputation du fait incriminé, en tant qu'il eût été constitutif du délit prévu par les articles 319 et 320 du Code pénal, mais n'exclut pas forcément le simple quasi-délit prévu par les articles 1383 et suivants du Code civil. — Cass., 28 juillet 1879. (S., 1880. 1. 216.) — Cass., 16 mai 1887. (S., 1888. 1. 73.)

Nous savons d'ailleurs que c'est au juge du fait qu'il appartient de déterminer, sous le contrôle de la Cour de cassation, indépendamment de la qualification donnée et des textes invoqués par le demandeur, le caractère légal des faits servant de base à l'action en responsabilité et partant le délai de prescription applicable (1).

On discute seulement le point de savoir si le patron défendeur devrait être admis, pour bénéficier d'un délai plus court de prescription, à invoquer des circonstances non articulées dans la demande et qui tendraient à donner au fait allégué un caractère délictueux. La négative argumente de la règle : *nemo auditur propriam turpitudinem allegans* et ajoute que le motif d'ordre supérieur, qui a fait abréger les délais de prescription applicables à l'action civile résultant d'un crime ou d'un délit, motif qui n'est autre que la crainte du scandale public d'une déclaration judiciaire de culpabilité impunie, se produirait *par le fait même du défendeur* (2). L'affirmative prétend, avec l'arrêt précité de la Cour de cassation, « qu'on ne peut pas, » pour repousser l'exception des défendeurs, invoquer » cette maxime, puisque la turpitude consiste dans » l'acte et non dans sa dénomination (3) ».

---

(1) Cass., 7 mars 1877. (S., 1878. 1. 97.)

(2) Berthauld, *Cours de Droit pénal*, 29ᵉ leçon, p. 635. — Le Sellyer, *Actions publique et privée*, t. 2, nᵒ 531. — Nous adoptons cette opinion, qui est d'ailleurs la plus répandue.

(3) Caen, 22 décembre 1876. (S., 1878. 2. 50.) — Faustin Hélie, *Instr. crim.*, t. 2, nᵒ 1114.

Ce qui ne saurait être douteux, c'est qu'avec les principes admis par la jurisprudence, en matière de responsabilité patronale, il peut arriver fréquemment que l'ouvrier demandeur en indemnité ne soit plus admis à faire valoir utilement ses droits, s'il reste trois ans dans l'inaction. Ce résultat se produira fatalement, toutes les fois que les faits par lui allégués à l'encontre du patron pourront être compris dans les termes des articles 319 et 320 du Code pénal. Or, nous avons dit qu'il peut et doit en être ainsi dans la très grande majorité des cas. Ainsi s'explique la tendance bien prononcée des tribunaux à admettre facilement les moyens de prescription invoqués par les patrons, résultat d'autant plus préjudiciable à l'ouvrier qu'il est de jurisprudence constante que cette prescription triennale n'est pas suspendue par sa minorité (1).

---

(1) Cass., 1er février 1882. (S., 1883. 1. 155.) — Cass., 4 août 1886. (S., 1887. 1. 169.) — Au contraire, la prescription est interrompue par une reconnaissance de responsabilité de la part du patron : Besançon, 15 juin 1881. (S., 1882. 2. 173.) — C'est ainsi qu'on a pu considérer les secours d'un patron à son ouvrier comme une reconnaissance de dette, interruptive de la prescription de trois ans. Il faut toutefois que ces secours soient de sérieuse importance ou qu'ils soient accompagnés de circonstances particulières et déterminantes. Un secours modique, accordé à titre d'aumône ou uniquement inspiré par un sentiment de commisération, n'impliquerait pas reconnaissance de dette : Douai, 24 janvier 1881, sous Cass. (S., 1883. 1. 155) ; — Cass., 4 août 1886, précité.

IIe SOUS-SECTION. — CONVENTIONS PAR LESQUELLES LES PARTIES ATTÉNUENT OU EXCLUENT LA RESPONSABILITÉ PATRONALE.

Il ne saurait être permis au patron de s'exonérer à l'avance des obligations qu'il peut encourir en vertu des articles 1382 et suivants du Code civil, ces articles contenant des pispositions d'ordre public (1). Un arrêt du Conseil d'État du 11 mars 1881 (2) a fait application de cette idée à une espèce remarquable.

Un ouvrier avait été blessé en travaillant dans un arsenal, sous les ordres d'un chef de service. L'État, actionné en responsabilité, prétendait se soustraire au paiement de l'indemnité réclamée, en offrant de prouver que l'administration de l'arsenal avait prévenu les ouvriers, par des avis affichés dans l'intérieur de l'établissement, qu'en cas d'accident elle ne prenait envers eux aucun engagement. Le Conseil d'État, jugeant que la renonciation des ouvriers à l'action en responsabilité ne résultait pas suffisamment de l'affichage de ces avis, n'en a pas tenu compte et a condamné l'État à réparer le dommage causé. En l'état des principes que la jurisprudence assigne à la responsabilité, cette décision s'imposait aux juges administratifs.

Il convient de citer à ce sujet un arrêt conforme de la Cour de Dijon (3). — Une Compagnie minière qui

---

(1) Cass., 19 août 1878. (S., 1879. 1. 422.)
(2) Sirey, 1882. 3. 53.
(3) 24 juillet 1874. (S., 1875. 1. 73.)

occupait un grand nombre d'ouvriers avait fondé une société de secours mutuels, dont le règlement portait entre autres clauses : 1° que la société moyennant une subvention, était substituée à la compagnie pour toutes les obligations lui incombant en vertu des articles 1382 et suivants du Code civil et demeurait chargée d'y pourvoir ; 2° qu'elle avait mission de payer aux ouvriers victimes d'un accident les indemnités fixées par le règlement pour chaque cas spécial ; 3° que le conseil d'administration de ladite société était constitué tribunal arbitral, pour statuer en dernier ressort sur les droits que les sociétaires prétendraient leur résulter des accidents dont ils auraient été victimes.

La Cour a jugé, par un arrêt fortement motivé, que de telles stipulations n'avaient aucune valeur juridique, aucune force légale : la première, parce qu'il n'est pas permis de déclarer d'avance qu'on ne répondra pas d'un délit ou d'un quasi-délit, une pareille stipulation laissant le stipulant libre d'être impunément en faute par négligence, imprévoyance ou défaut de soins ; la seconde, comme contraire à l'esprit de l'article 2046 du Code civil, qui ne permet de transiger sur l'intérêt civil d'un délit qu'après que le fait délictueux a été commis ; la troisième enfin, comme constituant une clause compromissoire qui ne renferme pas la désignation du litige et qui de plus intervient sur les intérêts civils d'un délit futur. En conséquence, l'ouvrier demandeur a entendu proclamer son droit d'actionner la compagnie devant les tribunaux ordinaires, sans que ceux-ci soient le moins du monde liés, pour l'appréciation du dommage, par les indemnités prévues et fixées au règlement (1).

CHAPITRE III.

DE L'INTERPRÉTATION DE LA LOI PAR LA DOCTRINE.

PREMIÈRE SECTION.

PRINCIPE DE LA RESPONSABILITÉ DU PATRON.

L'idée de la responsabilité délictuelle, qui fait le fond des décisions ci-dessus analysées, n'a point eu auprès de la doctrine le succès qu'elle a rencontré dans la pratique. Il a paru à beaucoup d'auteurs, et non des moins considérables, qu'il était à la fois peu rationnel et peu juridique de placer dans les articles 1382 et suivants du Code civil le droit commun de la matière. Les principes qui se dégagent de ces articles, a-t-on dit, ne doivent recevoir application qu'en l'absence de conventions particulières intervenues entre les parties. Ils règlent une situation imprévue, un événement inattendu, une éventualité sur laquelle de part et d'autre on ne s'est point expliqué. La loi, en les créant, a entendu sanctionner par voie d'autorité des

---

(1) Voir encore : Cass., 18 juin 1872 (S., 1872. 1. 286); — Pont, *Petits Contrats*, t. 2, n° 583. (Aubry et Rau, t. 4, p. 622, § 420.)

engagements formés sans convention préalable ; elle s'est substituée à la volonté des parties ; elle a, pour éviter des injustices, consacré dans toute occurrence l'exigibilité d'une réparation équivalente au dommage causé.

Soutenir avec la jurisprudence que les principes dont nous parlons doivent régir la matière des accidents du travail, c'est vouloir méconnaître les liens de droit qui unissent patrons et ouvriers, les engagements réciproques qui ont été par eux contractés, soit expressément, soit tacitement, tant en vue des conditions générales du contrat de louage que plus spécialement en vue des accidents pouvant survenir au cours de l'ouvrage commandé. C'est vouloir réglementer arbitrairement une situation qui l'est déjà, contrarier sans raison les dispositions particulières prises au préalable par les parties, en un mot faire de la loi l'instrument de la violation d'un contrat.

Qu'on y prenne bien garde, le patron et l'ouvrier ne sont point étrangers l'un à l'autre. Un contrat les unit ; c'est le contrat de louage de services, le contrat de travail. Or, quelque opinion que l'on ait sur les éléments qui le composent, sa présence suffit à écarter l'application de la responsabilité de droit commun. Il n'y a place que pour la responsabilité contractuelle, c'est-à-dire la responsabilité telle qu'elle a été expressément réglée par le contrat ou telle qu'elle se dégage le plus naturellement de ses dispositions tacites. On ne saurait concevoir le concours de ces deux responsabilités qu'en cas de fraude ou de dol, spécialement en l'espèce, au cas où le patron aurait agi de mauvaise foi, car l'obligation d'agir de bonne foi existe dans les prescriptions de la loi comme dans les prescriptions du contrat. En les employant indistinctement l'une pour l'autre, on confond les dispositions contenues au titre IV du livre III du Code civil, qui concernent les engagements qui se forment sans conventions, avec les principes inscrits au titre III du même livre, exclusivement applicables aux contrats. On mêle ce que les Romains avaient eu soin de bien distinguer : l'action de la loi Aquilia et l'action même du contrat.

M. Sainctelette, ancien ministre de Belgique, à qui revient le mérite d'avoir le premier développé cette idée et de s'en être fait l'apôtre convaincu, ajoute à ce sujet (1) :

« Les dispositions des articles 1382 et suivants du
» Code civil, dont la raison d'être est le respect des
» droits d'autrui, n'ont de force obligatoire que pour
» défendre. Elles n'ordonnent pas. En déduire la
» moindre injonction, c'est en fausser le sens et en
» méconnaître l'origine. Le principe social qui veut que
» chacun respecte les droits de son semblable est
» un principe un, s'il en fût. Le devoir qui en naît
» est toujours et partout le même. Le tort causé, partant
» le dommage à réparer, est seul variable. Si ces dispo-
» sitions sont applicables à la fois aux tiers que n'unit
» aucun contrat et aux parties que lie un contrat,
» elles ne peuvent pas imposer aux patrons vis-à-vis

---

(1) *De la Responsabilité et de la Garantie.* (Paris, Chevalier-Marescq, rue Soufflot, 20, p. 116.)

» de l'ouvrier d'autres et plus amples obligations
» qu'elles ne lui en imposent vis-à-vis d'un tiers. Or,
» il est certain que vis-à-vis d'un tiers un usinier n'a
» que de mêmes obligations ; que les obligations
» de l'usinier vis-à-vis du passant ne sont pas plus
» rigoureuses et plus étroites, quand les passants sont
» des enfants que quand ce sont des adultes ; qu'en
» tous cas, elles ne vont pas jusqu'à devoir prémunir
» même les adultes contre leur propre maladresse et
» leur imprudence personnelle. »

Il suit de là que s'appuyer sur ces articles pour juger que le patron a l'obligation de pourvoir à la sûreté de l'ouvrier, en apportant toutes diligences dans le choix et la disposition des engins de travail, dans le judicieux emploi des appareils de protection, c'est donner à ces articles un sens et une portée qu'ils n'ont pas ; c'est découvrir une injonction là où il n'y a qu'une défense; c'est en un mot trouver, dans un système de dispositions uniquement répressives, des règles impératives et ordonnatrices.

C'est donc à tort et par suite d'une inconséquence de principes que des arrêts, comme ceux de Rouen (1) et d'Amiens (2), ont déclaré : le premier, que « les
» entrepreneurs doivent, dans leurs ateliers, assurer
» aux ouvriers qui y sont employés *secours, protection,*
» *sécurité et garantie* », et le second, « qu'en droit,
» d'après une jurisprudence constante, les patrons

---

(1) 28 février 1866, sous Cass., 13 janvier 1868. (S., 1868. 1. 298.)
(2) 15 novembre 1883. (S., 1884. 2. 6.)

» ont le devoir de veiller à la conservation de leurs
» ouvriers et de les protéger contre les périls qui
» peuvent être la conséquence du travail auquel ils les
» emploient ». Les articles 1382 et suivants ne
contiennent rien de pareil, et M. Labbé a pu
dire avec raison (1) que la jurisprudence, fidèle à
son principe, n'a jamais pu préciser d'où dérivait
l'obligation qu'elle met à la charge du patron de
prendre des mesures pour assurer la sécurité de
l'ouvrier.

La jurisprudence encourt bien plus encore le reproche d'inconséquence quand elle décide, comme l'a fait la Cour de Nancy, par arrêt du 9 décembre 1876 (2), que l'obligation pour le maître de veiller à la sûreté de ses ouvriers « est encore plus étroite quand l'ouvrier est
» un enfant, ignorant des dangers qu'il peut courir, ou
» qui n'a ni l'expérience ni la prudence nécessaires
» pour s'en garantir ». — Il est évident que, faire dériver de l'article 1382 la nécessité pour le maître de veiller plus attentivement à la sécurité de ses ouvriers mineurs qu'à celle de ses ouvriers adultes, c'est y chercher de parti pris ce qui ne s'y rencontre pas, c'est vouloir, pour les besoins de la cause, en dénaturer les termes et le sens.

Il semble donc que les principes de la responsabilité *délictuelle* soient impuissants à fournir la solution

---

(3) Note sous arrêt de la Cour de Liège du 18 juin 1885. (S., 1885. 4. 26.)

(4) Sirey, 1879. 2. 228.

cherchée. Voyons maintenant à quelles considérations juridiques obéit la doctrine, pour soutenir que les principes de la responsabilité *contractuelle* doivent seuls recevoir application.

Impossible, dit-on, de nier l'existence du contrat qui primitivement est intervenu entre le patron et l'ouvrier. Ce contrat, pour n'être guère plus qu'indiqué par le Code civil (art. 1710, 1711 et 1779), n'en est pas moins un contrat réel, véritable, ayant sa vie propre et ses règles spéciales. Il résulte expressément de ses termes que le patron s'engage principalement à prester à l'ouvrier le salaire convenu, et que l'ouvrier s'engage en retour à fournir l'ouvrage commandé.

Or, en admettant que le contrat de louage de services ne contienne rien autre chose que la prestation du salaire d'un côté et la prestation du travail de l'autre, il ne serait déjà point rationnel de traiter l'ouvrier, victime d'un accident, comme on traiterait le premier venu qui n'aurait avec le patron aucun rapport de droit; car les stipulations dont nous parlons créent, toutes seules, aux parties une situation spéciale et précise qui est de nature à influer sur la solution de la question. C'est ce qu'exprime très bien M. Labbé (1), en disant :

« Le contractant est mis par le contrat dans une
» situation nouvelle, en dehors des prévisions du droit
» commun, d'après lequel chacun reste chez soi,

---

(1) Note sous Cour de Liège, déjà citée.

» dans son domaine, et ne peut porter atteinte aux
» choses d'autrui qu'en sortant sans excuse de son
» cercle d'activité. Le contrat met le débiteur en
» rapport, en contact avec la chose qui en est l'objet,
» contact qui n'existerait pas s'il était demeuré dans
» la pure situation d'un tiers. »

Mais il y a plus. Le contrat de louage de services ne se borne pas aux prestations que nous venons d'indiquer; le prétendre serait en faire en quelque sorte un contrat de droit strict, dans une législation qui n'admet que des contrats de bonne foi; ce serait encore faire prompte justice de l'article 1135, qui porte : que les conventions obligent non seulement à ce qui y est exprimé, mais encore à toutes les suites que l'équité, l'usage ou la loi donnent à l'obligation d'après sa nature. Or, par sa nature, l'obligation expose l'ouvrier qui y souscrit à des risques, à des dangers inhérents au travail auquel il s'astreint et plus spécialement au travail tel qu'il se présente dans l'atelier du patron qui l'emploie, suivant le plus ou moins de perfectionnement de son installation. N'est-il point vrai de dire que, sans le contrat, l'ouvrier ne serait point mis en contact avec les instruments qui plus tard seront cause de sa blessure ou de sa mort? N'est-il point vrai qu'il faut à une situation spéciale un remède spécial? Or, quel sera ce remède sinon l'obligation tacitement exprimée prise par le patron de jouir des services de l'ouvrier en bon père de famille et de prendre, par conséquent, toutes les précautions utiles pour lui procurer la sécurité dans le travail? N'est-ce point là une suite naturelle que l'équité et même l'usage et la raison donnent à l'obligation d'après sa nature, selon les termes de l'article 1135 ? N'est-ce point là la commune intention des parties contractantes dont l'article 1156, interprétatif des conventions, prescrit de tenir compte ?

Écoutons bien plutôt M. Sainctelette (1) :

« Je ne sais si l'esprit de système m'afflige d'une
» sorte de daltonisme moral, mais il me semble que
» j'éprouverais quelque embarras à inscrire en tête
» d'un arrêt des propositions telles que celles-ci :
» 1° de droit naturel le contrat de services se borne,
» de la part de l'ouvrier à prester le service, de la
» part du patron à payer le loyer ; 2° en ce qui
» concerne la sûreté de la personne spécialement, les
» contractants n'ont pas eu de préoccupations particu-
» lières ; le patron n'a promis à l'ouvrier, l'ouvrier
» n'a demandé au patron rien de plus que ce que se
» doivent les premiers passants venus ; 3° l'autorité
» que le maître stipule de l'ouvrier, l'obéissance que
» l'ouvrier promet au patron n'engendrent aucune
» obligation spéciale ; 4° l'action par laquelle le maître
» réclame la compensation de l'inexécution des pres-
» tations promises est bien une action contractuelle ;
» mais l'action, par laquelle l'ouvrier demande la
» compensation du dommage subi en fournissant les
» prestations, est une action civile de délit ou de
» quasi-délit ; 5° c'est bien par un recours en garantie
» que le patron se fera rembourser par l'ouvrier
» désobéissant ; mais l'ouvrier obéissant n'aura contre

---

(1) *Loc. cit.*, p. 117.

» le patron imprévoyant ou imprudent qu'une action
» en responsabilité.

» Tout cela me paraît sonner mal à l'esprit et au
» cœur. Je ne comprends pas, en droit, ce contrat si
» sec qui se réduirait à un troc de services contre de
» l'argent, alors que dans la vente, le louage, etc.,
» autour de l'obligation principale convenue de bonne
» foi, gravitent tant d'obligations secondaires. Je ne
» sais pas me faire à l'idée que nos domestiques, nos
» ouvriers, nos collaborateurs ne nous soient pas, de
» droit, autre chose que les premiers venus et ne nous
» tiennent pas de plus près que des étrangers. Je me
» refuse à croire, pour l'honneur du droit moderne,
» qu'il ait brisé toutes les attaches anciennes, sans en
» rien laisser subsister. Il me semble qu'il y aurait là,
» dans l'harmonie générale de nos mœurs et de nos
» lois, quelque chose qui détonnerait d'étrange façon. »

Veut-on savoir maintenant pourquoi le patron assume, en contractant avec son ouvrier, la charge de le préserver, autant qu'il sera en son pouvoir, de tout accident ? — La réponse est bien simple. Celle-là des deux parties en présence doit veiller à la sécurité du travail qui a les moyens et le pouvoir de le faire. Or, le patron est avant tout le maître de l'entreprise, le propriétaire des engins de travail et le souverain organisateur de l'atelier. C'est lui seul, en un mot, qui a l'autorité et la direction. L'ouvrier est soumis à cette autorité ; il doit obéir aux ordres qu'il reçoit et se servir des instruments qui lui sont confiés, suivant leur destination. Il outrepasserait son droit s'il prétendait s'immiscer dans l'organisation du travail, dans le choix et la disposition des engins, dans l'emploi des procédés de fabrication et dans l'application des mesures de protection destinées à prévenir les accidents. Son devoir n'est fait que de diligence et d'obéissance. C'est le droit du patron de régler en maître les dispositions de l'entreprise et de gouverner le travail.

Or, ne résulte-t-il pas de cet état de choses que le patron reste seul garant de l'entreprise qu'il a créée et qu'il administre à son gré, responsable par conséquent des suites fâcheuses qu'elle peut procurer? Est-ce que la responsabilité n'est pas la conséquence indispensable de l'autorité? A-t-on jamais pensé faire peser sur le serviteur du maître les effets nuisibles d'un ordre reçu? C'est ce qu'exprime très bien (1), dans les lignes qui suivent, M. Marc Sauzet, dont l'opinion s'est manifestée presque en même temps que celle de M. Sainctelette.

« Nous constatons que le régime du salariat, qui
» juridiquement se manifeste par le contrat de louage
» d'ouvrage, suppose essentiellement que le salarié,
» l'ouvrier obéit, exécute, fournit l'effort physique
» voulu, sans avoir le droit d'exiger tel procédé de
» fabrication ou l'emploi de tel appareil de protection.
» Nous ne dirons pas, comme on l'a répété trop sou-
» vent, que, dans le travail moderne, l'ouvrier est

---

(1) *De la Responsabilité des patrons dans les accidents industriels.* (Rev crit., 1883, p. 616 et suiv., n° 36.)

» réduit au rôle d'une machine et que l'industriel doit
» supporter les conséquences des accidents qui l'attei-
» gnent, comme il doit supporter l'usure de son maté-
» riel. Nous reviendrons sur ce sujet, quand nous
» chercherons à préciser les limites exactes de la
» responsabilité du patron. Mais dès à présent nous
» disons : l'ouvrier n'a aucun pouvoir de direction sur
» l'exploitation industrielle ; cette direction appartient
» à celui qui commande, à celui qui surveille, à celui
» qui paie, au patron seul. Une charge de ce rôle de di-
» recteur et de surveillant, c'est l'obligation de veiller
» à ce que le travail s'accomplisse dans des condi-
» tions aussi parfaites que possible de sécurité et de
» salubrité (1) pour l'ouvrier ».

Cette thèse a trouvé aussi un éloquent interprète en M. Sainctelette (2).

« De droit naturel, dit cet auteur, la responsabilité
» *sensu lato* est le corrélatif nécessaire et inséparable
» de l'autorité. C'en est l'ombre. Point d'autorité
» sans responsabilité ; c'est la condition même de
» notre humaine nature. La responsabilité naît avec
» l'autorité, grandit avec elle, décroît avec elle. Tel
» l'angle de réflexion égale toujours l'angle d'inci-
» dence... Dès lors, le point se réduit à savoir si, par

---

(1) Nous ne nous occupons que de la responsabilité des patrons en matière d'accidents ; mais il va de soi que les règles que nous posons s'appliquent aussi bien à la responsabilité du patron en matière de maladies nées de l'insalubrité de l'usine. C'est ce qu'a très bien fait remarquer M. Sauzet, dans le cours de son étude.

(2) *Loc. cit.*, p. 119 et 120, n° 5.

» le contrat, le patron acquiert quelque autorité sur
» l'ouvrier. »

M. Sauzet (1), raisonnant d'après les idées que nous venons d'émettre et rappelant que le patron est chef et directeur de l'entreprise, se livre à un rapprochement entre le contrat de mandat et le contrat de louage de services. — D'où peut bien venir, dit-il, l'obligation mise par l'article 2000 du Code civil à la charge du mandant d'indemniser le mandataire des pertes que celui-ci a essuyées à l'occasion de sa gestion, sans imprudence de sa part, sinon de ce que la loi pense que le mandataire est tenu d'exécuter les ordres du mandant, seul directeur de l'opération, et de se conformer à ses volontés ? Ne peut-on même pas dire par *a fortiori* que le pouvoir de direction du patron sur l'ouvrier est plus sensible, plus effectif que celui du mandant sur le mandataire ? Le mandant, en effet, est contraint le plus souvent, par le but même du contrat, de laisser au préposé de son choix une certaine initiative personnelle et plus de liberté d'allures que le patron n'en laisse à l'ouvrier. Et cependant le mandataire est mis, par le seul effet du contrat, dans la situation d'obtenir l'indemnité qu'il réclame. Point n'est besoin qu'il détermine et prouve à la charge du mandant une faute quelconque ; les termes de son contrat lui ménagent ce que nous avons appelé une attribution générale de fautes.

---

1) *Loc. cit.*, nos 38 et 39.

C'est au mandant à prouver le fait qu'il allègue pour sa libération.

Cette sorte d'assimilation, entre le contrat de mandat et le contrat de louage de services, est si vraie que la jurisprudence a montré en plusieurs circonstances quelque embarras à les distinguer. Un arrêt de la Cour de Paris (1) notamment a jugé que l'employé d'une compagnie de chemins de fer, chargé de la direction d'une manœuvre de wagons, devait être considéré comme mandataire de la compagnie et bénéficier des dispositions de l'article 2000.

De même la Cour de Chambéry, dans une espèce récente déjà analysée, a cru devoir donner la qualité de mandataire et les avantages qu'elle comporte, au point de vue de la preuve, à un homme d'équipe de la Compagnie P.-L.-M. blessé au cours de son travail, sous prétexte qu'il remplissait, au moment où il a été atteint, une mission spéciale de surveillance étrangère à ses fonctions habituelles. Il est vrai que la Cour de cassation (2) a cassé cet arrêt, en décidant que l'employé était un homme de service à gage et non un mandataire et que, sur le renvoi, la Cour de Grenoble (3) a adopté l'avis de la Cour suprême. Néanmoins, on peut dire que la jurisprudence est hésitante sur la question, et, si l'on considère en outre qu'il existe en doctrine un important

---

1) 14 août 1852. (Dalloz, 1853. 2. 75.)
(2) 24 janvier 1882. (S., 1882. 1. 210.)
(3) 10 janvier 1883. (S., 1883. 2. 55.)

parti qui admet la thèse soutenue par les Cours de Paris et de Chambéry, on comprendra aisément combien est séduisante l'argumentation du savant professeur de la faculté de Lyon.

Quelques partisans de la thèse que nous analysons raisonnent encore d'après l'analogie que présente le louage ordinaire de choses et le louage de services. Le louage de choses oblige le preneur à jouir de l'objet du contrat en bon père de famille, de veiller à sa conservation, de le préserver de toute détérioration et de le restituer intact, à la fin du bail, au locateur. Débiteur d'un corps certain et déterminé, le preneur répond des dégradations ou des pertes qui surviennent pendant sa jouissance, à moins qu'il ne prouve, dit l'article 1732 du Code civil, qu'elles ont eu lieu sans sa faute. C'est d'ailleurs l'obligation que la loi impose d'une manière générale à tout débiteur d'un corps certain (art. 1302). Pourquoi n'en serait-il pas de même pour le patron, sauf à tenir compte des différences qui existent entre l'objet matériel et la personne humaine? L'assimilation qu'on rencontre au fond des choses entre les deux situations ne fait-elle pas bonne justice du prétexte, quelquefois invoqué, que les dispositions du contrat de louage ordinaire ne sont point rappelées au chapitre du louage d'ouvrage et d'industrie?

« Le premier de ces contrats, dit M. Pascaud (1),
» met à la disposition du preneur un outillage matériel

---

(1) *Rev. prat.*, t. 55, p. 385.

» à la conservation duquel il est tenu de veiller,
» qu'il doit restituer intact ; pourquoi, aux termes du
» second, ne serait-il pas obligé à conserver et à
» rendre sain et sauf l'outillage humain qu'il s'est
» procuré, moyennant salaire, à restituer à lui-
» même, dans l'intégrité des ses forces et dans la
» plénitude de sa santé, l'ouvrier dont il a loué les
» services (1) ? »

---

(2) La thèse dont nous venons d'exposer les principes a conquis d'importants suffrages dans la doctrine, depuis qu'elle a été émise pour la première fois par MM. Sainctelette et Sauzet. Indépendamment des autorités que nous avons déjà citées, elle a été successivement adoptée par : M. Henri Noirot, *De la Responsabilité des accidents industriels* (journal *la Loi* du 29 décembre 1885) ; M. Pont, *Mémoires de l'Académie des sciences morales et politiques* (Recueil de M. Vergé, 1886, I, p. 626, et III, p. 129) ; M. Demangeat, conseiller à la Cour de cassation, *Du Louage de services à l'Académie des sciences morales et politiques* (Rev. prat., t. 55, p. 556 et suivantes. — Voir encore : M. Labbé, notes sous Paris, 11 février, 23 février et 17 mars 1886 (S., 1886. 2. 97) ; M. Sainctelette, *Accidents du travail ; projets d'une proposition de loi*, p. 11 et suivantes ; Vavasseur (journal *la Loi* du 2 juillet 1885) ; Lyon, Caen, sous Cass. 10 novembre 1884 (S., 1885, 1. 129) ; Glasson, *le Code civil et la question ouvrière*, p. 30 et 32 ; Cotelle, *De la Garantie des accidents*, (Rev. prat., t. 55, p. 121. — La même thèse a été adoptée par un arrêt de la Cour supérieure de Luxembourg, le 27 novembre 1884, par deux jugements du tribunal civil de Bruxelles des 25 et 28 avril 1885. (S., 1885. 4. 25). — En ce sens encore : arrêt de la Cour de cassation belge du 8 janvier 1886. (S., 1886. 4. 25.) — En sens contraire : Liège, 18 juin 1885. (S., 1885. 4. 27.)

DEUXIÈME SECTION.

DÉVOLUTION DE LA PREUVE.

L'existence du contrat de louage de services étant établie et les engagements contractés expressément ou tacitement de part et d'autre étant connus, il paraît facile de trancher la question de la dévolution de la preuve. C'est à cette fin d'ailleurs que tendent principalement les idées que nous venons d'exposer sur la responsabilité contractuelle. Peut-être même la plupart des objections qu'on oppose au système suivi par la jurisprudence ne seraient-elles point nées, si l'on n'avait voulu aboutir à ce que l'on a appelé depuis *le renversement de la preuve*, c'est-à-dire à décharger du fardeau de la preuve, de l'*onus probandi*, l'ouvrier victime d'un accident, pour laisser au patron le soin et la charge de prouver sa non-responsabilité, en rejettant toute participation directe ou indirecte, prochaine ou éloignée, dans la cause de l'accident. Il a paru que ce résultat devait répondre utilement aux réclamations de la classe ouvrière.

Les articles 1147 et 1315, § 2, du livre III, titre III du Code civil, relatifs aux obligations conventionnelles, doivent, dit-on, en l'espèce, recevoir application.

Étudions leur portée.

Article 1147. — « Le débiteur est condamné, s'il y
» a lieu, au paiement de dommages-intérêts, soit à
» raison de l'inexécution de l'obligation, soit à raison
» du retard dans l'exécution, *toutes les fois qu'il ne*

» *justifie pas que l'inexécution provient d'une cause*
» *étrangère qui ne peut lui être imputée*, encore qu'il
» n'y ait aucune mauvaise foi de sa part. »

Article 1315, § 2. — « Celui qui se prétend libéré
» doit justifier le paiement ou le fait qui a produit
» l'extinction de son obligation. »

Faisant application de ces articles à la matière qui nous occupe, on a dit : — Par le contrat de louage de services, le patron a contracté envers l'ouvrier l'engagement de prendre soin de sa personne, spécialement de mettre entre ses mains des outils irréprochables, de ne lui donner pour compagnons de travail que des collaborateurs éprouvés, de n'employer que les procédés de fabrication les plus inoffensifs, enfin d'appliquer toutes les mesures préventives que la pratique enseigne et que la science découvre. Il est donc en quelque sorte, vis-à-vis de l'ouvrier, débiteur de sécurité. Il lui doit assistance et protection. Un accident se produit au cours du travail ; l'ouvrier est mutilé par l'éclat d'une machine, le choc d'un instrument, la chute d'un échafaudage, la projection de matières en fusion, etc. Lui ou ses ayants cause réclament au patron une indemnité pour le dommage qu'ils ont éprouvé. Quelle sera la situation des parties en présence ?

Elle sera telle que l'indiquent les articles 1147 et 1315, § 2. — Le patron, débiteur contractuel de vigilance et de soins envers ses ouvriers, devra établir lui-même, et dès le début de l'instance, qu'il n'a point manqué à ses obligations. Il lui faudra avant toutes choses se décharger de cette sorte de présomption de faute que le contrat, loi des parties, met à sa charge, en démontrant qu'il a pris toutes les précautions nécessaires pour empêcher l'accident ou en prouvant, aux termes de l'article 1302, le cas fortuit qu'il allègue pour en expliquer la cause.

C'est le droit commun de tous les contrats. Le patron est dans la situation de tout débiteur contractuel astreint, sous peine de dommages-intérêts, de tenir sa promesse dans les termes où elle a été prise, ou de prouver que ce n'est point par sa faute qu'il ne l'a pas exécutée.

L'ouvrier lui n'a qu'à obéir aux prescriptions du premier paragraphe de l'article 1315 ; il n'apparait aux débats que pour prouver l'existence du contrat dont il se réclame et qui constitue la cause génératrice de son droit. Il lui était permis d'espérer que ce contrat serait exécuté comme il devait l'être par le patron. L'événement a trompé ses légitimes espérances; il lui est dû une compensation. C'est une situation que lui fait naturellement le contrat et qu'il conserve, pour ainsi parler, jusqu'à preuve du contraire. Il attaque armé d'un titre fourni par le débiteur lui-même, titre dont les prescriptions n'ont point été remplies. Au débiteur d'établir qu'il n'y a pas de sa faute ou de justifier sa libération par l'allégation démontrée d'un cas fortuit ou de force majeure.

L'ouvrier est, comme le dit très exactement M. Sainctelette, muni d'une « attribution générale » de fautes que le patron son débiteur a acceptée, en se réservant le droit d'en écarter les faits particuliers qu'il prouverait devoir lui être étrangers. A lui de prouver qu'il se trouve dans un des cas réservés ; à lui, en un mot, d'établir l'exception dont il se prévaut. Car on ne doit pas plus séparer les deux membres de phrase qui composent le célèbre brocard : *Actori incumbit probatio ; reus excipiendo fit actor*, qu'on ne doit disjoindre les deux paragraphes de l'article 1315 qui en fait l'application à la matière des contrats.

Il est juste de faire remarquer que, parmi les auteurs qui s'accordent à trouver dans le contrat de louage l'origine de la responsabilité du patron, des divergences se sont produites, quant au point de savoir quelle est au juste l'étendue de la garantie tacitement convenue entre patrons et ouvriers, et partant quels sont les éléments de preuve que doit rapporter le patron, pour se décharger de toute responsabilité dans l'accident. Le différend est survenu entre M. Sainctelette d'une part, MM. Labbé et Sauzet de l'autre.

L'auteur belge se distingue par la hardiesse de ses inductions. Pour lui, le patron est tenu de garantir le bon état des instruments, des machines et l'emploi des mesures de précaution usitées dan l'industrie. Il ne saurait, en conséquence, être déchargé de toute responsabilité qu'à la condition de prouver le cas fortuit ou la force majeure ; ce qui revient à mettre à son compte le risque des accidents dont la cause, sans être fortuite, est cependant inconnue. Point n'est même besoin pour l'ouvrier de particulariser une cause particulière d'inexécution du contrat ; le titre dont il se prévaut est conçu en termes généraux et embrasse toutes les éventualités qui peuvent se présenter (1).

Pour M. Labbé (2) au contraire, cette particularisation est nécessaire. L'ouvrier, dit-il, doit, pour réclamer l'indemnité équivalente de la sécurité qui lui est due, établir « une corrélation entre la blessure » éprouvée et un instrument, un appareil fourni, une » disposition pour le travail prise par l'entrepreneur ». Au surplus, MM. Sauzet (3) et Labbé considèrent que le maître n'est plus tenu, dès qu'il a prouvé avoir pris toutes les mesures de prudence nécessaires pour éviter l'accident. Il n'est pas astreint à prouver directement le cas fortuit. D'où il suit que, dans cette thèse, les accidents sans cause connue restent à la charge de l'ouvrier.

Ces divergences ne se manifestent point dans les décisions belges qui ont admis, avec le principe de la responsabilité contractuelle, les conséquences que la doctrine prétend en faire découler au point de vue de la preuve. Il faut savoir en effet que, plus heureuse qu'en France, la thèse si brillamment soutenue par M. Sainctelette a reçu, en Belgique et dans le duché du Luxembourg, l'adhésion d'une fraction de la jurisprudence. Or, il paraît bien que partout l'on a interprété avec la même rigueur les engagements du patron relativement à la sécurité de l'ouvrier. Nulle

---

(1) *Loc. cit.*, nos 16 et 17.
(2) Note sous Liège, p. 28. (S., 1885. 4. 25.)
(3) *Loc. cit.*, no 75.

part on ne découvre des traces du tempérament admis par MM. Sauzet et Labbé. — C'est ainsi notamment que la Cour supérieure de Luxembourg (1) a jugé que le patron devenait « débiteur contractuel de sécurité »; qu'il devait « garantir les conséquences du danger
» dans lequel il avait volontairement placé l'ouvrier,
» et qu'en vertu des articles 1315, 1147, 1148 et
» 1302 du Code civil, il ne pouvait être libéré de cette
» obligation qu'en prouvant la faute de l'ouvrier ou
» l'avénement d'un cas de force majeure ». L'arrêt ajoute d'ailleurs expressément que les cas douteux et inexpliqués doivent rester à la charge du débiteur, c'est-à-dire du patron.

Le tribunal de Bruxelles (2) est encore plus affirmatif. « Le maître doit, à la fin du contrat, remettre à
» l'ouvrier sa personne indemne de tout accident ; si
» en conséquence l'ouvrier devient, au cours de son
» travail, la victime d'un accident, il a contre son
» patron l'action en garantie dérivant du contrat de
» louage de services, *laquelle ne lui impose que la*
» *charge de prouver l'existence de la convention et du*
« *dommage* (3). »

---

(1) Du 27 novembre 1884. (S., 1885. 4. 30.)

(2) Du 28 avril 1885. (S., 1885. 4. 71.)

(3) Dans le même sens : jugement du tribunal civil de Bruxelles du 25 avril 1885 (S., 1885. 4. 30); — jugement du tribunal de commerce d'Anvers du 21 septembre 1885. (S., 1888. 4. 6.) — En sens contraire : Cour de Liège du 18 juin 1885 (S., 1885. 4. 30); — Tribunal civil de Mons, 14 novembre 1885. (S., 1888. 4. 6.)

TROISIÈME SECTION.

FINS DE NON-RECEVOIR.

Ire SOUS-SECTION. — PRESCRIPTION.

En faisant dériver du contrat de louage de services la responsabilité du patron, l'ouvrier voit encore, à un autre point de vue, sa situation s'améliorer. Nous avons vu qu'avec le système suivi par la pratique, la prescription de l'action civile risquait fort de se trouver considérablement écourtée, sous l'influence des articles 319 et 320 du Code pénal. Il est vrai que la prescription sera trentenaire toutes les fois que le délit sera purement civil, aux termes de l'article 1382, c'est-à-dire affranchi de toute peine. Mais les termes des articles réglant l'homicide et les blessures involontaires sont si généraux qu'il est facile de les rapporter à la très grande majorité des cas d'accident.

Au contraire, avec le système de la doctrine, l'ouvrier n'a point à craindre l'influence que les articles 319 et 320 du Code pénal exercent sur les délais de prescription. En effet, dans cette théorie, l'action qui est mise à son service n'est point l'action civile solidarisée par la loi avec l'action répressive; elle a une autre origine et une autre cause. Cette cause est antérieure à l'accident; elle réside dans le contrat de travail lui-même.

La prescription de cette action, née d'un contrat,

sera toujours trentenaire. L'ouvrier demandeur pourra donc l'intenter même après que l'action civile, résultant du délit d'homicide par imprudence, aura été prescrite. Il est donc bien vrai de dire que le système de la responsabilité contractuelle met entre ses mains une arme nouvelle, l'action du contrat, dont il peut se servir à son gré et suivant ses intérêts, notamment pour suppléer à l'action civile morte avec l'action publique.

Cette solution, dont le principe était autrefois contesté, rallie aujourd'hui à peu près tous les suffrages. C'est ainsi qu'on a décidé que le bailleur dont le locataire a incendié la maison peut, après la prescription de l'action répressive, exercer l'action civile en restitution; que le déposant, dont le dépôt a été dissipé par un abus de confiance, peut intenter l'action née du contrat de dépôt après la prescription de l'action publique. Pour répondre à l'argument tiré des articles 637 et suivants du Code d'instruction criminelle, le bailleur, le déposant et l'ouvrier n'ont qu'à répondre que leur action n'est pas fondée sur le crime d'incendie ou sur les délits d'abus de confiance et d'homicide par imprudence, mais seulement sur les obligations imposées par le contrat de louage de choses, le contrat de dépôt ou le contrat de louage de services (1).

---

(1) Laurent, *Princ. de Dr. civ.*, t. 32, n° 559. — Leroux, *Nouveau Traité de la Prescription*, t. 2, n°s 1335 et suiv. — Voir : Cass., 9 janvier 1882 (S., 1883. 1. 395); — Cass., 8 juillet 1885. (S., 1885. 1. 494.)

IIᵉ SOUS-SECTION. — DES CONVENTIONS PAR LESQUELLES LES PARTIES ATTÉNUENT OU EXCLUENT LA RESPONSABILITÉ DU PATRON.

Ici encore le système imaginé par la doctrine bouleverse les idées admises par la pratique, mais cette fois, ce semble, au détriment de l'ouvrier. En effet, s'il est hors de doute qu'il n'est point permis à un patron de s'exonérer préventivement, par clause formelle, des obligations résultant des articles 1382 et suivants, lesquelles contiennent des dispositions d'ordre public, il paraît licite au contraire de stipuler dans un contrat la clause de non-garantie ou de non-responsabilité. Il faudrait donc décider que, avec le système de la faute contractuelle, le patron peut valablement stipuler et l'ouvrier accepter par avance l'irresponsabilité de l'entreprise en cas d'accident.

Tel n'est point toutefois le sentiment de M. Sainctelette (1). D'après lui, la convention de non-garantie, valable en thèse générale dans un contrat, est nulle comme contraire à l'ordre public, quand il s'agit de *mal fait à la personne*. Il cite à l'appui le Code pénal belge de 1868, qui punit des peines du délit tout défaut de prévoyance ou de précaution ayant pour effet un dommage causé à la personne.

Il nous paraît difficile d'admettre cette thèse, qui repose sur une distinction injustifiable au point de vue des principes généralement admis. Il est certain,

---

(1) *Loc. cit.*, p. 25, nᵒ 15.

comme le dit très bien M. Labbé (1), « que toute clause
» d'irresponsabilité est valable jusqu'aux limites du
» dol ». C'est tomber dans l'arbitraire que faire un dol de
ce qui n'est qu'une faute, si désastreuses qu'en soient les
conséquences. C'est assujettir les principes aux circonstances de fait et en compromettre l'unité et l'inflexibilité en faveur de l'équité, mais au détriment de la
justice. C'est aussi l'opinion de M. Glasson (2) et de M. de
Courcy (3).

Toutefois, la question est délicate. Les principes eux-mêmes sont plus ou moins contestés. Il semble bien, en
effet, que la Cour de cassation ait plusieurs fois annulé,
comme contraires à l'ordre public, les conventions par
lesquelles on stipule dans un contrat l'immunité de ses
propres fautes. — Un arrêt de cette Cour, en date du
15 mars 1876 (4), décide en principe qu'il n'est pas
permis, au moyen d'un contrat d'assurance *ou de tout
autre pacte*, de s'exonérer des conséquences de ses
fautes *lourdes*. Un autre arrêt (5) rendu en matière de
travaux publics déclare, sans distinction, qu'en principe
l'ordre public ne permet pas au maître de « se déchar-
» ger directement ou indirectement de la responsabi-
» lité de sa propre faute ». Enfin un dernier arrêt (6),

---

(1) Note sous Liège. (S., 1885. 4. 28.)
(2) *Loc. cit.*, p. 31. — Voir : arrêt du Conseil d'État du 11 mars
1881. (S., 1882. 3. 53.)
(3) *Questions de Droit maritime*, 2e série, p. 75 et suiv.
(4) Sirey, 1876. 1. 337.
(5) Du 19 août 1878. (S., 1879. 1. 422.)
(6) Du 1er juillet 1885. (S., 1885. 1. 411.)

dont nous aurons à nous occuper quand nous traiterons du contrat d'assurance contre les accidents, tranche indirectement, dans le sens de la négative, la question de la validité des conventions d'exonération ; il annule une clause d'une police, sous prétexte qu'elle *avait pour effet de permettre aux patrons de s'exonérer de la responsabilité de leurs fautes*. — A ce sujet, il est juste de remarquer que, si la jurisprudence adoptait l'idée de la responsabilité contractuelle, elle aurait de réelles tendances à admettre le système de M. Sainctelette.

La doctrine elle-même est flottante sur la question de principe. Il faut convenir toutefois que la majorité des auteurs ne contredit pas les lois romaines (1), portant qu'on peut insérer dans un contrat une clause modificative ou extinctive de la responsabilité normale (2). Ils en exceptent cependant le contrat de transport, à l'occasion duquel la responsabilité des voituriers doit être déterminée d'une façon plus rigoureuse, parce que les particuliers sont presque absolument contraints de se servir de leur ministère (3). C'est cette exception qu'on voudrait étendre au contrat de travail, en donnant pour raison que les ouvriers sont tenus d'accepter

---

(1) L. 23, D., 50. 17. — L. 27, § 29, D., 9. 2. — L. 226, D., 50. 16.
(2) Aubry et Rau, 4e édit., t. 4, § 308, texte et note 26, p. 100. — Laurent, t. 16, nos 247 et suiv. — Demolombe, *Obligations*, t. 1, nos 404 et suiv.
(3) Cass., 26 mars 1860. (S., 1860. 1. 899.) — Cass., 24 janvier 1876. (S., 1876. 1. 80.) — Troplong, *Du Louage*, no 942. — Lyon-Caen et Renault, *Cours de Droit commercial*, I, p. 479.

l'installation de l'atelier telle qu'elle se comporte. Pour nous, qui admettons que rien ne s'oppose à ce qu'en thèse générale on règle d'avance les conséquences de ses fautes légères, nous ne saurions admettre cette nouvelle exception au principe, car, comme nous l'avons déjà dit, le sentiment d'équité dont on se prévaut ne saurait valoir seul contre un principe de droit.

QUATRIÈME SECTION.

APPRÉCIATION DU SYSTÈME DE LA DOCTRINE.

On a formulé contre la thèse que nous venons d'étudier certaines critiques dont il importe de rendre compte. Il faut bien le reconnaître, le système de la responsabilité contractuelle a trouvé ses détracteurs au sein même de la doctrine. S'il est rare de rencontrer des auteurs qui s'attaquent au principe lui-même, le nombre de ceux qui en contestent les conséquences est encore assez considérable. Nous sommes loin d'admettre nous-même le système en son entier. Il contient à coup sûr des idées d'une justesse absolue qui entraînent l'adhésion, mais il cache d'assez graves défauts qu'il est intéressant et utile de signaler. C'est à examiner les critiques dont il a été l'objet dans ces derniers temps que cette section est consacrée.

Il y a d'abord ceux qui, ne voulant pas voir le contrat de louage ou n'en voulant point tenir compte, pensent que l'action de l'ouvrier demandeur ne saurait aboutir sans le secours de l'article 1382; que, même dans le contrat, les principes de la responsabilité délictuelle peuvent seuls recevoir application et que partant la preuve doit rester à la charge de l'ouvrier. De ce nombre un « ancien magistrat », M. Lefebvre (1), et M. de Courcy (2).

Le premier de ces deux auteurs pose en principe que la responsabilité *contractuelle* n'existe pas ; qu'elle est nécessairement *délictuelle*. La responsabilité, dit-il, est inséparable de la *faute*, qui peut seule lui donner naissance, et la faute est toujours *délictuelle*. Il en est ainsi même de la faute commise à l'occasion et au cours de l'exécution d'un contrat. « Le contrat
» est la loi des parties ; il n'est pas plus permis aux
» parties d'enfreindre la loi particulière qu'elles ont
» volontairement acceptée que de ne pas observer la loi
» générale édictée par le législateur. En effet, sauf les
» dispositions touchant à l'ordre public et aux bonnes
» mœurs, les prescriptions de la loi, en ce qui con-
» cerne les contrats, ne sont que des modèles de contrat
» dont les parties sont présumées avoir accepté les
» clauses, quand elles n'ont pas stipulé d'une manière
» expresse et formelle. Faire ce que la loi défend, ne
» pas faire ce qu'elle ordonne est donc absolument
» enfreindre la convention, ne pas se conformer aux
» clauses du contrat. C'est pourquoi il nous paraît
» impossible de concevoir que l'infraction aux clauses
» du contrat soit autre chose qu'enfreindre les disposi-

---

(1) *Revue critique*, 1886, p. 485 et suiv.
(2) *Le Droit et les Ouvriers*, Paris, Pichon, rue Soufflot, 24, 1886.

» tions de la loi, contrat général implicitement accepté
» par les parties. »

La conclusion que M. Lefebvre tire de ces principes est que la responsabilité du contractant lui-même est toujours et nécessairement écrite dans l'article 1382 (1). Sans cet article, point de responsabilité, ou ce qui revient au même, point de sanction donnée à une faute quelconque commise dans le contrat ou en dehors du contrat. Rien au titre du contrat de louage ; absence de sanction dans les prescriptions générales de l'article 1135 ; inapplicabilité de l'article 1137, qui ne concerne que les détenteurs de corps certains. Force est donc de recourir à la règle de droit que contient l'article 1382 et d'accepter les conséquences qu'elle fait naître, au point de vue de la preuve.

L'ouvrier demandeur ne saurait donc être déchargé de l'obligation de prouver, à l'encontre du patron, une faute qui lui soit imputable. Prétendre le contraire serait violer ces deux principes universellement admis : 1° que le demandeur doit justifier sa demande ; 2° que la faute ne se présume pas. Raisonner par analogie à l'aide de la disposition exceptionnelle écrite dans l'article 1302 serait confondre le contrat de louage d'ouvrage, dont l'objet est une prestation, un service, avec les contrats dont l'objet est un corps certain et déterminé. Tenter d'établir, sinon intentionnellement, mais au fond effectivement, une présomption de faute à la charge du patron, serait méconnaître

---

(1) En ce sens : arrêt de Cass. du 10 novembre 1884, cité par M. de Courcy. *(Le Droit et les Ouvriers,* p. 15.)

ouvertement en fait la pensée réelle des parties contractantes, faire promettre implicitement par le patron la *sécurité* à l'ouvrier, alors qu'au contraire celui-là offre et celui-ci accepte l'*insécurité*.

M. Labbé (1) a combattu énergiquement l'idée mère de la thèse de M. Lefebvre, le fait d'une responsabilité toujours et nécessairement délictuelle. Les raisons qu'il lui oppose nous paraissent décisives. — M. Labbé tire un premier argument de la distinction qui s'établit naturellement et rationnellement, dans le domaine de la loi, entre les obligations qui ont leur source dans le pur droit civil et celles qui découlent de la morale. « Aux » hommes en général, dit-il, nous devons en droit le » respect, non le dévouement, qui est du ressort de la » morale. Au contraire, à ceux avec qui nous avons con- » tracté, nous pouvons devoir notre activité, notre » zèle, notre diligence appliquée aux soins de leur » intérêt. Une pure inaction nous oblige alors à des » dommages-intérêts. »

C'est d'ailleurs la doctrine traditionnelle, et M. Labbé plaisante finement M. Lefebvre sur la désinvolture avec laquelle il jette par-dessus bord la loi romaine, qui a pris grand soin de distinguer soigneusement la faute aquilienne de la faute dans l'exécution d'un contrat (2). Ce qui prouve d'ailleurs que l'assimilation qu'on

---

(1) Note sous Cass. de Belgique, 8 janvier 1886. (S., 1886. 4. 25.)

(2) Il est élémentaire, en droit romain, que la faute commise en dehors d'un contrat est réprimée par une action spéciale, l'action de la loi Aquilia, tandis que la faute contractuelle est poursuivie par l'action même du contrat qui y donne lieu.

prétend établir est imaginaire et même antijuridique, c'est ce qui se passe journellement devant la Cour de cassation qui, chargée de veiller à l'exacte observation et à la saine interprétation de la loi, est et se déclare incompétente quand il s'agit d'interpréter les clauses d'un contrat.

La thèse de M. de Courcy se rapproche sensiblement de celle soutenue par M. Lefebvre, quant aux conséquences qui en sont déduites au point de vue de la dévolution de la preuve. Seulement M. de Courcy n'admet point le principe général de la responsabilité exclusivement délictuelle, formulé par M. Lefebvre. Pour lui, l'action délictuelle n'est pas exclusive de l'action contractuelle, mais celle-ci n'exclut pas davantage celle-là. Il reconnaît aux parties le droit et le pouvoir d'augmenter ou de restreindre, dans l'exécution du contrat et particulièrement du contrat de louage, la responsabilité de droit commun et donne dans ce cas au créancier, à l'ouvrier, le recours d'une action contractuelle ; mais, lorsque le contrat est muet, lorsqu'il est, comme cela arrive toujours, une « feuille blanche », seule l'action délictuelle de l'article 1382 peut être mise en mouvement, car seule elle peut tenir lieu de ce qui manque au contrat. Or, M. de Courcy nie formellement que le contrat de louage de services, tel qu'il se pratique ordinairement, contienne implicitement de la part du patron quoi que ce soit qui ressemble à la garantie des accidents. « C'est, dit-il, de » l'imagination pure et de la littérature (1). » L'ouvrier

---

(1) *Loc. cit.*, p. 11.

ne saurait être créancier de sécurité qu'en contractant spécialement une assurance avec son patron. Alors seulement il sera dispensé, en intentant son action contractuelle, de prouver la faute du patron (1).

Nous arrivons maintenant à l'examen d'une opinion enseignée par M. Glasson, professeur à la Faculté de Paris et membre de l'Institut (2). Cette opinion, qui est la nôtre, a reçu la consécration d'un important arrêt rendu par la Cour de cassation de Belgique, le 8 janvier 1886, arrêt que nous analyserons à la fin de l'exposé qui va suivre.

M. Glasson est d'accord avec MM. Sainctelette, Sauzet et Labbé sur le principe que la responsabilité du patron a exclusivement sa source et sa mesure dans le contrat de louage, et que partant le patron doit être condamné à payer l'indemnité qu'on lui réclame, s'il a manqué aux prescriptions du contrat. Pour lui donc la responsabilité délictuelle n'est point applicable au litige, comme le prétendent la jurisprudence et les auteurs dont nous venons de résumer l'opinion. Seules, les dispositions du contrat de louage de services doivent

---

(1) Voir dans le sens de cette thèse : Mesdach-de-ter-Kiele, dans ses conclusions prises devant la Cour de Cass. belge, le 8 janvier 1886 (S., 1886. 4. p. 29); — Cour d'appel de Liège, 18 juin 1885 (S., 1885. 4. 28); — Cour d'appel de Bruxelles, 2 novembre et 12 novembre 1885 (S., 1887. 4. 21); — tribunal de Moulins, 8 janvier 1887 (S., 1887. 2. 173); — tribunal civil de Mons, 14 novembre 1885. (S., 1888. 4. 6.)

(2) *Le Code civil et la Question ouvrière*, 1886. Paris, Cotillon, rue Soufflot, 24.

recevoir application, et leur inexécution donne ouverture à l'action en responsabilité de l'ouvrier. Mais où l'accord cesse c'est sur la dévolution de la preuve. M. Glasson soutient que, tout en obéissant au règles de la responsabilité contractuelle, la charge de la preuve incombe quand même à l'ouvrier. Et voici quel est le raisonnement auquel il se livre :

« En admettant, dit-il, qu'il s'agisse de faute
» contractuelle, résulte-t-il nécessairement de là que
» la preuve incombe au patron ? Est-ce vraiment
» à lui à établir qu'il avait livré des instruments
» en bon état ? La question est tout au moins douteuse.
» Lorsqu'il est établi qu'une partie, liée à
» une autre par un contrat, n'a pas exécuté son
» obligation, elle ne peut échapper aux dommages-intérêts
» résultant de la faute qu'à la condition de prouver
» l'existence du cas fortuit ou de la force majeure.
» Mais telle n'est pas ici la situation. Il n'est pas
» établi, constant que le patron n'a pas rempli son
» obligation ; c'est là tout au contraire l'objet même
» du litige. L'ouvrier a été blessé par un éclat de la
» machine ; le patron affirme qu'elle était en bon état
» au moment où il l'a livrée, et l'ouvrier soutient le
» contraire. Entre ces deux affirmations, laquelle doit
» être préférée ? C'est là une situation tout à fait différente
» du cas où il serait déjà prouvé qu'une partie n'a
» pas exécuté son obligation ; celle-ci ne pourrait alors
» échapper aux dommages-intérêts qu'en établissant
» le cas fortuit. Mais ici au contraire, et encore une
» fois, l'inexécution de l'obligation n'est pas certaine.
» Lorsque je vous ai vendu un cheval et qu'ensuite je

» ne vous le livre pas je dois, pour échapper aux dom-
» mages-intérêts, prouver qu'il est mort par cas for-
» tuit; il est certain, en effet, dans ce cas, que je n'ai
» pas rempli mon obligation de donner. Mais lorsque
» le patron a livré les instruments, il n'est pas établi
» à l'avance qu'il n'a pas exécuté son obligation. Le
» patron soutient même le contraire, et en définitive
» la question se ramène ainsi à savoir si la faute doit
» ou non se présumer contre lui. Posée en ces termes,
» cette question, dans le silence de la loi, doit être
» tranchée par l'application de ce principe élémen-
» taire que la faute ne se suppose pas; c'est donc à
» l'ouvrier à prouver son existence (1). »

M. Labbé s'est efforcé de combattre cette thèse (2). Il tire d'abord argument de la généralité des articles 1147 et 1315, § 2, qui embrassent toutes les obligations et s'appliquent à tous les contrats. Or, ces articles contredisent absolument dans leurs termes le principe que la faute ne se suppose pas. Ils ont précisément pour but de supposer la faute jusqu'à la preuve d'un cas fortuit ou de force majeure. C'est ce qui se passe pour le contrat de transport de choses, en cas de perte ou d'avarie de la chose transportée. C'est aux lumières de l'article 1315, § 2, que la Cour de cassation interprète l'article 103, §§ 1 et 2, du Code de commerce, dans le sens d'une sorte de présomption de faute à la charge

---

(1) *Loc. cit.*, p. 32.
(2) Note sous arrêt de Cass. de Belgique du 8 janvier 1886. (S., 1886. 4. 27.)

du voiturier. La chose transportée arrive avariée à destination ; il n'est point certain que l'avarie est due à une faute du voiturier ; n'importe, ce dernier doit prouver qu'il a rempli son obligation de soigner et de préserver la chose, objet du contrat. Il en doit être de même dans les rapports qui naissent d'un accident entre ouvrier et patron.

Nous ne le pensons pas. Nous admettons bien que l'article 1315, § 2, contienne une disposition générale, s'adaptant à toute sorte d'obligations et régissant tous les contrats. Mais encore faut-il que l'inexécution du contrat sur lequel on raisonne apparaisse à tous les regards. L'article 1315, § 2, ne reçoit application qu'à cette condition. Il règle les suites à donner à l'inexécution d'un contrat, mais reste muet sur le point de savoir à quel signe l'on reconnaît que le contrat n'a point été exécuté. C'est ce qu'il faut précisément établir avant d'avoir recours à ses dispositions. Jusqu'alors les règles qu'il pose doivent rester étrangères au débat ; elles ne lui sont point encore utiles.

Il n'en est autrement que lorsqu'une disposition spéciale de la loi établit à la charge d'une partie une sorte de présomption de faute. C'est ce qu'on peut constater dans les dispositions de l'article 103 du Code de commerce. Un article spécial règle la difficulté en tenant compte de la situation particulière de la chose transportée vis-à-vis du transporteur. Nous croyons bien qu'en l'absence de cet article la question de preuve, pour le contrat de transport, devrait être tranchée dans notre sens. Et cependant, combien plus de raisons y aurait-il (nous raisonnons toujours dans l'hypothèse de l'absence de l'article 103 du Code de commerce) à supposer la faute, en cas de perte ou d'avarie, chez le voiturier, qu'il n'y en aurait pour la supposer chez le patron, en cas d'accident?

M. Labbé lui-même reconnaît qu'il existe une nuance entre les deux hypothèses. Nous prétendons que l'assimilation est impossible. La chose transportée est inanimée, incapable par conséquent de se préserver de tout ce qui pourrait lui causer quelque avarie, ou d'être avariée par sa faute même. Si donc elle éprouve des dégâts, il est à présumer que le voiturier en est l'auteur. Combien différente est la situation de l'ouvrier au regard du patron! L'ouvrier a toute la spontanéité de mouvement et la liberté d'allures qui sont le propre d'une personne. Il peut se blesser par sa faute, et la lecture des arrêts d'espèce prouvent que cela arrive fréquemment. Son étourderie, sa témérité, son imprudence occasionnent une bonne partie des accidents qui l'atteignent. A la différence de la matière inerte, il a souvent le moyen d'éviter le danger, en prenant les précautions qui lui sont recommandées par le règlement de l'atelier ou par la nature du travail auquel il se livre. L'établissement par la loi d'une sorte de présomption de faute analogue à celle qui est écrite dans les articles 103 du Code de commerce et 1784 du Code civil paraîtrait à beaucoup d'esprits inopportune et injustifiée. A plus forte raison ne doit-on pas, dans le silence de la loi, raisonner comme si elle existait, en produisant de prétendus arguments d'analogie qui ne s'accordent ni avec l'esprit de la loi, ni avec la réalité des choses.

Nous admettons volontiers d'ailleurs que le patron s'engage envers l'ouvrier à ne lui livrer que des instruments en bon état et à prendre toutes les précautions utiles à sa sécurité. Mais ce qu'on oublie volontiers, c'est que, de son côté, l'ouvrier souscrit une obligation corrélative, celle de veiller avec soin au bon fonctionnement de l'outil qui lui est confié, de s'en servir suivant les règles de l'art, de faire usage des appareils de protection qui sont à son service, suivant leur destination, et d'observer scrupuleusement les prescriptions et les défenses du règlement de l'atelier. En l'état de ces obligations parallèles et réciproques, si un accident se produit, on ne saurait, au préalable et en l'absence de toute autre indication, supposer qu'il doit être l'effet d'une faute imputable plutôt à l'une qu'à l'autre des parties. Leur situation est et reste égale, jusqu'à plus ample informé. Il serait tout aussi déraisonnable et antijuridique d'induire du fait même de l'accident une faute engageant, jusqu'à preuve contraire, la responsabilité du patron, que de présumer chez l'ouvrier l'existence de semblable faute et de le priver ainsi, jusqu'à complète justification, de tout droit à une indemnité. Il est bien de faire apparaître dans le contrat de louage de services ce qui y est implicitement contenu, mais à la condition de tenir compte des obligations tacites prises de part et d'autre, sans les désunir et sans sacrifier les unes aux autres. C'est la condition d'une juste et saine interprétation de la volonté des parties.

Si, de plus, il est vrai que l'article 1135 régit le contrat dont nous nous occupons comme tous les autres contrats et que les conventions obligent à toutes les suites que l'équité, l'usage et la loi donnent à l'obligation d'après sa nature, il est juste de ne point oublier que l'article 1162 prescrit, dans le doute, d'interpréter la convention contre celui qui a stipulé et en faveur de celui qui a contracté l'obligation. La prétention est bien que le patron a manqué à ses obligations, qu'il n'a point exécuté le contrat comme il avait été implicitement convenu. Or, dans le doute, la décision doit être encore en faveur du patron.

On peut enfin tirer un argument d'analogie, en faveur de notre thèse, de l'article 1728 relatif au contrat de louage de choses. Un examen attentif indique que dans le contrat de louage de services le preneur est le patron, qui paye le loyer. Or, d'après l'article que nous citons, le preneur est tenu : 1° de payer le prix du bail aux termes convenus ; 2° d'user de la chose louée en bon père de famille. S'il ne tient pas ses engagements, le bailleur exercera contre lui une action contractuelle tendant à indemnité ou à résiliation. Toutefois ce dernier n'en sera pas moins tenu de prouver les faits qu'il allègue, et le preneur ne sera condamné que s'il réussit dans cette preuve. Il doit en être de même pour le cas qui nous occupe. L'ouvrier (bailleur) devra prouver, à l'encontre du patron (preneur), qu'il n'a point exécuté l'obligation par lui prise de veiller à sa sécurité dans la mesure de ses forces et des moyens mis à sa disposition par la science et par la pratique. S'il n'y parvient pas, il sera dans la situation du bailleur qui n'a point réussi à démontrer que le preneur a mal usé de la chose louée ; il n'obtiendra point l'indemnité à laquelle il prétend avoir droit. Et, en effet, il n'est pas plus constant que le preneur ait manqué à son obligation de jouir en bon père de famille, qu'il n'est certain que le patron n'a point tenu l'engagement de veiller à la sécurité de ses ouvriers. L'article 1315, § 2, ne saurait donc recevoir dans aucun de ces deux cas son application. Seul, le paragraphe premier de cet article est applicable.

C'est ce qu'a très bien jugé un arrêt de Cassation belge du 8 janvier 1886 (1), rendu dans les circonstances suivantes.

Un garde-convoi nommé Masy, au service des chemins de fer de l'État belge, était tombé en circulant le long d'un train en marche pour procéder au récolement des coupons et avait trouvé la mort dans sa chute. Ses héritiers intentèrent contre l'État belge une action en indemnité, en se fondant uniquement sur le contrat de louage de services intervenu et sans articuler aucun fait qui fût de nature à entraîner la responsabilité de l'État. Le tribunal de Bruxelles rendit, le 3 mai 1884, un jugement qui rejetait la demande des héritiers Masy, en se fondant précisément sur ce fait: que, s'il est vrai que par le contrat de louage de services le maître est tenu de veiller à la sûreté de l'ouvrier pendant l'ouvrage et à raison de l'ouvrage, « il n'y a et » ne peut y avoir inexécution de la part du maître que » s'il est démontré qu'il n'a pas pris toutes les précau-

---

(1) Sirey, 1886. 4. 25.

» tions nécessaires pour préserver l'ouvrier des dan-
» gers inhérents au travail qui lui est imposé (1) ».

Sur l'appel, la Cour de Bruxelles, par arrêt du 7 avril 1884, confirma le jugement de première instance en déclarant que le maître s'engage, par le contrat de louage, à veiller à la sécurité de l'ouvrier sans la lui garantir ; qu'une pareille garantie ne saurait être de l'essence du contrat de louage de services, et « qu'il
» incombe par conséquent à celui qui se prévaut de
» l'inexécution du contrat d'établir quelle est l'obliga-
» tion que l'État a été en défaut de remplir ».

Pourvoi en cassation par les héritiers Masy fondé : 1° sur la violation des articles 1711, § 1, 1711, § 4 et 1779, § 1 du Code civil et sur la fausse application, partant la violation de l'article 1710, en ce que l'arrêt confond le contrat de louage d'ouvrage avec le contrat de louage de services ; 2° sur la violation des articles 1107, 1135, 1147, 1315, § 2 et 1302 du Code civil, en ce que l'arrêt méconnaît les conséquences naturelles et d'équité du contrat de louage de services ; 3° sur la fausse application et partant la violation des articles 1382, 1383 et 1315, § 1 du Code civil, en ce que l'arrêt intervertit l'obligation légale de prouver l'inexécution du même contrat.

M. le premier avocat général Mesdach-de-ter-Kiele,

---

(1) Il est juste de remarquer que, malgré la prise en considération formelle de l'obligation naissant du contrat de louage de services, le jugement que nous rapportons n'exclut point l'application des règles écrites aux articles 1382 et suivants.

déjà cité, a combattu le pourvoi par les raisons suivantes :

Il n'est point vrai, a-t-il dit, que la garantie du maître contre les risques inhérents au travail soit de l'essence du contrat de louage de services et que, par raison d'ordre public, le maître ne puisse même pas s'y soustraire. Absente dans la convention des parties, la garantie dont on parle l'est encore plus dans la loi, restée muette sur ce point. Les accidents dont la cause est inconnue, comme dans l'espèce, doivent être supportés par les victimes. Il ne saurait y avoir de présomption de faute contre l'une ou l'autre des parties, car « la morale exige que tous individuellement
» nous supportions le poids des éventualités qui vien-
» nent nous assaillir, aussi longtemps que nous n'en
» pouvons faire remonter la cause à autrui ». — Conclusion : l'action du demandeur ne saurait aboutir sans le secours de l'article 1382.

La Cour de cassation a préféré, tout en tranchant le débat dans le même sens, donner à sa décision un autre fondement, qui est le nôtre. — La preuve de la faute du patron incombe à l'ouvrier, mais il s'agit de la faute *contractuelle* et non de la faute *délictuelle*. — Il suffit, pour s'en convaincre, de remarquer que la Cour suprême de Belgique invoque à l'appui de sa décision les articles 1147 et 1315, §1, du Code civil, qui ne peuvent avoir trait qu'à la responsabilité contractuelle, et ne dit mot des articles 1382 et 1383.

Sur la deuxième branche du pourvoi, la Cour adopte les motifs suivants :

« Attendu qu'aucune disposition de loi ne définit

» ni ne précise la garantie que peut devoir le maître
» à l'ouvrier ; que le contrat de louage de services
» reste donc, à cet égard, soumis aux règles générales
» des articles 1135 et 1136 du Code civil ;

» Attendu que l'appréciation des principes d'équité
» et des suites qu'ils doivent donner à une obligation
» d'après la nature de celle-ci, ainsi que la reconnais-
» sance de la commune intention des contractants,
» rentrent dans la mission exclusive du juge du
« fond.....

» Que l'arrêt dit avec raison que la garantie du
» maître envers l'ouvrier, telle que la réclament les
» demandeurs, n'est pas de l'essence du contrat de
» louage. »

Sur la troisième branche :

» Attendu que la décision de l'arrêt attaqué, en ce
» qui concerne la charge de la preuve, n'est qu'une
» conséquence légale et nécessaire de ce qu'il a statué
» quant à la garantie due par le maître à l'ouvrier ;
» que, si le contrat avenu entre l'État et Masy n'oblige
» le premier à répondre que de sa négligence ou de
» son imprévoyance, relativement à la sécurité de
» l'ouvrier pendant son travail, le maître ne manque
» à ses obligations que lorsque, par sa faute, un accident
» arrive à son ouvrier ; que dès lors l'arrêt attaqué
» devait, selon les articles 1315, § 1, et 1147 du Code civil,
» imposer à celui qui imputait à son co-contractant de
» n'avoir pas exécuté le contrat, le devoir d'en fournir
» la preuve ; — Rejette.... »

Nous allions clore cette importante section quand a

paru, dans le recueil de Sirey (1), un arrêt rendu par la Cour de cassation française, le 31 mai 1886, qui s'explique, pour la première fois croyons-nous, sur la thèse de la responsabilité contractuelle. L'espèce est intéressante à connaître.

Le sieur Joseph Alarçon, capitaine de la goëlette *Berthe-Jacouth*, fut, le 26 novembre 1882, au moment où par un gros temps il tenait la barre du gouvernail, jeté par un coup de mer contre les parois du navire et eut le bras droit brisé, ce qui le rendait désormais impropre au service maritime. Alarçon assigna en paiement d'une indemnité le sieur Valensi, pour le compte duquel il naviguait. Le 15 octobre 1883, le tribunal de commerce d'Alger rendit un jugement qui concluait au débouté pur et simple de la demande, en se basant d'abord sur des considérations de fait et en établissant ensuite que l'article 263 du Code de commerce, dont le demandeur se réclamait, article relatif aux indemnités dues aux matelots, en cas de blessures au service du navire, ne pouvait s'appliquer au capitaine, alors surtout que les articles du même Code, visant le capitaine, restaient muets sur cette cause d'indemnité.

Appel par Alarçon et arrêt confirmatif de la Cour d'Alger du 5 mai 1884. — Sur le pourvoi en cassation, il fut, entre autres moyens, expressément argué par le demandeur de la violation des articles 1134, 1135, 1708 et 1710, en ce que l'arrêt attaqué avait méconnu

---

(1) 1887, 1. 209.

les règles du contrat de louage de services pour décharger les armateurs de toute responsabilité, en dehors des frais de maladie. On apporta, à l'appui de ce moyen, tous les motifs de droit que nous avons ci-dessus rapportés. La question de principe était donc clairement posée à la Cour suprême.

M. le conseiller Cotelle, chargé du rapport, conclut en ces termes au rejet du pourvoi :

« On ne saurait admettre que la présomption
» légale de faute, attachée à l'obligation de *garde*
» qui pèse sur tout détenteur de la chose d'autrui,
» puisse être invoquée contre le patron, devenu le
» gardien des ouvriers qui lui baillent leurs services...
» On comprend très bien que le locataire d'un animal
» réponde de toutes les blessures que peut éprouver
» cet animal, parce que la bête de somme est un être
» inconscient et passif, dont tous les mouvements
» doivent être dirigés et surveillés par son conducteur.
» Au contraire, le plus humble ouvrier est, si
» dépendante que soit sa condition, un être doué
» d'intelligence et de volonté, susceptible de commettre
» des fautes personnelles dont il ne peut rejeter sur
» autrui la responsabilité ; il n'y a donc point lieu,
» lorsqu'il est blessé, de présumer *a priori* que c'est
» par la faute de son maître, plutôt que par sa propre
» imprudence. Par une raison de bon sens, il ne
» peut être dérogé au droit commun, c'est-à-dire à
» la règle : *Actori incumbit onus probandi*, en matière
» de dommages-intérêts réclamés par un ouvrier
» blessé au service de son patron.

» Dans une excellente page de son *Traité du louage*
» t. II, n° 787, M. Troplong fait remarquer que le
» louage de choses et le louage d'ouvrage, et par
» conséquent les règles de droit applicables à l'un
» et à l'autre de ces deux contrats, diffèrent de toute
» la distance qui sépare l'activité humaine et l'intel-
» ligence industrieuse de la matière inanimée. Soit
» que l'on considère le bailleur comme ayant aliéné
» un droit réel sur sa chose ou comme ayant
» seulement contracté une obligation de donner,
» régie par l'article 1136, le louage de choses produit
» une action en délivrance, au bout de laquelle est une
» contrainte personnelle contre le bailleur qui ne veut
» pas s'exécuter ; au contraire, l'artisan qui engage ses
» services ne contracte qu'une obligation de faire, régie
» par l'article 1142, et ne saurait être poursuivi par
» corps, s'il se refuse à faire le travail qu'il a promis.
» La loi, qui respecte ainsi chez l'ouvrier la *liberté*
» de l'homme, n'a pu faire abstraction de la *respon-*
» *sabilité* qui en est la suite nécessaire, au point
» d'assimiler cet ouvrier aux choses dont le locataire
» a la garde et de présumer que, s'il lui arrive quelque
» accident, ce doit être *a priori* non par sa propre
» faute, mais par l'imprudence ou la négligence
» d'autrui (1). »

La Cour de cassation aurait pu, à l'occasion de l'espèce particulière qui lui était soumise, décider que, eu égard à l'indépendance absolue d'un capitaine

---

(1) Voir encore du même auteur : *De la Garantie des accidents.* (*Rev. Prat.*, t. 55, p. 529 et suiv.)

de navire commandant sur mer et à l'impossibilité dans laquelle se trouve l'armateur de le diriger et de le surveiller, la preuve devait être mise à la charge du capitaine, et s'abstenir de trancher la question générale. Elle a préféré prendre position dans la controverse récemment soulevée. Cela donne à son arrêt, comme le fait très bien remarquer en note M. Lyon-Caen, une importance capitale.

Or, les partisans de la responsabilité contractuelle ne pourront certes pas tirer satisfaction de cette première épreuve. En effet, la Cour suprême n'a guère fait autre chose que confirmer sa jurisprudence traditionnelle et donner une arme de plus à ceux qui pensent que le siège de la responsabilité des patrons, en matière d'accidents, se trouve dans les articles 1382 et suivants. La Cour paraît même éviter intentionnellement de faire mention du contrat de louage de services ; elle feint d'en ignorer l'existence. Rien n'est plus significatif que ce silence.

« Sur le second moyen, dit-elle, tiré de la violation
» des articles 1135, 1708 et 1709 du Code civil et de la
» fausse application des articles 262 et 272 du tribunal
» de commerce :

» Attendu que ni le texte, ni l'esprit de la loi n'auto-
» torisent un marin blessé à bord à demander à son
» armateur d'autres indemnités que celles déterminées
» par les articles 262 et 272 du Code de commerce, à
» moins d'établir que l'armateur a commis un *quasi-*
» *délit*, de nature à engager sa responsabilité; qu'en
» refusant d'admettre contre le défendeur éventuel une
» présomption de faute, l'arrêt attaqué n'a pu violer

» les dispositions de loi invoquées par le demandeur
» en cassation ; — Rejette.... »

Nous croyons donc qu'il résulte clairement des termes de l'arrêt, éclairés par les moyens déduits au pourvoi, que, à un point de vue général, la responsabilité des patrons en matière d'accidents ne saurait avoir d'autre base qu'un délit ou un quasi-délit, et que partant la preuve d'une faute qui leur soit imputable incombe à l'ouvrier demandeur. Nous avons déjà sur ce point donné notre opinion. Il nous suffit à cette heure de constater que la jurisprudence française tient à rester fidèle à ses principes traditionnels et n'entend point entrer dans la voie nouvellement tracée par la doctrine.

Pour nous, notre conclusion touchant les idées émises par MM. Sainctelette et Sauzet est donc la suivante.

Nous sommes d'accord avec eux sur le principe qui domine leur argumentation : on doit appliquer, en matière d'accidents industriels, les règles propres au contrat de louage de services et non point celles relatives aux délits ou aux quasi-délits. Le principe des articles 1382 et suivants n'a rien à voir dans notre cas. Nous ne dirons donc point, comme on le dit journellement dans la pratique, que le patron est *responsable* des accidents survenus par sa faute dans le travail, mais qu'il est *garant* des conséquences qu'ils entraînent. Cette différence dans la terminologie, que consacre l'ouvrage de M. Sainctelette, nous paraît très réelle et surtout très juridique, malgré le reproche de subtilité qu'on a cru pouvoir lui faire. Seulement nous ne saurions accorder à ce principe les conséquences que l'on en tire, notamment quant à la dévolution de la preuve. De toute manière, celle-ci doit rester à la charge de l'ouvrier demandeur. D'où l'on peut induire en fin de compte que le résultat attendu de la doctrine nouvelle est à peu près nul au point de vue pratique, quoique intéressant au point de vue purement théorique. Il est évident que cela ne saurait suffire aux victimes des accidents industriels. Bien au contraire, l'idée de la responsabilité contractuelle, si elle était adoptée par la jurisprudence, serait de nature à nuire sensiblement aux ouvriers. En effet, il est à peu près sûr que dans ce cas le patron aurait le droit de limiter, par des stipulations formelles, sa responsabilité et même de la supprimer entièrement, ce qu'il ne peut faire aujourd'hui avec la responsabilité délictuelle. De plus, le patron, au lieu de répondre même de la faute la plus légère, comme sous l'empire de l'article 1382, verrait généralement sa responsabilité limitée à la faute que ne commettrait pas un bon père de famille, car telle est la limite ordinaire de la faute dans les contrats.

Il faut donc chercher mieux en cherchant ailleurs. Aucune interprétation des lois existantes ne pouvant donner des résultats satisfaisants, il ne reste plus qu'à attendre le remède ou de l'initiative privée, ce qui est peu rassurant, ou mieux d'une réforme législative. Nous allons entrer dans cette voie en étudiant les divers systèmes proposés au Parlement pour ensuite, dans cet ordre d'idées, donner un essai de solution de la question.

CHAPITRE IV.

DU CONTRAT D'ASSURANCE. — COMMENT IL MODIFIE LA SITUATION CRÉÉE PAR LE DROIT COMMUN.

Il est donc bien démontré, par les développements qui précèdent, que l'ouvrier, victime d'un accident, n'est pratiquement en droit de réclamer une indemnité que lorsqu'il est établi que le patron a causé directement ou indirectement, par son propre fait ou par le fait de ses préposés, l'événement malheureux dont il a eu à souffrir. Il arrivera donc fréquemment que le dommage éprouvé ne sera point réparé et que l'ouvrier supportera sans recours les conséquences de son infortune. Le risque professionnel fournira les plus gros contingents de ces sortes d'accidents; l'imprudence personnelle de la victime fera le reste. Triste situation créée à l'ouvrier par le jeu naturel des principes du droit commun? Cruelles atteintes du sort qui le réduisent, sans compensation, lui et les siens, à la douleur et à la misère!

D'autre part le patron, si on le suppose reconnu en faute et civilement responsable, sera seul tenu de fournir l'indemnité satisfactoire. Il n'aura de recours contre personne, si ce n'est parfois contre ses préposés ou ses fournisseurs, lorsqu'il pourra faire remonter jusqu'à eux les origines de l'accident, recours la plupart du temps illusoire, sur lequel il serait puéril de compter dans la pratique des affaires. L'exercice de la responsabilité civile entraînera pour les patrons des charges d'autant plus lourdes que l'accident aura fait plus de victimes et que les bénéfices de l'entreprise seront plus limités. Pour peu que le chef d'établissement joue de malheur dans une période de temps donnée, le paiement de ces indemnités pourra même entraîner sa ruine, au détriment de la fortune publique.

Il fallait un remède à ces deux situations, presque aussi intéressantes l'une que l'autre. Il était nécessaire de trouver une combinaison qui pût sauver l'ouvrier de la misère et le patron de la gêne ou de la ruine. C'est alors qu'on imagina d'appliquer le jeu de l'assurance aux intérêts dont nous parlons et de couvrir les risques de cette nature par la répartition, entre le plus grand nombre, des charges qu'ils entraînent. L'idée de l'assurance s'appliquait sans contrainte à la matière. Les accidents se reproduisent comme la mort elle-même, comme l'incendie, la grêle, la mortalité des bestiaux, d'après des lois dont il est facile, à l'aide de la statistique, de trouver la formule. Ils entrent d'eux-mêmes dans la définition générale de l'assurance, qui n'est autre chose que la compensation des événements imprévus par la mutualité, organisée à l'aide des données numériques de l'expérience. Or, si la statistique permet de formuler par avance les lois qui régissent le cours des accidents industriels, elle rend également possible la détermination éventuelle des conséquences juridiques qu'ils entraînent, suivant leur origine et leur imputabilité. Il était donc facile d'arriver, par le jeu des primes, à assurer les intéressés contre les différentes éventualités qui peuvent les frapper.

C'est ce qui a été fait. On est parvenu à garantir, d'une part, l'ouvrier contre toute espèce d'accidents dus à une cause violente, extérieure et involontaire, et, d'autre part, le patron contre les risques pécuniaires qu'une action en responsabilité est de nature à lui faire courir. L'assurance contre les accidents intervient donc, comme le fait très justement remarquer M. Sauzet dans une étude à laquelle nous aurons souvent recours (1), « pour la protection des » deux facteurs rivaux du travail moderne, ouvrier et » patron. Heureuse et rare institution qui doit trouver » des partisans à tous les degrés de l'échelle indus- » trielle, qui peut susciter des adhésions en haut » sans provoquer des répulsions en bas ! »

L'assurance contre les accidents industriels ne remonte guère au delà de vingt ans. On assurait auparavant, dès 1847 en Angleterre et dès 1859 en France, date de la création des compagnies *la Caisse paternelle* et *la Préservatrice*, contre les accidents de toute nature, et notamment contre les accidents de chemins de fer. Mais l'assurance contre les accidents professionnels et la responsabilité civile ne date que de 1865, époque à laquelle furent fondées les compagnies *la Sécurité générale et la Responsabilité réunies*, *la Sauvegarde*

---

(1) *Situation des ouvriers dans l'assurance-accident collective.* (Rev. crit., 1886, p. 361 et suiv.)

des travailleurs (de Rouen) et *la Responsabilité professionnelle* (de Paris). Encore ces sociétés n'assuraient-elles que sous la forme individuelle.

Les progrès de l'institution furent singulièrement ralentis par la création par l'État, en 1868, d'une caisse d'assurance contre les accidents résultant des travaux agricoles et industriels. L'ingérence directe du Gouvernement découragea un instant l'initiative privée; mais l'échec à peu près complet de cette caisse provoqua de nouvelles tentatives, qui ne tardèrent pas à être couronnées de succès. Grâce à une sage et persévérante initiative, on comprit de jour en jour davantage, dans le public, l'importance sociale de cette heureuse institution et les avantages considérables qu'elle présentait. Dès lors, les progrès devinrent de plus en plus rapides. La période décennale, comprise entre 1870 et 1880, vit naître un très grand nombre de compagnies d'assurances mutuelles ou à primes fixes, dont quelques-unes n'eurent qu'une existence éphémère, mais dont la plupart ont grandi et se sont développées.

Il existe aujourd'hui en France douze compagnies d'assurances contre les accidents, sans compter les compagnies étrangères qui, comme celles de Suisse et de Belgique, traitent chez nous des affaires considérables. Toutes sont relativement prospères, depuis surtout que la plupart d'entre elles ont accepté de se réunir en syndicat, dans le but de faire cesser, par l'unification des primes, la concurrence désastreuse qu'elles se faisaient. La production totale des primes marque annuellement un mouvement ascensionnel considérable. L'augmentation en 1886 atteint presque le million. Or, comme l'état de crise industrielle que nous traversons ne permet point de mettre ce résultat sur le compte de l'élévation des salaires, il faut en trouver la cause dans le nombre de plus en plus croissant des polices, ce qui prouve que l'idée fait son chemin (1).

PREMIÈRE SECTION.

DES DIVERSES FORMES DE POLICES D'ASSURANCE CONTRE LES ACCIDENTS.

Au début de leur existence, les compagnies ne connaissaient qu'une forme d'assurance contre les risques professionnels, l'assurance *individuelle*. Celle-ci était employée tant pour garantir l'ouvrier qui la souscrivait contre les conséquences d'un accident venant l'atteindre dans son travail, que pour couvrir le patron contre les suites de sa responsabilité civile.

Tout était simple dans cette combinaison. L'ouvrier souscrivait lui-même la police pour son compte personnel, stipulant de la compagnie le paiement d'une indemnité, variable suivant la quotité de la prime,

---

(1) D'après des chiffres fournis par le journal *le Conseiller des Assurances* du 10 août 1887, le chiffre total des primes encaissées par les douze compagnies d'assurances, dans le courant de l'année 1886, s'élèverait à 11,559,839 francs. — Le règlement des sinistres aurait absorbé un peu plus de la moitié de cette somme, puisque la moyenne des sinistres flotte, pour la plupart des compagnies, entre 50 et 55 0/0. — Il est juste de remarquer que ces chiffres se rapportent à toute nature d'assurances contre les accidents et non point seulement aux assurances ouvrières.

pour le cas où un accident viendrait l'atteindre. Le patron contractait dans son intérêt exclusif et demandait à la compagnie de le couvrir, jusqu'à un chiffre déterminé, en vertu des primes qu'il s'obligeait à payer, des condamnations qui viendraient à être prononcées contre lui par application des articles 1382 et suivants du Code civil.

Depuis lors les compagnies ont imaginé deux autres modes d'assurance, plus souples et plus pratiques, qui ont obtenu rapidement dans le monde du travail un grand et légitime succès. Nous voulons parler de *l'assurance collective simple* et de *l'assurance collective combinée*. Toutes deux sont contractées dans l'intérêt de l'ouvrier et pour son compte, mais hors de sa présence et sans qu'il soit partie au contrat. La première ne garantit que l'ouvrier, la seconde tout à la fois l'ouvrier et le patron.

En tant qu'elles protègent les intérêts de l'ouvrier, l'une et l'autre apparaissent en principe comme un contrat de bienfaisance. Nous disons en principe, car il arrive fréquemment, en pratique, que les patrons font supporter à l'ouvrier les frais de l'assurance ainsi contractée. Néanmoins, il est assez aisé de voir, au premier examen, que l'opération n'est due qu'à l'initiative et à la prévoyance du patron, au souci qu'il a des intérêts de ses collaborateurs. Nous n'entendons point dire autre chose quand nous parlons de contrat de bienfaisance. Le patron, pénétré des avantages que l'ouvrier retire de l'assurance et craignant que son insouciance, son imprévoyance ou certaines difficultés matérielles ne l'empêchent de s'assurer individuellement, prend ses intérêts en main, est prévoyant pour lui et l'assure, aux mêmes avantages, à une compagnie de son choix ; voilà le but que poursuit le patron et le mobile qui le dirige.

Ces sortes d'assurances sont appelées *collectives* parce qu'elles sont contractées la plupart du temps dans l'intérêt de tous les ouvriers de l'établissement, en bloc, sans désignation ni détermination individuelles et sans qu'il soit besoin d'autre indication que leur nombre même approximatif (1).

Ire SOUS-SECTION. — ASSURANCE COLLECTIVE SIMPLE.

L'assurance collective simple garantit, au profit de l'ouvrier ou du personnel d'un établissement industriel, les indemnités fixées d'avance par la police pour chaque catégorie de sinistres. Ces indemnités sont dues, que la responsabilité du patron soit ou non engagée, pour tous les accidents professionnels provenant d'une cause violente, spontanée, extérieure et involontaire et ayant pour seule et immédiate cause l'exercice du travail de l'industrie ou de la profession visée par la police.

Elle se contracte de deux manières différentes : *à forfait* ou *à trimestre échu*.

A forfait. — On prend pour base les salaires payés, dans l'année qui précède la proposition d'assurance,

---

(1) Si le patron assurait nominativement son ouvrier ou ses ouvriers, l'assurance ne serait plus dite collective, mais individuelle. Les polices de ce genre sont d'ailleurs fort rares.

à toutes les personnes qui devront y être comprises. On établit sur cette base le chiffre provisoire de la prime que devra payer le patron, pendant l'année d'assurance. A la fin de chaque année, la compagnie détermine définitivement, sur la présentation des feuilles de paye, le montant de la prime qui lui est due. Il y a lieu à supplément de prime, si les salaires ont dépassé la moyenne fixée dans la police; si, au contraire, ils ont été inférieurs, la compagnie rembourse l'excédant de la prime provisoire déjà payée, en tant toutefois que les sinistres n'ont point absorbé les primes encaissées. Il est aisé de voir que, dans ce genre d'assurance, les sinistres sont réglés comptant, les primes ayant été acquittées d'avance.

A trimestre échu. — Les primes sont payables à la fin de chaque trimestre et établies à tant pour cent du montant total des salaires ou à tant par homme et par journée de travail. Le patron assuré soumet à cet effet, tous les trois mois, les feuilles de paye à l'examen de la compagnie. Le règlement des sinistres ne s'opère qu'à la fin du trimestre courant, c'est-à-dire à l'époque du paiement des primes. A ce moment, la situation respective de la compagnie et du patron assuré se liquide. S'il y a eu des accidents, le patron remet à la compagnie les quittances des sinistres qu'il a payés; ces quittances sont prises en paiement par la compagnie et viennent en déduction sur le montant de la prime à verser. Il s'opère donc, à la fin de chaque trimestre, une véritable compensation entre les quittances des sinistres et les primes à acquitter, entre la dette de la compagnie et la dette du patron. — L'économie du contrat est la même lorsque l'assurance collective, au lieu d'être contractée à trimestre échu, l'est, comme chez certaines compagnies, à mois, à semestre ou à année échus.

Que l'assurance collective ait été contractée à forfait ou à trimestre échu, la prime est payée par le patron. Son montant varie, comme d'ailleurs dans toute espèce d'assurances, suivant la classe de risques que la compagnie est appelée à garantir. Il a été établi à cet effet une classification d'industries ou de professions, basée sur les données fournies par la statistique. Certaines compagnies ont adopté jusqu'à quinze classes de risques. Le montant de la prime varie entre 1 franc et 8 francs, pour un capital assuré de 1,000 francs.

L'assurance collective donne droit à une indemnité pécuniaire déterminée par la police. Elle garantit ordinairement à l'ouvrier les avantages suivants :

1° *Pour le cas de mort*, une somme qui égale trois cents fois le salaire quotidien de la victime et qui est payable à ses héritiers ;

2° *En cas d'incapacité permanente et absolue de travail*, soit une indemnité payable à la victime égale à quatre cents fois son salaire quotidien, soit une rente viagère, soit encore une indemnité fixe représentant cinq annuités de cette rente ;

3° *En cas d'incapacité permanente de la profession*, une indemnité fixe égale à deux cents fois le salaire quotidien ;

4° *En cas de mutilation partielle*, une indemnité fixe égale à cent fois le salaire quotidien ;

5° *En cas d'incapacité temporaire de travail*, une allocation quotidienne, dont le maximum est ordinairement fixé à 3 francs par jour.

Le contractant a la faculté de doubler, tripler et même quadrupler ces indemnités en augmentant, dans la même progression, la prime qu'il acquitte chaque année.

La police d'assurance collective simple garantit tous les risques de travaux. Toutefois, les compagnies excluent généralement de l'assurance : 1° les accidents survenus en dehors de l'exercice de la profession ou du métier déclaré ; 2° les accidents qui proviendraient de suicide, guerre, émeute, rixe, lutte ou ivresse ; 3° les accidents survenus à la suite d'infractions aux lois, règlements et ordonnances de police concernant la sécurité des personnes, et notamment ceux qui proviendraient d'infractions aux lois et règlements sur le travail des enfants dans les chantiers et ateliers ; 4° les accident qui frapperaient les personnes atteintes de maladies ou d'infirmité grave et permanente.

Les compagnies attachent ordinairement la peine de la déchéance de tous droits conférés par la police aux infractions suivantes :

1° Si le souscripteur emploie des moyens frauduleux pour tromper la compagnie, par exemple s'il fait de fausses déclarations ;

2° Si les primes ne sont point acquittées dans un délai imparti après l'échéance ;

3° Si le souscripteur ne déclare point à la compagnie tont changement apporté à la nature du risque couvert et s'il ne fait pas, dans ce but, régulariser sa police par un avenant;

4° S'il n'est pas adressé, dans les quarante-huit heures de l'accident, à la compagnie ou à ses représentants, une déclaration signée de deux témoins, constatant l'époque et la nature de l'accident, ses causes connues ou présumées, ainsi que toutes les circonstances qui l'ont accompagné;

5° Si un médecin, ou toute autre personne spécialement désignée par la compagnie, n'a pu visiter le sinistré;

6° Si l'ouvrier appelé au bénéfice de l'assurance intente un procès en responsabilité civile à son patron souscripteur de la police.

Nous examinerons la valeur de quelques-unes de ces déchéances au point de vue juridique.

De plus, toute action judiciaire en paiement de l'indemnité prévue dans la police est déclarée prescrite dans un délai généralement assez court.

La compagnie se fait subroger au droit de recours que pourrait avoir l'assuré contre les auteurs ou les personnes responsables de l'accident, jusqu'à concurrence des sommes qu'elle a payées, en vertu de la police. Enfin il est spécifié généralement que les contestations entre les souscripteurs de l'assurance et la compagnie seront jugées par les tribunaux ordinaires du siège social de la compagnie.

Telles sont les conditions générales de l'assurance

collective simple, telle qu'elle est pratiquée couramment en France. Il est bon de remarquer que les compagnies y dérogent parfois, dans leur conventions particulières, suivant l'importance du contrat, la nature des risques et l'échéance de la police (1).

Mais, nous le répétons, la police d'assurance collective simple, si elle paraît être conclue pour le compte de trois intéressés, la compagnie, le patron et l'ouvrier, ne met en présence que les deux premiers qui seuls sont parties au contrat. L'ouvrier est bénéficiaire de l'assurance, mais il n'y participe point directement. Le patron seul est tenu au paiement des primes. Il importe peu qu'il en prenne le montant sur sa fortune personnelle, ou qu'il retienne sur les salaires payés une somme représentant la portion de prime incombant à chacun de ses ouvriers (2); dans les deux cas, le contrat n'est censé créer de lien de droit qu'entre la compagnie et le souscripteur de la police. Telle est au moins l'intention formellement exprimée par les compagnies, dans un article spécial des conditions générales de l'assurance. Nous verrons bientôt quelle est l'importance de cette disposition et à quels débats intéressants elle donne lieu.

---

(1) La durée des contrats d'assurance-accidents varie d'un an à dix ans. Il est parfois spécifié, pour des entreprises déterminées, que la police prendra fin avec la cessation des travaux.

(2) La retenue sur les salaires est pratiquée couramment. Elle est ordinairement de 2 0/0 du salaire et l'ouvrier y est tenu par le seul fait de son entrée dans l'établissement. Nous dirons cependant, à l'honneur des patrons, qu'il n'est point rare d'en rencontrer qui prennent à leur charge la totalité des primes.

IIe SOUS-SECTION. — ASSURANCE COLLECTIVE COMBINÉE.

Cette assurance n'est autre chose qu'un contrat d'assurance collective simple, auquel est annexé un contrat particulier destiné à garantir le patron contre les conséquences de sa responsabilité civile. C'est l'assurance collective simple combinée avec une assurance de recours. Par cette forme d'assurance la compagnie s'engage :

1° Dans le cas de non-responsabilité du souscripteur de la police, à payer à chacun de ses ouvriers assurés, victimes d'accident, les indemnités garanties par l'assurance collective simple ci-dessus mentionnée ;

2° Dans le cas de responsabilité civile de l'industriel, à couvrir ce dernier des suites de cette responsabilité, soit d'une manière complète et illimitée, soit seulement jusqu'à concurrence d'une somme déterminée dans la police. Dans ce dernier cas, la compagnie rembourse au patron tout ou partie des sommes qu'il a été condamné à payer à l'assuré ou aux personnes légalement fondées à demander réparation du préjudice causé.

Il est expressément spécifié dans les polices de cette nature que, en aucun cas, la compagnie ne sera tenue à payer cumulativement l'indemnité résultant de la police collective et celle obtenue en vertu de la police de recours.

Cette combinaison s'obtient moyennant une prime supplémentaire payée par le patron à la compagnie.

Cette prime est relativement modique : ordinairement 50 centimes pour 5,000 francs assurés.

Le plus souvent, l'assurance de recours n'est contractée que comme complément d'une police collective simple. Les compagnies consentent bien à assurer les ouvriers sans le patron, mais non le patron sans les ouvriers. L'application de l'assurance au seul risque de la responsabilité civile romprait, paraît-il, l'harmonie des dispositions financières prises par la compagnie.

La police annexe de recours étant faite exclusivement dans l'intérêt du souscripteur, il lui est interdit de la produire en justice sous peine de déchéance de la garantie qui en résulte.

La même déchéance est établie pour le cas où le souscripteur dirigerait une action en garantie contre la compagnie. Celle-ci s'arroge le droit et s'impose le devoir de soutenir elle-même et de suivre, au nom du souscripteur, les procès en responsabilité. Le patron, au reste, est tenu strictement de lui transmettre, dans les quarante-huit heures, tous actes judiciaires ou extra-judiciaires, avertissements, lettres, avis, convocations ou autres documents relatifs au sinistre.

Les compagnies se réservent le droit de transiger. Toute transaction faite sans leur consentement les dégage d'une manière complète.

Enfin, quelques-unes d'entre elles disposent que l'action judiciaire en paiement de l'indemnité stipulée dans la police de recours sera prescrite au bout d'un certain laps de temps, ordinairement une année.

DEUXIÈME SECTION.

EXAMEN JURIDIQUE DES PRINCIPALES QUESTIONS QUE SOULÈVENT
LES POLICES D'ASSURANCE CONTRE LES ACCIDENTS.

Nous venons de parcourir les conditions générales des contrats d'assurance collective simple ou combinée. Plusieurs d'entre elles ont, comme nous l'avons déjà fait pressentir, donné lieu à des discussions juridiques qu'il importe de signaler et d'étudier. Le cadre de cet ouvrage et le but que nous nous sommes imposé ne nous permettent pas de toucher à toutes les questions que soulève le contrat d'assurance contre les accidents ; mais il convient d'examiner quelques-unes de celles qui, se rapportant de plus près à notre sujet, ont plus particulièrement appelé, dans ces dernières années, l'attention de la jurisprudence et de la doctrine.

Ire SOUS-SECTION. — L'OUVRIER A-T-IL UNE ACTION DIRECTE CONTRE LA COMPAGNIE D'ASSURANCES ?

La première difficulté qui se présente à nos yeux est celle de savoir quel est, en vertu de la police d'assurance collective simple contre les accidents, le débiteur direct de l'ouvrier blessé. Est-ce le maître ? Est-ce la compagnie d'assurances ? — Il est entendu que la solution que nous donnerons à cette question s'adaptera d'elle-même à l'assurance collective combinée, en tant seulement qu'elle garantit les risques des travaux, car l'assurance annexe contre la responsabilité civile du patron n'a rien à voir dans le débat (1).

Longtemps la jurisprudence a jugé que le débiteur principal et direct de l'ouvrier n'était autre que le patron et que l'ouvrier ne pouvait, en aucune façon, actionner directement la compagnie pour lui réclamer le paiement des indemnités garanties par la police :

« Attendu, dit un arrêt de la Cour de Rouen du
» 25 juillet 1881 (2), que le contrat intervenu entre les
» entrepreneurs et la compagnie *la Sauvegarde des*
» *travailleurs* est essentiellement personnel ; qu'il
» n'y a d'assurances mutuelles qu'entre les personnes
» admises à devenir sociétaires par leur adhésion aux
» statuts (art. 1er, 9 et suiv.) ; que sans doute les
» chefs d'industrie, en stipulant à leur profit et pour
» garantir leur responsabilité civile, stipulent aussi
» conjointement au profit de leurs employés et dans
» l'intérêt de ceux-ci ; mais que, si la police assure
» aux ouvriers salariés par le souscripteur un capital
» proportionnel au salaire, en faveur de leurs veuve,
» enfants mineurs, parents sexagénaires ou infirmes,

---

(1) Voir toutefois un arrêt de la Cour de Grenoble du 27 mai 1887, qui juge que l'ouvrier a une action directe contre une compagnie d'assurances en paiement de dommages intérêts, *lorsque le patron s'est assuré contre sa responsabilité civile*. Cet arrêt nous est signalé trop tard pour que nous puissions en citer autre chose que la rubrique. Nous ignorons si des circonstances exceptionnelles n'ont point commandé cette décision ; mais il nous paraît impossible de justifier en droit une pareille thèse.

(2) Sirey, 1882. 2. 113.

» la société ne traite néanmoins directement, par ces
» polices collectives, qu'avec les chefs d'industrie
» eux-mêmes ; que les cotisations, basées sur le
» chiffre des salaires annuels des ouvriers et calculées
» d'après le taux de la catégorie fixée pour l'industrie
» du maître, ne sont versées à la société que par le
» maître ; qu'il ne faut par confondre les sociétaires
» avec les bénéficiaires ; que ceux-ci (les ouvriers)
» profitent de l'assurance, mais ne deviennent point
» associés par cela même.... ; que la veuve Obels
» devait donc s'adresser, non à la compagnie contre
» laquelle elle n'a aucun droit direct, mais à Powel et
» Neveu (les patrons), qui représentaient son mari
» vis-à-vis de la société.... »

« Considérant, dit encore un autre arrêt de la Cour
» de Paris du 4 avril 1884 (1), que, aux termes de
» l'article 12 des statuts de la compagnie *la Préserva-*
» *trice*, l'assurance ne crée de lien de droit qu'entre
» la société et le sociétaire ; que la société reste
» étrangère à toute convention entre le sociétaire et
» ses salariés ; — considérant qu'aucun contrat n'a
» jamais été formé entre Mauger (l'ouvrier blessé) et
» *la Préservatrice ;* que, s'il est vrai que les primes
» étaient payées par Epinette (le patron), en tout ou
» en partie, au moyen de retenues faites sur le salaire
» des ouvriers qui y consentaient et qui étaient les
» bénéficiaires de l'assurance, il n'en faut pas moins
» reconnaître que cette convention, intervenue entre

---

(1) Sirey, 1884. 2. 90.

» un sociétaire et les salariés, n'a pu en aucune façon
» rattacher ceux-ci à *la Préservatrice*... (1). »

Il est aisé de voir que les raisons invoquées, pour refuser à l'ouvrier toute action principale et directe contre la compagnie d'assurances à laquelle le patron l'a assuré, se résument dans ces trois idées : 1° l'ouvrier, bien qu'assuré à ses frais, n'a point été partie au contrat intervenu entre le patron et la compagnie ; 2° la compagnie d'assurances ayant le plus souvent stipulé que la police ne créera de lien de droit qu'entre elle et le patron, sa volonté doit être respectée ; 3° le patron seul est tenu au paiement des primes.

Dans l'esprit de ces décisions, l'ouvrier n'a contre la compagnie d'assurances d'autre droit que celui d'un tiers. Il peut manifester ce droit par les voies légales ouvertes en pareil cas et notamment en exerçant l'action du maître aux termes de l'article 1166 du Code civil (2); mais il n'a d'action principale et directe, pour obtenir ce que lui promet en cas de malheur la police conclue dans son intérêt, que contre son patron.

---

(1) Dans le même sens : trib. civ. de la Seine, 16 et 18 janvier 1865 (*J. des Assurances*, 1867, p. 346); — Cour de Lyon, 7 juin 1878 (*J. des Assurances*, 1878, p. 204); — trib. civ. de Nevers, 13 juillet 1880 (*J. des Assurances*, 1881, p. 30); — trib. civ. de la Seine, 8 décembre 1880 (journal *la Loi* du 19 décembre 1880); — Cour de Grenoble, 3 janvier 1885. (S. 1887. 2. 172.) — Conf. : trib. civ. de Boulogne, 10 juillet 1885 (S., 1885, 2. 201); — Cour de Nîmes, 17 mai 1884 (S., 1885, 2. 201); — Cour de Dijon, 27 mars 1882. (S., 1883. 2. 201.)

(2) Cour de Nîmes, 13 avril 1884, arrêt précité.

La jurisprudence tendait à se fixer dans ce sens, quand est intervenu, le 1ᵉʳ juillet 1885, un arrêt de Cassation qui a sanctionné une solution contraire. La Cour suprême, réagissant contre les idées admises, a décidé, par un arrêt fortement motivé, que le contrat passé entre la compagnie d'assurances et l'entrepreneur pouvait être considéré comme constituant, au regard des ouvriers, une gestion de l'affaire d'autrui, capable de faire naître un lien de droit entre l'ouvrier et la compagnie, et que, dès lors, l'ouvrier pouvait actionner directement la compagnie pour la faire condamner à lui fournir l'indemnité convenue.

« Attendu, dit cet arrêt, que la convention intervenue » entre la compagnie et Rigoulet et Laurent (les entre- » preneurs) constitue, au regard de leurs ouvriers, » une véritable gestion de l'affaire d'autrui, dans le » sens de l'article 1372 du Code civil; qu'elle a été » ratifiée et exécutée par Ceysson (l'ouvrier blessé), au » moyen du paiement des primes, et qu'ainsi il s'est » établi entre lui et la compagnie un lien de droit qui » obligeait celle-ci envers lui en cas d'accident ; — » Rejette... » — Cette décision était rendue à l'occasion d'un pourvoi introduit par la *Compagnie générale d'assurances* contre un arrêt de la Cour de Nîmes du 24 avril 1882 (1), qui avait reconnu, pour la première fois, à l'ouvrier le droit d'agir directement contre la compagnie.

La même solution se dégage encore d'un jugement

---

(1) Sirey, 1883. 2. 202.

du tribunal civil de Versailles du 19 janvier 1883 (1) et du tribunal de Carpentras du 12 décembre 1883 (2), tous deux infirmés en appel.

Voilà donc trois décisions rendues dans le sens d'une action directe de l'ouvrier contre la compagnie d'assurances ; seulement, les motifs diffèrent. Tandis que la Cour de cassation argumente de l'article 1372, la Cour de Nîmes et le tribunal de Versailles placent le débat sur le terrain de l'article 1121, et le tribunal de commerce de Carpentras invoque l'existence d'un quasi-contrat innommé.

Depuis l'arrêt de principe du 1er juillet 1885 (3), la pratique a constamment jugé dans le sens de la Cour suprême. Il suffit, pour s'en convaincre, de se reporter à un arrêt de la Cour de Paris du 30 octobre 1885 (4) et à deux arrêts plus récents, l'un de la Cour de Tou-

---

(1) Sirey, 1884. 2. 90.
(2) Sirey, 1885. 2. 202.
(3) On a quelquefois invoqué un arrêt précédemment rendu par la Cour de cassation, le 23 juillet 1884 (S. 1885. 1. 128), pour indiquer que cette Cour s'était déjugée sur la matière. Cet arrêt paraît, en effet, ne permettre à l'ouvrier d'atteindre la compagnie que par la voie de l'article 1166. — Ce reproche ne nous paraît pas justifié, car l'espèce soumise, en 1884, à la Cour suprême diffère essentiellement de celle sur laquelle elle s'est prononcée en 1885. Le patron, dans la première espèce, ne s'était fait assurer que contre sa responsabilité civile ; il n'avait pas assuré son ouvrier contre les risques des travaux, et celui-ci par conséquent n'avait subi aucune retenue sur son salaire. Il était dès lors évident que l'ouvrier ne pouvait, à aucun titre, prétendre exercer une action directe contre la compagnie.
(4) Sirey, 1886. 2. 49.

louse (1) et l'autre de la Cour de Rennes (2). Les uns et les autres concluent à l'existence de l'action directe, le premier par application de l'article 1121, les deux autres par observation de l'article 1372 du Code civil.

Ces fluctuations de la jurisprudence n'ont point paru avoir leur contre-coup dans la doctrine. Celle-ci s'est toujours refusée et se refuse encore à admettre, en thèse générale, le principe de l'action directe. MM. Labbé, Lyon-Caen, Sauzet et de Courcy (3) ont, dans des écrits récemment parus, vivement critiqué la décision de la Cour suprême. Pour eux comme pour nous, l'action directe dérive d'une idée antijuridique, quel que soit le motif que l'on donne de son existence, en dehors des stipulations mêmes du contrat.

L'idée de gestion d'affaires doit être rejetée, car, dit M. Labbé (4), « pour que le gérant d'affaires fasse » acquérir au géré le droit par lui stipulé, il faut qu'il » ait, comme le mandataire, agi *au nom d'autrui* » (art. 1372, 1984 du Code civil et 24 du Code de » commerce). — Or, dans la police, il est déclaré » expressément que l'assurance est contractée *au nom*

---

(1) Du 16 avril 1886. (Sirey, 1887. 2. 89.)

(2) Du 22 mars 1887. (Journal *le Conseiller des Assurances*, n° du 19 octobre 1887.) — Sirey, 1887. 2. 196.

(3) Labbé, notes sous divers arrêts précités et notamment sous Cass., 1er juillet 1885. (S., 1885. 1. 409.) — Lyon-Caen. (*Rev. crit.*, 1882, p. 523.) — Sauzet, *Situation des ouvriers dans l'assurance-accidents collective*, nos 14 et 28. (*Rev. crit.*, 1886, p. 361 et suiv.) — De Courcy. (*Le Droit et les Ouvriers*, p. 109 et suiv.)

(4) Note sous Cass., 1er juillet 1885, précitée.

» *et pour le compte du patron.* Donc la solution
» ne paraît pas commandée par les principes du
» droit. »

L'argument tiré de l'article 1121 du Code civil ne porte pas davantage, et pour la même raison. Il est bien vrai que le bénéficiaire de la stipulation pour autrui, accessoire à un contrat principal, peut en accepter le bénéfice et acquérir ainsi un droit de créance contre le promettant; mais encore faut-il que le promettant ait voulu que les choses se passent de cette façon. S'il proteste au contraire, comme dans la plupart des polices d'assurance, contre une pareille interprétation, en déclarant formellement qu'il ne veut point avoir d'autre créancier que le stipulant, il serait injuste d'invoquer les prescriptions de l'article 1121.

L'idée, émise par le tribunal de Carpentras, de l'existence d'un quasi-contrat innommé entre l'ouvrier et la compagnie est ainsi réfutée par M. Sauzet (1) :

« Ce contrat n'est pas une gestion d'affaires, venons-
» nous de dire, et le tribunal n'y fait pas allusion.
» Ce n'est pas non plus la réception de l'indu, un
» paiement sans cause, car il y a bien une cause à
» l'encaissement des primes par la compagnie, c'est
» le droit à l'indemnité chez le patron, mais chez le
» patron seul. D'ailleurs, s'il y avait eu réception de
» l'indu, ce que la compagnie devrait directement à
» l'ouvrier, ce serait la restitution des primes indû-
» ment touchées, ce ne serait pas le paiement de

---

(1) *Op. cit.*, n° 19.

» l'indemnité. Or, ce que le tribunal admet l'ouvrier
» à réclamer directement à la compagnie, c'est
» l'indemnité elle-même, c'est le capital assuré....

» Veut-on dire que le fait par la compagnie de tou-
» cher des primes de l'ouvrier, *comme s'il était assuré*,
» la rend débitrice de l'ouvrier, comme elle le serait
» en vertu d'un contrat d'assurance expressément con-
» clu avec l'ouvrier ? Nous répondrons : en fait, la
» compagnie ne touche rien de l'ouvrier ; elle ne se
» préoccupe pas de savoir si l'ouvrier débourse ou non
» une part de son salaire ; le salaire des ouvriers n'est
» visé, entre la compagnie et le patron, que pour
» établir le tant pour cent dû par le patron, payé par
» le patron que seul la compagnie connaît, que seul
» elle veut connaître. Elle ne touche donc pas les
» primes comme si l'ouvrier était assuré ; loin de là,
» elle proteste expressément, dans la police, contre
» une pareille fiction. »

M. Sauzet conclut avec raison que le motif invoqué par le tribunal ne constitue qu'une pure affirmation ; que déclarer l'ouvrier fondé à actionner directement la compagnie en vertu de l'existence d'un quasi-contrat innommé, c'est déclarer l'ouvrier directement assuré, parce qu'il paraît tel et parce qu'il est juste et équitable qu'il ait les avantages de cette situation.

En résumé, la question de savoir si l'ouvrier est créancier direct de la compagnie doit se résoudre négativement, quand on se trouve en présence d'une clause expresse de la police, exprimant l'intention de la compagnie de n'avoir pour créancier que le patron (1). Les règles générales du droit ne sauraient paralyser la volonté des parties. Au contraire, si la clause dont nous parlons n'existait pas et s'il était spécifié dans la police, comme il arrive parfois, que l'assurance est contractée *pour le compte et au nom* des ouvriers et non point seulement *dans leur intérêt*, il conviendrait d'accorder l'action directe refusée à juste titre dans le premier cas.

Il est donc téméraire de chercher, comme tend à le faire la pratique, la solution de la question autre part que dans les conditions générales du contrat d'assurance. Vouloir la trancher d'une manière doctrinale et d'après les règles abstraites du droit serait violer injustement une convention que la loi autorise. Cette vérité apparaît avec plus d'évidence encore, quand l'ouvrier se trouve assuré collectivement sans parti-

---

(1) M. Labbé fait remarquer avec raison que cette clause, trouvant sa raison d'être dans l'économie générale du système d'assurance collective simple (avec règlement des primes à trimestre échu principalement), il serait vexatoire d'autoriser, sans raisons graves, sa violation. En effet, la plupart du temps, la compagnie n'assure pas un ouvrier, mais bien l'ensemble des ouvriers d'un entrepreneur ; elle promet sa garantie en retour des primes versées dans sa caisse et calculées d'après le nombre et le salaire des ouvriers. A la fin du mois, du trimestre ou de l'année, il s'établit, comme nous l'avons déjà dit, une véritable compensation entre les primes dues par le patron et les indemnités payées aux ouvriers victimes d'accidents. Or, avec le système de l'action directe accordée dans tous les cas, la jurisprudence détruit l'harmonie de cette organisation. La compagnie, actionnée par l'ouvrier, ne pourra point lui opposer la compensation dont elle pourrait se prévaloir vis-à-vis du patron.

ciper d'aucune façon au paiement des primes, celles-ci restant tout entières à la charge du patron. Cette combinaison, assez généralement pratiquée dans certaines catégories d'industries, nous semble, par le fait même que l'ouvrier reste entièrement en dehors du contrat d'assurance, absolument incompatible avec sa situation prétendue de créancier direct de la compagnie (1).

Il est à peine besoin de faire remarquer que si, aux termes de la police, l'ouvrier n'est point admis à actionner directement la compagnie, il a du moins le droit d'exercer contre elle, en vertu de l'article 1166, l'action du patron souscripteur de la police.

Mais on peut se demander : 1° quelle sera l'étendue exacte de ce recours ; 2° quelle sera, en cas de faillite du patron, la situation de l'ouvrier au milieu des autres créanciers.

Sur la première question, nous dirons que l'ouvrier n'a point contre la compagnie d'autres droits que ceux du patron. En conséquence, il ne pourra actionner celle-ci qu'après avoir établi sa créance contre son patron (2). De plus, la compagnie pourra invoquer contre l'ouvrier toutes les exceptions et toutes les déchéances qu'elle pouvait invoquer contre le patron, notamment la compensation qui résulte du contrat d'assurance à

---

(1) Labbé, sous arrêt de Toulouse du 16 avril 1886. (S., 1887. 2. 89.) — De Courcy, *op. cit.*, p. 110.

(2) Cass., 23 juillet 1884. (D., P., 1885. 1. 168.)

trimestre échu. Par l'exception de compensation, la compagnie repoussera utilement l'action de l'ouvrier, jusqu'à concurrence du montant des primes que lui doit le patron pour le trimestre échu.

Sur la deuxième question nous répondrons, contrairement à l'opinion de M. Sauzet (1), qu'il nous paraît juridique de donner à l'ouvrier un privilège sur les sommes que la compagnie doit éventuellement au patron en vertu du contrat d'assurance. S'il en était autrement, si l'ouvrier assuré victime d'un accident était condamné à subir, sur l'indemnité qui lui revient, le concours des autres créanciers du patron, le contrat d'assurance n'atteindrait point son but, qui est d'indemniser l'assuré des pertes qu'il subit ou du préjudice qui lui est causé, dans la mesure exacte prévue au contrat. De plus, les primes ayant été acquittées en définitive par l'ouvrier, les autres créanciers du patron auraient mauvaise grâce à réclamer leur part de l'indemnité d'assurance. Les biens du patron qui forment le gage de leur créance n'ont souffert, pour constituer les primes, aucun prélèvement ; n'ayant rien perdu à l'opération, quand elle était onéreuse, on ne peut leur permettre d'en tirer profit, quand elle devient avantageuse; sinon ils réaliseraient un profit sans cause. La vérité est que l'ouvrier est devenu cessionnaire des droits éventuels du patron contre la compagnie, le jour où il a consenti à ce que le patron exerçât, pour l'assurer, une retenue

---

(1) *Op. cit.,* nos 55 et suiv.

sur son salaire. Aucun fait postérieur ne serait capable de lui faire perdre le bénéfice de cette situation exceptionnelle. A défaut de texte exprès établissant un privilège dans le sens légal mot, il existe un contrat dont les stipulations, quoique tacites, aboutissent naturellement à créer ce que l'on a appelé un privilège sur une créance. Les vrais principes du droit ne nous paraissent pas s'opposer à l'existence de privilèges de cette nature (1).

IIe SOUS-SECTION. — LA POLICE D'ASSURANCE A-T-ELLE POUR EFFET DE RENDRE LE PATRON « ASSUREUR RESPONSABLE » DE SES OUVRIERS ?

Il n'existe donc, à notre avis, en thèse générale, aucun lien direct de droit entre l'ouvrier et la compagnie, dans l'assurance collective simple. Mais alors, quel est le droit de l'ouvrier qui, en définitive, est seul appelé à devenir le bénéficiaire de l'assurance ?

Ce droit consiste dans une créance de l'ouvrier contre le patron, souscripteur de la police (2). Cette créance résulte du contrat qui s'est formé entre eux « au moment où l'ouvrier a consenti à une retenue

---

(1) Labbé, *Rev. crit.*, 1876, p. 680. — Notes précitées sous Cass., 1er juillet 1885, et sous Paris, 30 octobre 1885. (S., 1886. 2. 49.)

(2) Dijon, 27 mars 1882. (S., 1883. 2. 204.)

» sur son salaire, pour acquérir un droit à l'indemnité
» fixée par la police d'assurance (1) ».

Mais quel est ce contrat ? A quoi oblige-t-il le patron ?

Il a été jugé que le patron, en opérant une retenue sur le salaire de l'ouvrier, devenait *assureur* des accidents, personnellement obligé à fournir, dans les limites de la police d'assurance, l'indemnité promise. Telle est l'idée qui se dégage du jugement du tribunal civil de Boulogne, déjà cité (2).

« Attendu, dit ce jugement, qu'un contrat de cette
» nature, exécuté au frais de l'ouvrier qui n'y a pas
» été partie et qui cependant en acquitte indirectement
» les charges, crée, en faveur de celui-ci, le droit de ré-
» clamer au patron assureur le montant de l'assurance,
» qui n'est en réalité qu'une indemnité correspondant
» aux prélèvements opérés sur ses salaires; qu'en effet,
» sur les retenues qu'il exerce lui-même sur ces
» salaires, le patron s'oblige personnellement à pro-
» curer à l'ouvrier, en cas d'accident et alors même
» que celui-ci ne pourrait lui imputer aucune faute,
» une indemnité de nature à compenser le dommage
» souffert; qu'il se forme ainsi entre l'ouvrier et le
» patron un contrat d'une espèce particulière, qui fait
» de celui-ci le *véritable assureur* de celui-là ;

» Attendu qu'on soutient, pour le défendeur, que

---

(1) Labbé, note sous arrêt de Nîmes, 13 mai 1884. (S., 1885. 2. 201.)

(2) 10 juillet 1885. (S., 1885. 2. 203.)

» l'ouvrier ou son ayant cause ne peut agir contre le
» patron pour lui réclamer personnellement le montant
» de l'assurance, ce dernier n'étant tenu qu'à faire
» valoir contre la compagnie ses propres droits, tels
» qu'ils résultent de son contrat ; mais qu'il n'en saurait
» être ainsi, le patron se trouvant, dès l'instant et par
» le fait même de l'accident, personnellement débiteur
» de l'indemnité promise comme conséquence des
» prélèvements opérés ; que d'ailleurs l'ouvrier, qui est
» absolument étranger au contrat intervenu entre une
» compagnie, dont il ignore peut-être le nom, et le
» patron qui, dans son propre intérêt, par une mesure
» de sage prévoyance, mais sans même le consulter,
» a traité avec cette compagnie, ne peut être tenu de
» subir les retards qui résulteraient de la négligence
» ou de la mauvaise volonté apportée par le contrac-
» tant à réclamer le bénéfice de son assurance, ni les
» conséquences plus graves encore de sa maladresse,
» si, par exemple, il avait contracté avec une compagnie
» insolvable...... »

La conséquence naturelle de cette manière de voir est que le patron garantit à l'ouvrier le bénéfice de l'assurance collective qu'il contracte pour son compte. Il ne se contente pas de servir d'intermédiaire à son ouvrier, pour opérer au mieux le placement des retenues qu'il pratique sur son salaire ; il se porte fort que l'indemnité d'assurance qu'elles sont destinées à acquérir lui sera servie de toutes manières. Peu importe que la compagnie, avec laquelle il a traité, fût insolvable au moment de la signature de la police où qu'elle le soit devenue depuis ; chargé d'entretenir l'assurance à ses périls et risques, il doit, sur sa fortune personnelle, l'indemnité correspondante à la police qu'il a souscrite.

M. Sauzet (1) paraît se rapprocher beaucoup de cette opinion. Il rejette, il est vrai, l'idée admise par le tribunal de Boulogne d'une obligation ferme, à la charge du patron, de procurer à l'ouvrier l'indemnité d'assurance et le déclare tenu d'une simple obligation de faire, dans les termes de l'article 1147 du Code civil. Mais il décide quand même que le patron devra répondre, dans tous les cas, de l'insolvabilité de la compagnie. La raison est que l'ouvrier n'a consenti à laisser le patron retenir une certaine somme sur son salaire qu'à la condition d'avoir la certitude d'être couvert, en cas de besoin, par une assurance. Puisque, en fait, le patron offre à ses ouvriers de leur procurer la garantie qu'ils recherchent, il la leur doit complète et certaine ; c'est la conséquence naturelle de l'obligation de faire par lui contractée.

Observons, avec M. Sauzet, que si tel doit être l'engagement du patron, l'ouvrier tirera un plus grand profit de l'action directe contre le patron que de l'action directe contre la compagnie d'assurances. En effet, avec le système inauguré par la Cour de cassation, il n'est point à l'abri des risques d'insolvabilité de la compagnie, son débiteur unique.

M. Labbé interprète différemment le contrat qui nous occupe. Il n'est point exact, à ses yeux, de soutenir que le patron se porte assureur envers

---

(1) *Op. cit.*, nos 33 et suiv.

l'ouvrier. L'opération est toute autre. Il propose simplement à l'ouvrier de lui appliquer le bénéfice de l'assurance telle qu'il vient de la contracter, c'est-à-dire avec ses conditions, ses charges et ses risques. Car, dans la réalité des faits, le patron ne contracte avec l'ouvrier qu'après avoir contracté déjà avec la compagnie et sur les mêmes bases. L'ouvrier accepte plutôt qu'il ne stipule ; il ne saurait se plaindre des imperfections d'un contrat qui n'est que la « répercussion » du contrat préalablement passé avec la compagnie.

Donc le patron n'est tenu, en l'état des choses, que d'une obligation de faire. Puisqu'il offre de procurer à l'ouvrier les avantages que lui assure le contrat d'assurance, il doit s'étudier avec soin et diligence à lui obtenir le bénéfice réel de la convention. Il doit entretenir l'assurance, éviter par exemple toute déchéance résultant du non-paiement des primes, de réticences ou de fausses déclarations, ou encore du défaut de déclaration de l'accident dans le délai prescrit; mais il ne doit rien de plus (1). L'insolvabilité de la compagnie, survenue depuis la souscription de la police, est un cas fortuit qui le libére aux termes de l'article 1148. Il est quitte envers l'ouvrier dès qu'il a conservé intacte l'action qu'il possède contre la compagnie, de manière à pouvoir le subroger utilement dans ses droits (2).

---

(1) Paris, 26 mars 1873. (Bonneville de Marsangy, *Recueil de Jurisprudence en matière d'assurances.*)

(2) En ce sens : M. de Courcy, *op. cit.*, p. 114. — Il a été plaidé

Nous adoptons cette interprétation que la Cour de Douai a sanctionnée d'ailleurs dans un arrêt assez récent (1). Cet arrêt réforme en ces termes le jugement précité du tribunal de Boulogne :

« Attendu que le patron n'est pas l'assureur de
» l'ouvrier pour qui il a contracté une assurance ;
» qu'il n'est tenu qu'à procurer à l'ouvrier le bénéfice
» de celle-ci ; qu'en recevant la cotisation de l'ouvrier
» et en contractant avec la compagnie d'assurances,
» il facilite à l'ouvrier une mesure de prévoyance,
» peut-être difficile à réaliser pour un ouvrier, mais
» ne prend nullement la place de la compagnie
» d'assurances ;

» Attendu qu'il n'est pas exact de prétendre que,
» si le patron n'est pas considéré comme l'assureur
» de l'ouvrier, celui-ci serait exposé à subir les
» retards ou les pertes qui résulteraient de la négli-
» gence ou de la mauvaise volonté, apportée par le
» contractant à réclamer le bénéfice de son assurance,
» ou les conséquences plus graves de sa maladresse ;
» qu'en effet, dans tous les cas, le patron doit répondre
» de son dol ou de sa faute, mais que ceux-ci ne
» sont pas allégués.... ; — Dit que Derhuite (l'entre-

---

quelquefois que le patron recevait, de la part des ouvriers assurés, un véritable mandat. C'est une erreur. Le mandataire ne s'oblige point lui-même ; seul le mandant est obligé, puisque l'affaire se fait en son nom (art. 1984). Or, c'est ici tout le contraire. L'ouvrier n'est point obligé par le contrat d'assurance auquel il ne participe même pas ; le patron seul est tenu.

(1) Du 15 février 1886. (S., 1887. 2. 90.)

» preneur) ne doit rien de l'assurance et déboute la
» dame Cailleux (l'ayant cause de l'ouvrier blessé)
» sur ce point, etc.... (1). »

IIIe SOUS-SECTION. — LA CLAUSE D'UNE POLICE D'ASSURANCE PORTANT QUE « L'OUVRIER QUI INTENTE UN PROCÈS EN RESPONSABILITÉ CONTRE SON PATRON EST DÉCHU DU BÉNÉFICE DE L'ASSURANCE » EST-ELLE VALABLE ?

Il est une autre clause, celle-là ordinairement écrite dans les contrats d'assurance collective combinée, qui a donné lieu à des difficultés et qu'il convient d'examiner. Presque toujours les compagnies déclarent, dans un article spécial, que toute personne appelée au bénéfice de l'assurance, qui intentera un procès en responsabilité à son patron ou au souscripteur de la police, sera considérée comme ayant renoncé, par ce fait même, au bénéfice de l'assurance et sera déchue de tous les droits stipulés à son profit. — Cette clause est-elle licite ? Les compagnies ont-elles le pouvoir d'imposer à l'ouvrier la nécessité d'opter entre l'action en responsabilité contre le patron et l'action en exigibilité de l'indemnité, pour risques professionnels ?

La jurisprudence s'est constamment refusée à

---

(1) En ce sens : arrêt de Paris du 26 mars 1876 ; d'Aix du 27 janvier 1880 ; du tribunal civil de la Seine du 8 décembre 1880. (Bonneville de Marsangy, *Recueil de Jurisprudence en matière d'assurances.*)

admettre la légitimité de cette clause. Un jugement du tribunal civil de Dijon (1) la rejette parce que, dit-il, « il est bien évident que la clause, par laquelle
» une des parties s'engage par avance à ne pas recourir
» aux tribunaux pour faire valoir ses droits, est abso-
» lument nulle comme illicite. »

La Cour de cassation (2) la déclare nulle « comme
» contraire à l'ordre public et à la loi, en ce qu'elle a
» pour effet de permettre aux patrons de s'exonérer de la
» responsabilité de leurs propres fautes et de contraindre
» l'ouvrier ou à renoncer à un droit qu'il tient de la
» loi elle-même ou à perdre, avec les primes acquittées
» par lui, tout le bénéfice de l'assurance ».

Nous pensons de même, pour les mêmes motifs et pour un autre plus déterminant encore que nous trouvons indiqué dans un arrêt de la Cour de Nîmes (3). C'est que la clause d'option obligerait indirectement l'ouvrier à renoncer à l'action en responsabilité, par la raison bien simple que, l'issue d'un procès étant presque toujours incertaine, la crainte de compromettre l'acquisition d'une indemnité certaine lui ferait abandonner toute prétention à de plus amples réparations.

M. Labbé approuve cette jurisprudence, mais il critique, à tort selon nous, les motifs sur lesquels s'est appuyée la Chambre civile de la Cour de cassation. —

---

(1) Du 22 août 1881, confirmé par arrêt de Dijon du 27 mars 1882. (S., 1883. 2. 202.)

(2) Arrêt précité du 1ᵉʳ juillet 1885. (S., 1885. 1. 413.)

(3) Du 24 avril 1882, précité. (S., 1883. 2. 202.)

D'après lui, il est inexact de prétendre que la clause aurait pour effet « de permettre aux patrons de s'exo- » nérer de la responsabilité de leurs propres fautes », car on ne trouve pas dans la police de clause rédigée en ce sens. Bien au contraire, l'ouvrier a pu agir en responsabilité civile contre son patron et n'a rencontré aucune fin de non-recevoir de ce chef. — Très bien, mais il est juste de prendre en considération que, en fait, le contrat qui couvre le patron des suites de sa responsabilité civile ne le garantit, le plus souvent, que jusqu'à concurrence d'une somme souvent inférieure aux condamnations que les tribunaux prononcent contre lui. Quoique assuré, il peut donc encore courir certains risques. Or, il est exact de dire en ce sens que le patron, comptant sur l'alternative dangereuse que la clause impose à l'ouvrier, s'exonère, partiellement tout au moins, de la responsabilité de ses fautes.

M. Labbé ne croit pas à l'évidence du second motif invoqué par la Cour suprême : « La clause a pour » effet de contraindre l'ouvrier ou à renoncer à un » droit qu'il tient de la loi elle-même ou à perdre, » avec les primes acquittées par lui, tout le bénéfice » de l'assurance. » — L'ouvrier, dit-il, est bien obligé à opter ; mais le premier terme de son option est une renonciation licite et valable, en ce sens qu'il lui est permis de transiger, après le fait accompli, sur l'intérêt civil d'un délit. Quant au deuxième terme de l'option, il n'est ni injuste ni extraordinaire qu'on ne retire aucun avantage des primes versées. — Tout cela est vrai, dirons-nous encore, mais une chose nous touche dans l'argument présenté par la Cour de cassation, c'est qu'il exprime très bien que la clause d'option devient pour l'ouvrier la source d'un préjudice évident et injustifiable, puisque, si elle n'existait pas, il serait assuré d'obtenir tout au moins l'indemnité d'assurance. En définitive, l'ouvrier a droit aux réparations que lui assure la police, en retour des primes qu'il a versées sur son salaire; rien ne saurait lui faire perdre le bénéfice de son assurance qu'une faute; en dehors de là, son droit s'ouvre quoi qu'il advienne, dès que l'accident, condition suspensive attachée à son ouverture, est arrivé. Or, il ne saurait y avoir faute à user de la faculté que la loi donne d'intenter une action en justice, pour faire valoir ses droits (art. 1229 et 1230 du Code civil).

IVe SOUS-SECTION. — QUID DE LA CLAUSE QUI INTERPRÈTE L'ACCEPTATION PAR L'OUVRIER DE L'INDEMNITÉ D'ASSURANCE COMME UNE RENONCIATION DE PLAIDER EN RESPONSABILITÉ CONTRE SON PATRON ?

Il existait encore jusqu'à ces derniers temps, dans les polices d'assurance collective combinée, une clause adjointe à la précédente, d'après laquelle l'acceptation par l'ouvrier de l'indemnité pour risques professionnels impliquait renonciation de sa part à tout recours ultérieur en responsabilité contre le patron. — La Cour de Nancy (1) et le tribunal de Boulogne (2) ont eu à

---

(1) Du 26 janvier 1884. (S., 1885. 2. 204.)
(2) Du 10 juillet 1885, précité. (S., 1885. 2. 203.)

interpréter une clause de ce genre. Les juges d'appel et les juges de première instance se sont rencontrés pour annuler cette clause comme contraire à l'ordre public.

« Attendu, dit l'arrêt, que cette clause est contraire
» à l'ordre public et à la liberté des contrats et qu'elle
» doit être considérée, à l'égard des ouvriers assurés,
» comme non écrite dans la police d'assurance. »

« Attendu, dit le jugement, que cette clause, qui
» consacrerait d'avance l'immunité des fautes du patron,
» est illicite comme contraire à l'ordre public... (1) ;
» Attendu en conséquence que la veuve Cailleux est
» bien fondée à réclamer à Derhuite, outre le montant
» de l'assurance qui lui est dès à présent acquis, un
» supplément de dommages-intérêts équivalant au pré-
» judice qu'elle allègue lui avoir été causé par la faute
» du défendeur et dont elle ne serait pas suffisamment
» indemnisée par l'assurance.... »

Contrairement à ces décisions, M. Labbé ne juge pas cette clause sérieusement critiquable. Il en donne pour raison que l'ouvrier qui consent, en connaissance parfaite de la clause, à recevoir l'indemnité fixée dans la police d'assurance, renonce par là même à demander

---

(1) Le tribunal de Boulogne aurait pu, lui tout particulièrement, donner encore un autre motif d'annulation. Nous savons, en effet, qu'il considère le patron comme l'assureur de ses ouvriers et qu'il dénie à ceux-ci tout lien de droit avec la compagnie. Or, il est assez facile d'admettre dans ces conditions que la clause incriminée de la police est pour les ouvriers *res inter alios acta*.

de plus amples dommages-intérêts à son patron. « Il
» a reconnu l'absence de faute ou il a transigé. »

Nous regrettons une fois encore de nous séparer de notre guide habituel ; mais il ne nous paraît pas possible d'interpréter, dans le sens d'une renonciation à l'action en responsabilité, le fait par l'ouvrier de poursuivre judiciairement ou d'accepter amiablement l'indemnité d'assurance. Si, en cas de poursuite judiciaire, l'ouvrier conclut uniquement au paiement de l'indemnité pour risques de travaux, c'est que le plus souvent, ne possédant point encore des éléments de preuve suffisants pour engager un procès en responsabilité ou craignant les longueurs inséparables d'un pareil procès, il préfère réclamer tout d'abord l'indemnité que lui assure, dans tous les cas, la police d'assurance. Il considère cette indemnité, non comme une renonciation, mais comme un premier acompte qui lui permettra de vivre lui et sa famille, en attendant qu'il lui soit fait plus ample justice. De plus, il arrivera fréquemment, comme dans l'espèce sur laquelle le tribunal de Boulogne a eu à statuer, que les deux actions seront introduites par le même exploit devant la justice. Il paraît dès lors impossible de supposer, de la part de l'ouvrier, une transaction ou une renonciation à l'action en responsabilité.

Si l'ouvrier a accepté amiablement l'indemnité-assurance, l'effet à nos yeux reste le même, au moins dans la plupart des cas. Rien d'impossible, en effet, à ce que l'ouvrier ne donne quittance que sous réserve expresse ou tacite de mettre postérieurement en jeu l'action en responsabilité. Il paraît exorbitant de présumer, en l'absence d'une déclaration formelle et librement consentie, qu'il donne par le fait même décharge complète à son patron (1).

Nous pensons donc que les critiques qui se sont produites contre cette clause sont fondées et que la jurisprudence a eu raison de l'annuler comme contraire à l'ordre public et à la liberté des contrats. Il est d'ailleurs juste de reconnaître que la plupart des compagnies ont aujourd'hui renoncé à l'inscrire dans leurs polices (2).

Vᵉ SOUS-SECTION. — QUID DE LA CLAUSE QUI ANNULE LE CONTRAT SI LE SOUSCRIPTEUR DIRIGE UNE ACTION EN GARANTIE CONTRE LA COMPAGNIE ?

Nous passons à l'examen d'une clause qui se rencontre exclusivement dans les polices annexes d'assu-

---

(1) Sauzet, *op. cit.*, nos 40 et 41.

(2) L'opinion que nous professons n'a nullement pour conséquence, comme on pourrait le croire, de contraindre la compagnie à supporter cumulativement le fardeau de l'indemnité-assurance et de l'indemnité-responsabilité. Le prétendre serait méconnaître un des caractères fondamentaux du contrat d'assurance, dont le but est de réparer une perte et non de procurer un gain. Telle est d'ailleurs la portée des décisions judiciaires rendues dans notre sens : tribunal de Boulogne, précité *in fine*; — Charleville, 27 juillet 1882 (S., 1885. 2. 95). — Les projets de loi parlementaires sur la responsabilité civile des patrons qui tendent à organiser et à régulariser l'assurance contre les accidents contiennent, pour la plupart, un article spécial interdisant le cumul des deux indemnités dont nous parlons. — Comp. : loi anglaise du 7 septembre 1880, art. 7 (*Ann. leg. comp.*, 1880, p. 37) et loi fédérale suisse du 25 juin 1881, art. 9 (*Ann.*, 1881, p. 592).

rance contre la responsabilité civile du patron. Il est assez fréquemment spécifié que le contrat sera considéré comme nul et non avenu, si le souscripteur dirige une action en garantie contre la compagnie. La raison de cette clause est que la compagnie espère pouvoir transiger avec la victime de l'accident, ou tout au moins obtenir du tribunal, devant lequel l'affaire est portée, une condamnation relativement légère. C'est dans ce but qu'elle se réserve presque toujours le droit de suivre le procès, au nom du patron (1).

Cette clause est-elle valable ? Nous pensons que oui. De même qu'un assureur détermine librement l'étendue des risques qu'il s'engage à couvrir, il se réserve valablement les voies et moyens qu'il juge utiles pour diminuer, dans les limites du possible, l'importance du risque par lui assuré, quand l'éventualité prévue au contrat est survenue. Cette clause respecte l'ordre public et la liberté des conventions ; elle doit être, à notre sens, maintenue (2).

Il est intéressant, à cette occasion, de parcourir quelques décisions judiciaires qui se sont attachées à définir le caractère propre de l'obligation contractée envers l'assuré par une compagnie d'assurances et la nature d'action qui sanctionne cette obligation.

---

(1) Voir, sur l'effet de cette clause : Paris, 25 juillet 1872 (S., 1873. 2. 12) et les renvois.

(2) Un récent arrêt de la Cour de Paris du 28 juin 1887, inséré dans le journal *le Conseiller des Assurances*, n° du 19 octobre 1887, a jugé, dans le sens de notre opinion, une affaire très intéressante dans laquelle était impliquée la compagnie *le Soleil, sécurité générale*.

Un arrêt de la Cour de Nîmes du 11 février 1880 (1) décide que les dispositions de l'article 181 du Code de procédure civile, qui porte que le garant sera tenu de procéder devant le tribunal saisi de la demande originaire, ne sont pas applicables aux compagnies d'assurances actionnées en tant que de besoin par leurs assurés. L'obligation contractée par la compagnie d'assurances ne constitue point, au dire de la Cour, la garantie simple, telle qu'elle est définie par Pothier (2) et telle qu'elle est admise par le Code de procédure. Le contrat d'assurance donne naissance à deux actions principales et distinctes et non point à une action principale et à une action accessoire. Ces deux actions sont sans connexité, parce que l'une, celle de l'ouvrier contre le patron, est soumise aux règles des quasi-délits, et que l'autre, celle du patron contre la compagnie, doit obéir aux règles des contrats. Quoique mises en mouvement à l'occasion d'un même fait, d'un même accident, elles n'en conservent pas moins leur nature et leur caractère propres.

En ce sens, un arrêt de cassation du 3 janvier 1882 (3) qui rejette, dans une espèce semblable, l'application de l'article 181 du Code de procédure civile, et un arrêt plus récent de la Cour de Limoges du 11 novembre 1884 (4).

---

(1) Sirey, 1880. 2. 67.
(2) *Proc. civ.*, nº 89.
(3) Sirey, 1882. 1. 120.
(4) Sirey, 1885. 2. 182. — Dans le même sens : Cass., 21 janvier 1863 (S., 1863, 1. 67) et 15 mars 1875. (S., 1875. 1. 252.) — En sens contraire : Lyon, 16 février 1887. (Journal *le Conseiller des Assurances*, nº du 13 juillet 1887.)

Le tribunal compétent pour connaître du contrat d'assurance ne sera donc point le tribunal saisi de l'action en responsabilité intentée par l'ouvrier contre le patron, mais le tribunal désigné dans la police pour juger les contestations survenues entre le souscripteur de l'assurance et la compagnie (1).

---

(1) Il s'est produit quelques divergences, dans la pratique, sur le point de savoir devant quelle juridiction doit être portée l'action déclarée principale.

Deux jugements du tribunal de Genève des 13 janvier 1883 (S., 1883. 4. 31) et 25 août 1883 (S., 1884. 4. 8) décident que les tribunaux civils seront toujours compétents, le contrat d'assurances terrestres ne constituant de la part de l'assuré, quel qu'il soit, qu'un contrat purement civil et les tribunaux civils ayant la plénitude de la juridiction.

Tel n'est point le sytème généralement adopté par les tribunaux français, qui jugent que la juridiction commerciale sera seule compétente dans certains cas. Il est vrai qu'en principe le contrat d'assurances terrestres constitue, de la part de l'assuré même commerçant, un acte purement civil : Cass., 3 juillet 1877 (S., 1877. 1. 417); — Paris, 30 mars 1878. (S., 1878. 1. 171.) — Mais le contraire peut se produire ; c'est lorsque l'assurance aura été contractée par un assuré commerçant, dans l'intérêt et pour les besoins de son commerce : Cass., 24 janvier 1865 (S., 1865. 1. 153); — tribunal civil de la Seine, 29 juillet 1871 (S., 1872. 2. 282); — Aix, 15 janvier 1884. (S., 1885. 2. 134.) — Or, comme il est admis par tout le monde que, de la part de l'assureur, le contrat d'assurances terrestres est un acte de commerce, il en résulte que la compagnie actionnée par le patron pourra parfois utilement décliner la compétence des tribunaux civils : Cass., 16 juillet 1872 (S., 1872. 1. 277); — Cour supérieure de justice de Luxembourg, 20 mai 1880, 19 mai 1882 et 28 juin 1883 (S., 1884. 4. 9); — jugement précité du tribunal civil de Genève ; — Paris, 18 janvier 1882. (Bonneville de Marsangy, *Recueil de jurisprudence en matière d'assurances.*)

VIᵉ SOUS-SECTION. — QUID DE LA CLAUSE QUI EXCLUT DE LA GARANTIE LES INFRACTIONS AUX LOIS ET RÈGLEMENTS ?

Une clause, que les compagnies insèrent fréquemment encore dans leur police, est celle qui exclut de la garantie les accidents survenus à la suite d'infractions aux lois, règlements ou ordonnances de police.

Le caractère licite de cette clause ne fait doute pour personne. Il a été souvent jugé que le seul fait, pour l'assuré, d'avoir été déclaré responsable d'un accident survenu dans de telles circonstances le rendait irrecevable à réclamer le bénéfice de son assurance, alors même par conséquent qu'il serait impossible de découvrir chez lui aucune intention dolosive (1). Mais là n'est pas la question.

Il s'agit de savoir si cette clause peut être suppléée. En d'autres termes, les tribunaux doivent-ils, s'il n'existe pas dans la police de clause de cette nature, déclarer le patron déchu, au profit de la compagnie d'assurances, de tous droits à une indemnité quelconque, dès

---

(1) Trib. civ. de la Seine du 16 juillet 1879. (Bonneville de Marsangy.) — La Cour de Grenoble, par un arrêt récent en date du 12 avril 1886 (S., 1888. 2. 52), a décidé que la clause dont nous parlons s'étendait non seulement aux lois et règlements existant au moment de la rédaction du contrat, mais encore à ceux qui ont été mis en vigueur postérieurement. L'espèce qui lui était soumise visait particulièrement, comme d'ailleurs l'arrêt de Lyon que nous citons ci-après, la loi du 19 mai 1874 sur le travail des enfants dans les manufactures.

l'instant que le patron a violé les lois ou les règlements publics.

C'est l'idée qui ressort d'un jugement du tribunal civil de Lille (1) :

« Attendu, y est-il dit, qu'une pareille exclusion est
» non seulement licite, mais d'ordre public, et devrait
» être suppléée par le juge dans le silence des parties,
» l'assurance contre les conséquences d'un délit devant
» être à bon droit considérée comme un encouragement
» donné à l'inobservation des lois. »

Nous préférons admettre, avec un jugement du tribunal civil de Lyon confirmé par arrêt de la Cour du 17 février 1882 (2), que le fait seul d'avoir violé une loi ou un règlement quelconque ne suffit point à décharger la compagnie du paiement de l'indemnité d'assurance, mais qu'il faut encore, pour que ce résultat doive se produire, établir que le patron a violé la loi volontairement, à dessein et en connaissance de cause. Nous nous fondons sur l'esprit et le but du contrat d'assurance qui consiste principalement à garantir l'assuré contre ses propres fautes, et nous disons avec le jugement précité :

« Que la matière sur laquelle porte ce genre de
» contrat serait restreinte au delà de toutes les prévi-
» sions, s'il fallait en retrancher les accidents ayant
» une cause délictueuse, alors que les articles 319 et
» 320 du Code pénal rangent, au nombre des délits,

---

(1) Du 7 août 1879. (Bonneville de Marsangy.)
(2) Sirey, 1882. 2. 247.

» les homicides et les blessures résultant d'impru-
» dence, d'inattention, de négligence, d'inobservation
» des règlements, de défaut d'adresse et de précaution. »

Notre opinion est conforme d'ailleurs aux tendances qui se manifestent dans la pratique, touchant l'appréciation du genre de fautes que tout contrat d'assurance est appelé à couvrir (1).

VIIe SOUS-SECTION. — QUID DE LA CLAUSE QUI PORTE QUE LES PATRONS DEVRONT, SOUS PEINE DE NULLITÉ DU CONTRAT, PORTER LES ACCIDENTS A LA CONNAISSANCE DES AGENTS DE LA COMPAGNIE DANS UN DÉLAI IMPARTI ?

Les compagnies d'assurances ont coutume d'insérer dans leurs polices un article, aux termes duquel les sinistres devront être portés à la connaissance de leurs agents dans un délai assez court, ordinairement quarante-huit heures après l'accident. Tout le monde est à peu près d'accord pour décider qu'une déchéance ne saurait résulter, pour l'assuré, du défaut de déclaration dans les délais impartis, lorsque cette peine n'est point attachée à la violation de la clause en question. La question se complique si les délais pour la déclaration de l'accident et l'envoi du certificat médical ont été imposés à peine de nullité. Toutefois la jurisprudence, même dans ce cas, semble, après des hésitations, se fixer dans un sens défavorable aux compagnies

---

(1) Cass., 18 avril 1882. (S., 1882. 1. 245.) — Nancy, 15 novembre 1884. (S., 1885. 2. 204.)

d'assurances. Nous citerons, dans ce sens, deux jugements du tribunal de Lyon du 8 décembre 1869 et du 24 mai 1884 (1). Un jugement plus récent du tribunal civil de la Seine du 17 novembre 1887 (2) fonde une solution conforme sur les motifs suivants :

« Attendu que la déchéance finale doit être considérée
» comme une peine prononcée contre la mauvaise foi
» de l'assuré;

» Qu'il n'est pas, en effet, supposable que la compa-
» gnie qui a régulièrement touché les primes puisse,
» à raison d'un oubli, d'une négligence involontaire,
» d'une fausse interprétation de la police par l'assuré,
» refuser l'exécution de ses obligations naturelles;

» Attendu qu'une police d'assurance est un contrat
» de bonne foi qui doit s'interpréter dans le sens qui
» convient le plus à la nature du contrat et à l'égalité
» entre les contractants.... »

Cette jurisprudence est d'autant plus intéressante qu'elle n'est pas la même suivant qu'il s'agit d'accidents survenus à des hommes ou à des animaux. Dans ce dernier cas, elle est favorable aux compagnies d'assurances (3).

---

(1) Bonneville de Marsangy, IIIe partie, p. 148. — *Moniteur judiciaire de Lyon*, n° du 24 mai 1884.

(2) Journal *le Conseiller des Assurances* du 28 décembre 1887.

(3) Tribunal de commerce de la Seine du 10 mars 1869. (Bonneville de Marsangy, IIIe partie, page 143.) — Tribunal civil de la Seine du 13 février 1878. (Bonneville de Marsangy, IIIe partie, p. 226.)

VIIIᵉ SOUS-SECTION. — POUVOIR DISCRÉTIONNAIRE DES MAGISTRATS EN MATIÈRE D'INTERPRÉTATION DES CLAUSES D'UN CONTRAT D'ASSURANCE.

Il est bon de noter, pour clore l'étude à laquelle nous venons de nous livrer, que, en thèse générale, les juges du fond apprécient souverainement les conditions auxquelles sont conclus les contrats d'assurance. Ce droit leur a été reconnu par plusieurs arrêts de la Cour de cassation dont un, en date du 15 décembre 1884, décide expressément que les tribunaux et les Cours d'appel ont le pouvoir d'apprécier toutes les clauses d'une police d'assurance, selon l'intention des parties et les circonstances de la cause (1).

IXᵉ SOUS-SECTION. — CRITIQUE D'UNE COMBINAISON ASSEZ GÉNÉRALEMENT ADOPTÉE PAR LES PATRONS.

Pour compléter ce rapide aperçu sur les assurances contre les accidents, il nous paraît utile de signaler une pratique défectueuse qui tend à se généraliser depuis quelques années. Régulièrement, les primes de l'assurance contre la responsabilité civile devraient être à la charge exclusive du patron, qui seul a intérêt

---

(1) Sirey, 1885. 1. 123. — En ce sens : Cassation, 24 mars 1873 (S. 1873. 1. 202); — Cassation, 12 février 1884 (S. 1885. 1. 213); — Cassation, 2 juillet 1884 (S. 1885. 1. 5); — Cassation, 9 février 1885. (S. 1885. 1. 213.)

à les acquitter. Il ne saurait être question d'y faire participer l'ouvrier, car il donnerait en quelque sorte d'une main ce qu'il aurait le droit de prendre de l'autre. Ce serait supprimer la responsabilité patronale et conséquemment les réparations légitimes qu'elle procure. C'est pourtant ce qui arrive trop fréquemment dans la pratique.

Il est en effet d'usage assez général, dans les entreprises occupant un certain nombre d'ouvriers, d'opérer sur les salaires généraux une retenue de 2 $0/0$. Cette retenue a pour but apparent de permettre aux patrons d'assurer leurs ouvriers contre les accidents de toute nature, ayant pour seule et immédiate cause l'exercice du travail de l'industrie ou de la profession, en d'autres termes, de couvrir les ouvriers des suites de tout accident non imputable au patron. Par cette manière d'opérer, le patron s'entremet en quelque sorte pour procurer à l'ouvrier le bénéfice d'une assurance qui lui profitera exclusivement et dont il supporte seul les charges. Il fait œuvre de gérant d'affaires, dans le sens général du mot.

Il semble donc que, procédant ainsi, le patron s'engage tacitement à procurer à l'ouvrier une assurance correspondante en quotité à une prime de 2 $0/0$ du salaire de l'intéressé. Il n'en est rien le plus souvent. Le patron fait servir la retenue à deux fins : il procure à l'ouvrier une assurance contre les risques professionnels et se couvre, par une assurance annexe, contre les risques de sa propre responsabilité. Le total des primes à verser pour l'acquisition de ces deux assurances ne dépasse pas les retenues opérées sur les salaires. Parfois même, et c'est ce qu'il y a de plus triste à constater, il ne l'atteint pas. Le patron ne se contente pas de s'assurer, avec l'argent de ses ouvriers, contre les suites de la responsabilité civile qu'il peut encourir à leur égard ; il fait encore un bénéfice qui ressemble fort à une spoliation (1).

Lors même que ce bénéfice n'existerait pas, nous ne saurions réprouver avec trop d'énergie une semblable pratique. Son moindre défaut est d'être essentiellement vexatoire et abusive. Mais, puisque certains patrons peu scrupuleux sont entrés dans cette voie, il convient d'apprécier en quelques mots les conséquences juridiques qui en découlent.

Ce qui apparaît d'abord avec évidence, c'est que l'assurance ainsi contractée par la compagnie est valable, quoique les primes payées par le patron aient été par lui rejetées au compte de l'ouvrier. — Une analogie nous permettra de nous rendre compte de cette vérité. Un propriétaire bailleur est valablement assuré contre l'incendie de sa ferme quoiqu'il ait

---

(1) Nous avons sous les yeux plusieurs polices contractées, aux conditions suivantes, par des patrons qui pratiquent une retenue de 2 0/0 : une prime de 1 fr. 50 c. 0/0 du salaire des intéressés est versée dans la caisse de la compagnie pour acquisition, à leur profit, d'une assurance contre les risques professionnels ; une prime de 25 centimes pour cent est consacrée à l'obtention, au profit exclusif du patron, d'une assurance contre les risques de sa propre responsabilité. — Résultat : un bénéfice, en faveur du patron, de 25 centimes pour cent et par ouvrier.

imposé au locataire de payer les primes. C'est une augmentation du loyer. Dans notre espèce, c'est une diminution de salaire.

D'un autre côté, il paraît certain que le fait par le patron de promettre à l'ouvrier un salaire déterminé ne l'autorise à en déduire que les sommes préalablement convenues. Mais encore faut-il qu'il justifie de leur emploi dans l'intérêt de l'ouvrier. Si ce dernier accepte une retenue de tant pour cent sur son salaire ou si les règlements de l'entreprise l'obligent à se soumettre à ce prélèvement, il est en droit, ce nous semble, d'exiger que le contrat d'assurance pour risques professionnels, contracté à son profit par le patron, lui assure, en cas de sinistre, une indemnité correspondante à l'intégralité de la somme déduite sur son salaire, car tel est le motif avoué de la retenue.

En supposant donc que le patron n'ait versé, comme primes, entre les mains de la compagnie, qu'une partie de cette retenue, il paraît rationnel d'admettre que l'ouvrier puisse, en cas d'accident, se retourner contre le patron pour lui réclamer, sur sa fortune personnelle, le complément de l'indemnité correspondante au tant pour cent retenu sur son salaire. En d'autres termes, le patron, à notre sens, deviendrait assureur de ses ouvriers, pour le montant de la différence entre l'indemnité payée par la compagnie et celle à laquelle l'ouvrier aurait eu réellement droit, si l'intégralité des sommes déduites sur son salaire avaient été versées en prime dans la caisse de la compagnie. La thèse du patron assureur, que nous avons repoussée plus haut dans l'espèce déférée au tribunal de Boulogne, nous paraît exacte en cette matière, dans les limites que nous lui imposons. En effet, s'il est possible de dire, comme plus haut, que le patron propose simplement à l'ouvrier de lui appliquer le bénéfice de l'assurance, telle qu'il l'a contractée avec la compagnie, il n'en reste pas moins évident que le patron a violé ses obligations envers l'ouvrier, en ne lui proposant, par sa faute, qu'une assurance réduite. Il est donc vrai de dire qu'il reste tenu, pour le surplus, d'une véritable obligation de donner, conséquence nécessaire de la retenue opérée sur le salaire, et non plus seulement d'une simple obligation de faire, comme dans l'espèce soumise au tribunal de Boulogne. Le patron doit donc être considéré comme personnellement débiteur du complément de l'indemnité promise.

Ajoutons que, en l'absence même de tout accident survenu, le fait pour le patron de n'employer qu'une partie du prélèvement opéré à l'acquisition d'une assurance peut faire naître, entre lui et l'ouvrier, un débat sur le paiement du salaire.

Envisageant la question à un autre point de vue, il paraît utile de nous demander ce qu'il adviendra lorsque l'ouvrier aura payé *sciemment* la prime correspondante à la responsabilité des fautes du patron. — Il est difficile d'être affirmatif sur ce point; mais il semble bien qu'alors l'assurance dite de responsabilité soit appelée à subir une transformation, en cas d'insolvabilité du patron. Nous sommes porté à admettre ici encore l'existence d'un privilège, au profit de l'ouvrier, sur l'indemnité que doit la compagnie à raison des fautes du patron. Les motifs qui nous guident sont les mêmes que ceux que nous avons déduits plus haut, pour établir que l'ouvrier a un privilège sur les sommes dues en vertu du contrat d'assurance pour risques professionnels. C'est dire que l'assurance de responsabilité se transforme en une assurance de l'ouvrier contre l'insolvabilité du patron condamné à des dommages-intérêts.

DEUXIÈME PARTIE

Du mouvement de réforme en faveur de la classe ouvrière sur la question spéciale des accidents

---

Nous avons indiqué, au début de cette étude, les motifs qui commandent une refonte de la législation actuellement suivie en matière d'accidents. Nous n'y reviendrons pas. Il nous suffira de constater qu'il s'est fait, autour de cette question, un mouvement considérable dans la plupart des pays industriels. L'Angleterre a transformé ses règles sur la responsabilité des patrons. La Suisse a bouleversé de fond en comble les principes de son droit pour satisfaire, dans la plus large mesure, les vœux des intéressés. L'Allemagne n'a point craint de se faire socialiste pour ôter tout prétexte aux revendications ouvrières. L'Autriche, après bien des efforts, a inauguré récemment un système de législation dont elle a raison d'attendre les meilleurs effets, et, si l'Italie et la Belgique n'ont point encore trouvé une solution définitive, tout porte à croire qu'elles ne tarderont pas à aboutir.

La France, elle aussi, s'est rappelé que c'est chez elle que la question a été pour la première fois posée ; elle a voulu se montrer digne d'une grande nation industrielle et a mis tout en œuvre pour placer sa législation à la hauteur des nécessités présentes. Le Parlement a été saisi d'une foule de propositions de loi de diverses natures, dont plusieurs ont été consciencieusement étudiées en commission et longuement discutées en séance. L'une d'elles a été votée en première délibération. Le Gouvernement s'est lui-même placé à la tête du mouvement et a profité de l'initiative qui lui appartenait, pour présenter sur la matière plusieurs projets.

Il convient d'étudier attentivement ce mouvement réformateur, non point seulement en France où il n'a pu aboutir jusqu'ici, malgré de généreuses tentatives et de louables efforts, mais encore à l'étranger où les résultats acquis sont généralement plus importants que chez nous. Cette étude, intéressante et curieuse, sera plus encore instructive et profitable. Elle éclairera d'un jour nouveau notre question et fournira des enseignements précieux dont il serait puéril de ne point tenir compte. Elle complétera d'ailleurs très naturellement notre première partie, en indiquant dans quel sens on entend transformer les législations existantes et corriger les erreurs ou les iniquités de la pratique.

Nous nous occuperons d'abord de la législation étrangère, en consacrant à chaque nation une section particulière et en allant de celles où les réformes sont entrées dans la pratique à celles qui, moins directement intéressées à la question ou moins soucieuses d'arriver à un résultat, commencent à peine à obéir au mouvement réformateur. Nous procéderons ensuite à l'examen détaillé des nombreuses propositions de loi qui ont été déposées sur le bureau des Chambres françaises et à l'étude des discussions auxquelles elles ont donné lieu en séance publique. Nous terminerons enfin en indiquant l'état le plus récent de la réforme en France et en donnant notre appréciation personnelle sur les idées qu'on prétend appliquer pour satisfaire les intéressés.

CHAPITRE Ier.

DE LA RÉFORME A L'ÉTRANGER.

PREMIÈRE SECTION.

SUISSE.

Nous étudierons, en premier lieu, la législation suisse qui est la plus ancienne et qui modifie le plus essentiellement les principes de droit généralement admis en matière de responsabilité.

Le 1er juillet 1875, intervenait une loi fédérale sur la responsabilité des entreprises de chemins de fer et de bateaux à vapeur, à l'occasion des accidents entraînant mort d'homme ou lésion corporelle. Cette loi déclarait les compagnies de chemins de fer responsables, en cas de faute de leur part, des accidents survenus pendant la construction ou l'exploitation des lignes. Cependant, malgré l'ambiguïté des termes dont elle se servait, il n'était rien changé aux principes de la matière. La compagnie était responsable, comme en France, en vertu d'un délit ou d'un quasi-délit; la victime de l'accident devait faire contre elle la preuve de l'existence d'une faute lui incombant, pour obtenir d'être indemnisée suivant les règles et dans les limites tracées par la loi.

Toute autre devait être l'innovation introduite provisoirement par la loi du 23 mars 1877, et définitivement par la loi du 25 juin 1881, sur les accidents de fabrique. A la suite de pétitions nombreuses adressées au Conseil fédéral par certaines catégories d'ouvriers suisses, la première de ces deux lois fut votée par le Conseil des États, à la hâte, sans préparation et pour ainsi dire même sans opposition (1). Elle ne fut promulguée qu'à titre provisoire, ses promoteurs l'ayant présentée comme un essai qui devait servir de préparation et d'appel à une loi définitive. Cette loi contenait des dispositions générales plus ou moins socialistes, telles que

---

(1) Le *Referendum*, au contraire, ne donna qu'une majorité assez faible fournie surtout par les cantons agricoles, peu intéressés dans la question.

la limitation des heures de travail, la même pour toutes les industries et pour tous les pays, l'obligation pour les patrons d'arrêter, de concert avec leurs ouvriers, les règlements intérieurs de leurs fabriques. Mais le principe le plus remarquable admis par cette loi fut certainement celui qui établissait, à la charge du patron, une présomption de faute, à l'occasion des accidents du travail. C'est l'article 5 qui bouleversait ainsi les principes jusqu'alors admis en matière de responsabilité.

Ce n'était plus désormais à l'ouvrier qu'incombait l'obligation de prouver que l'accident était dû à une faute du patron ; celle-ci était présumée exister sans qu'il en soit fait preuve et le patron était condamné à réparer le dommage souffert, à moins qu'il ne réussît à prouver lui-même, soit une faute personnelle de l'ouvrier, soit un cas de force majeure. L'ouvrier n'avait donc plus aucune preuve à administrer. Créancier d'indemnité dès le principe et sauf déchéance ultérieure, son rôle se bornait à repousser les allégations produites par le patron, pour établir la force majeure ou sa faute personnelle. Quant à l'indemnité, elle était déclarée proportionnelle au dommage résultant de l'accident, et son règlement était laissé à la libre et entière appréciation des tribunaux.

C'était, on le voit, faire peser de très lourdes charges sur le patron et créer à l'industrie suisse une situation insupportable. En effet, tandis que d'une part les cas où il y avait lieu à indemnité étaient considérablement accrus par l'établissement d'une présomption de faute à la charge du patron, d'autre part l'arbitraire laissé aux juges dans le règlement de la réparation faisait que celle-ci atteignait parfois un chiffre ridiculement exagéré (1).

Ces inconvénients n'empêchèrent pas le canton de Genève de voter la loi du 26 juin 1878, concernant la responsabilité des entrepreneurs de chantiers. L'article 1ᵉʳ reproduit en substance les dispositions de l'article 5 de la loi de 1877 (2).

Le provisoire créé par la loi de 1877 dura quatre ans. Le 25 juin 1881 (3), fut votée par le Conseil des États la loi définitive qui, mise en vigueur le 11 octobre de la même année, est aujourd'hui la loi industrielle appliquée en Suisse. Il faut noter toutefois qu'elle rencontra dans le Conseil plus de résistance que la première. La commission, nommée en 1880, en rejeta le principe par sept voix contre deux, en disant dans son rapport : « Le même droit doit exister pour tout le » monde ; dans une république surtout, on doit bien se » garder d'avoir deux poids et deux mesures et de

---

(1) Citons à titre d'exemple, un jugement du tribunal de Genève qui accorde à un ouvrier 5,000 francs d'indemnité pour « affaiblissment » de la vision d'un des deux yeux.

(2) Cette loi, spéciale au canton de Genève et à une catégorie d'industries, renferme d'autres dispositions remarquables, notamment celle contenue dans l'article 2 ainsi conçu : « Si l'accident est dû à l'intervention d'un tiers, l'entrepreneur a recours contre lui. » C'est dire que le patron est présumé responsable même des accidents occasionnés par des tiers à ses ouvriers ; solution étonnante qui s'accorde mal avec les motifs qui ont fait admettre la présomption de faute.

(3) *Annuaire de législation étrangère*, année 1882.

» bouleverser ainsi les notions du tien et du mien. »
La loi n'en fut pas moins votée en séance publique à une assez faible majorité.

Elle contient seize articles. L'article 1er édicte la responsabilité des fabricants. L'article 2 est la reproduction de l'article 5 de l'ancienne loi, qui établissait la présomption de faute. Il est ainsi conçu :

Art. 2. — « Le fabricant, lors même qu'il n'y
» aurait pas faute de sa part, est responsable du
» dommage causé à un employé ou à un ouvrier tué
» ou blessé, dans les locaux de la fabrique et par son
» exploitation, à moins qu'il ne prouve que l'accident
» a pour cause ou la force majeure ou des actes cri-
» minels ou délictueux imputables à d'autres personnes
» que celles mentionnées à l'article 1er (mandataire,
» représentant du patron, directeur et surveillant des
» travaux), ou la propre faute de celui-là même qui a
» été tué ou blessé. »

Rien n'est donc changé, touchant la preuve, aux dispositions de la loi de 1877. Mais, où la loi nouvelle introduit une modification importante, c'est en ce qui concerne le règlement de l'indemnité. Frappé des inconvénients résultant de l'arbitraire laissé au juge par l'ancienne loi, le législateur de 1881 a établi un maximun qui s'impose au tribunal saisi de la contestation. L'indemnité est fixée à six fois le montant du salaire annuel de la victime, sans pouvoir dépasser la somme de 6,000 francs, non compris les frais médicaux ou d'inhumation.

On a donc limité, dans l'intérêt du patron, le chiffre autrefois illimité des dommages-intérêts. Voici, indiquées dans l'article 6, les bases sur lesquelles le juge doit les calculer :

Art. 6. — « L'indemnité qui doit être accordée en
» réparation du dommage comprend :

A. — » En cas de mort immédiate ou survenue après
» traitement, les frais quelconques de la tentative de
» guérison, le préjudice souffert par le défunt pendant
» sa maladie par suite d'incapacité totale ou partielle
» de travail, les frais funéraires, le préjudice causé aux
» membres de la famille à l'entretien desquels le défunt
» était tenu au moment de sa mort. Les ayants droit
» à l'indemnité sont l'épouse, les enfants et petits-
» enfants, les parents et les grands-parents, les frères
» et sœurs.

B. — » En cas de blessure et de maladie, les frais
» quelconques de la maladie et des soins donnés pour
» la guérison, le préjudice souffert par le blessé ou le
» malade, par suite d'incapacité de travail totale ou
» partielle, durable ou passagère.

» ....Le juge peut, avec l'assentiment de tous les
» intéressés, substituer au paiement d'un capital
» l'allocation d'une rente annuelle équivalente. »

Mais, à côté de cet adoucissement, l'article 3 de la nouvelle loi aggrave sensiblement la responsabilité du patron, en l'étendant aux maladies contractées dans l'usine, « lorsqu'il est démontré qu'elles ont exclusi-
» vement pour cause l'exploitation de la fabrique ». Cette disposition, particulièrement sévère, a vivement été critiquée par les patrons qui y voient la consécration d'une foule d'abus et la cause d'interminables procès. Comment découvrir, en effet, avec quelque

certitude, les véritables origines de la maladie des ouvriers ? Que de causes cachées, telles que les affections originaires, les privations ou les excès, doivent entrer en ligne de compte dans ces délicates recherches ! N'est-ce point au reste rendre impossible, en Suisse, l'existence de certaines industries plus particulièrement insalubres ?

L'établissement d'une présomption de faute à la charge du patron, en cas d'accident, était déjà assez onéreuse pour l'industrie, sans qu'il fût nécessaire d'y ajouter une présomption de faute en cas de maladie. Si l'on ne tempérait en pratique l'effet de cette disposition aussi rigoureuse qu'injustifiable, c'en serait bientôt fait des établissements qui sont à la fois dangereux et insalubres. Les frais généraux, démesurément grossis par le paiement de nombreuses et lourdes indemnités, absorberaient bientôt et au delà les bénéfices déjà restreints de l'industrie suisse.

Une disposition spéciale, l'article 7, édicte que les créances d'indemnités ne peuvent être ni saisies, ni cédées et ne rentrent pas dans la masse de la faillite de l'ayant droit. C'est une protection spéciale accordée dans un but humanitaire à l'ouvrier et à sa famille, placés accidentellement dans une situation particulièrement intéressante.

La disposition contenue dans l'article 9 est remarquable, en ce sens qu'elle apporte un certain tempérament aux obligations du patron, toutes les fois qu'il existe au profit de l'ouvrier blessé ou malade une assurance, à l'acquisition de laquelle le fabricant a contribué en payant au moins la moitié de la prime.

Dans ce cas, les sommes payées par l'établissement assureur au blessé, au malade ou aux ayants droit du défunt sont en totalité et de plein droit déduites de l'indemnité. Par contre, si la participation du fabricant au paiement des primes a été inférieure à la moitié, on ne déduit de l'indemnité que la part proportionnelle acquise par ces contributions.

L'article 10 stipule la nullité de toutes conventions faites dans le but de limiter ou d'exclure d'avance la responsabilité, telle qu'elle est réglée dans la loi.

L'article 12 établit une prescription d'un an pour les actions en dommages-intérêts prévues dans la loi. Enfin l'article 15 abroge l'article 5 de la loi fédérale du 23 mars 1877.

On ne saurait encore juger, en parfaite connaissance de cause, les effets produits par cette loi, dont la date est relativement récente. Mais ce qu'on peut affirmer, c'est que les patrons se sont élevés contre elle avec une extrême vigueur, et que les ouvriers eux-mêmes n'ont point paru retirer de son application tout le bien qu'ils en attendaient.

Tout d'abord, l'application pratique de la loi ayant été confiée non aux autorités fédérales, mais aux autorités cantonales, il s'est produit, d'un canton à l'autre, des divergences considérables. Tandis que les cantons favorables à la loi en appliquaient les dispositions avec la dernière rigueur, les cantons qui lui étaient hostiles l'exécutaient timidement et comme à regret. De là des écarts considérables dans les indemnités accordées pour des cas identiques.

De plus, en vertu de la fixation d'un chiffre maximum d'indemnité, les tribunaux sont arrivés à accorder, pour les mêmes blessures, les mêmes indemnités, tout comme si la loi tarifait les diverses espèces d'accidents. Il résulte de cette pratique que l'ouvrier vigilant et soigneux, blessé sans aucune faute de sa part, reçoit la même indemnité que l'ouvrier inattentif et imprévoyant atteint par suite de son étourderie ou de sa maladresse.

Un autre effet de la loi, c'est que les patrons, dont les risques sont considérablement augmentés par l'établissement à leur charge d'une présomption de faute, mettent tous leurs soins à n'employer dans leurs fabriques que des ouvriers habiles, prévoyants et soigneux, au grand détriment des ouvriers moins bien doués. Connaissant les difficultés que présente la preuve d'une faute à la charge de la victime et le peu d'espoir qui leur est laissé de se décharger ainsi de toute responsabilité, ils ont pu facilement comprendre que leur intérêt bien entendu était de n'employer qu'un personnel de choix.

Enfin, chose pénible à constater, la nouvelle loi n'est point faite pour rapprocher l'ouvrier du patron, pour rendre leurs rapports plus bienveillants et plus faciles. Elle indispose l'ouvrier contre le patron par la fixation d'un maximum d'indemnité et irrite plus encore le patron contre l'ouvrier, par l'établissement d'une présomption de faute qu'on a de la peine à justifier. L'effet le plus immédiat de cette situation, c'est que les chefs d'industrie bienfaisants, au lieu de travailler à améliorer le sort des classes ouvrières, en s'imposant des sacrifices parfois fort lourds, se désintéressent de ces mesures humanitaires pour laisser à l'État la charge de pourvoir aux besoins des travailleurs. La loi de 1881 a tué bien des caisses locales de secours, bien des établissements charitables créés par les soins exclusifs des patrons pour venir en aide aux populations ouvrières (1). Raisonnablement, en l'état des transformations créées par cette loi, on ne saurait trop en vouloir aux patrons de se tenir, avec leurs coopérateurs victimes d'accidents, sur le pied de la stricte légalité.

Une dernière critique à adresser à la loi de 1881, c'est qu'elle ne généralise point assez ses prescriptions. Elle se borne, en effet, à prévoir non point même tous les accidents de fabriques, mais ceux-là seulement qui surviennent « dans tout établissement

---

(1) La Suisse est un des pays où les institutions de bienfaisance créées par les patrons se sont le plus multipliées. Sans parler de la participation aux bénéfices qui y est assez généralement pratiquée, il n'est point rare de trouver dans une usine un peu importante des caisses de retraite et de prévoyance, des fourneaux économiques, des cités et maisons ouvrières, des cercles et bibliothèques, etc. Il est vrai de dire aussi que l'ouvrier suisse est un des mieux rétribués qu'il y ait en Europe et qu'il compte parmi les plus intelligents, les plus économes et les plus laborieux. L'esprit sage, charitable et bienveillant du patron, les qualités morales de l'ouvrier n'ont pas peu contribué à établir cette bonne entente. Il est fâcheux que la loi nouvelle soit de nature à détruire de part et d'autre ces excellentes dispositions. C'est d'autant plus regrettable que, moins que tout autre pays, la Suisse éprouvait le besoin d'une réforme aussi radicale.

» industriel où un nombre plus ou moins considérable
» d'ouvriers sont occupés *simultanément et réguliè-*
» *rement, hors de leur demeure et dans un local*
» *fermé* ». Telle est la disposition de l'article 1ᵉʳ de
la loi de 1881. Il est évident que, en dehors même des
ouvriers agricoles dont la loi ne parle pas, de nombreuses et importantes catégories d'ouvriers industriels
ne sont pas protégées par ses dispositions.

Tout cela ne serait rien encore si la loi ne créait, au profit des ouvriers, un véritable privilège et ne bouleversait ainsi les notions premières du droit. Édicter le renversement de la preuve, n'est-ce point en effet établir, au bénéfice d'une catégorie de citoyens, une législation exceptionnelle et méconnaître ces deux principes protecteurs, que la faute, sauf de rares exceptions justifiables, ne se présume pas et que c'est au demandeur à établir le bien fondé de sa demande par tous les moyens de preuve que la loi met dans ses mains ? Il faudrait au moins que cette présomption de faute fût motivée par de sérieuses et graves raisons et s'appuyât sur des faits décisifs, sur un concours de circonstances particulièrement intéressantes. La situation faite aux ouvriers par l'application du droit commun réclamait-elle, aussi impérieusement qu'on veut bien le dire, l'adjonction d'une présomption nouvelle à celles peu nombreuses que consacre la loi ? Nous répondrons à cette question, quand nous exposerons les tentatives faites en France pour améliorer le sort des ouvriers victimes d'accidents, car plusieurs d'entre elles se sont manifestement inspirées de la loi suisse.

Il nous suffira, pour le moment, de constater que, si

la loi suisse n'a point donné jusqu'ici des résultats aussi désastreux qu'on l'appréhendait, c'est grâce aux relations généralement cordiales qui règnent encore entre patrons et ouvriers. Il n'est point rare en effet de voir, en Suisse, sous l'empire de la loi actuelle, ouvriers et patrons se faire des concessions réciproques et arriver ainsi au règlement amiable des litiges (1).

DEUXIÈME SECTION.

ALLEMAGNE.

Le mouvement de réforme en faveur de la classe ouvrière qui avait pris naissance, dès le milieu du siècle, dans les divers États de la Confédération germanique, s'accéléra au lendemain de la constitution de l'Empire. Le développement des idées socialistes (2)

---

(1) Consulter sur la matière : René Lavollée, *les Classes ouvrières en Europe (Suisse)*, p. 29 ; — Hubert-Valleroux, *Journal des Economistes*, année 1883, p. 18 ; — Alfred Renouard, *la Question des accidents du travail*, p. 7.

(2) Le socialisme allemand, qui s'est signalé, dans ces dernières années, par de nombreux attentats et dont les progrès sont aussi menaçants que son organisation est puissante et ses ramifications nombreuses, diffère essentiellement du socialisme pratiqué dans les autres pays. Ce n'est exclusivement ni le socialisme doctrinaire préconisé par Louis Blanc, ni le socialisme cosmopolite prêché par les internationalistes, ni le socialisme particulariste et national. Il tient à la fois des uns et des autres ; de plus, il diffère suivant les États de l'Empire où il est pratiqué. Il y a le socialisme progressiste et

et l'autoritarisme du prince de Bismarck ne furent point étrangers à cette politique.

La première manifestation législative, en faveur des victimes du travail, date du 7 juin 1871 (1). Le Reichstag vota, à cette époque, une loi concernant les indemnités dues à raison des accidents occasionnés par l'exploitation des chemins de fer, des mines, des carrières, des fabriques, etc. Cette loi consacrait indistinctement la responsabilité des compagnies et des directeurs de fabriques, à la condition qu'il y eût faute de leur part ou de celle de leurs agents. Mais elle établissait, entre les accidents de chemins de fer et les accidents de fabriques, une distinction très importante au point de vue de la preuve.

Tandis que l'article 1er de la loi portait « que l'en-
» trepreneur de l'exploitation d'un chemin de fer était
» tenu de réparer le préjudice qui résultait de l'accident,

---

pacifique et le socialisme violent et niveleur ; il y a le socialisme catholique et le socialisme gouvernemental, le socialisme à tendances germaniques et le socialisme international, le socialisme doctrinaire et le socialisme anarchique. Au milieu de ces divergences de doctrines, il n'est point impossible toutefois de trouver quelques traits de ressemblance et quelques caractères communs. Ainsi, le socialisme allemand a toujours été jusqu'ici plutôt national que cosmopolite, et, malgré le nombre et l'audace de ses méfaits, plutôt progressiste et pacifique que violent et irréductible. Toutefois, les tendances actuelles sont contraires, et l'on peut dire qu'il n'est point trop de la puissance et de la volonté du prince de Bismarck pour opposer une barrière au flot montant du socialisme niveleur.
— Voir M. Lavollée, *les Classes ouvrières en Europe*.

(1) *Annuaire de législation étrangère*, année 1871.

» *s'il ne prouvait pas* que l'accident avait été causé
» par la force majeure ou par la propre faute de la
» personne tuée ou blessée », l'article 2 déclarait
celui qui exploitait une mine, une carrière ou une
fabrique, responsable dans les termes du droit commun. Ce qui revient à dire que si, dans le premier
cas, il existe à la charge de l'entrepreneur de l'exploitation une présomption de faute qui dispense la
victime de toute preuve préalable, cette présomption
n'existe plus quand on se trouve en présence d'accidents survenus dans les usines, carrières et fabriques.
Dans ce dernier cas, c'est à l'ouvrier demandeur
qu'incombe la charge de prouver l'existence d'une
faute imputable au patron. — Les autres articles de la
loi de 1871 contenaient, à peu de chose près, les
mêmes dispositions que la loi suisse de 1881.

On le voit, sauf pour les compagnies de chemins de
fer, le droit commun résultant des articles analogues à
nos articles 1382 et suivants était maintenu. La masse
des ouvriers de la grande et de la petite industrie ne
retiraient donc aucun profit de la loi nouvelle. Il fallait
trouver mieux pour donner satisfaction aux doléances
de la classe ouvrière et combattre efficacement les
tendances socialistes, qui se manifestaient de plus en
plus vives sur tous les points de l'Empire.

Déjà, au cours de la discussion de la loi du
17 juillet 1878 (1), modifiant la loi sur l'industrie,
deux députés socialistes, MM. Hasenclever et Kapell,

---

(1) *Annuaire de législation étrangère*, année 1879, p. 102.

avaient invité le Gouvernement à prendre l'initiative d'une proposition de loi d'après laquelle le patron serait toujours considéré comme responsable, sauf à lui à prouver qu'il n'était point en faute. Cette motion fut repoussée par le Reichstag. Dans la même discussion, M. Hirsch avait convié le Gouvernement à étudier avec soin la question de savoir dans quels cas le patron devait être déclaré responsable de l'accident survenu à son ouvrier. Plus heureuse que la première, cette proposition avait été renvoyée à la commission chargée d'élaborer la loi sur l'industrie.

C'est alors que le Chancelier, pour faire honneur aux engagements qu'il avait pris au cours de la discussion du projet de loi contre les socialistes présenté par lui en 1878, conçut le grand projet, pour venir en aide aux populations ouvrières, de rendre obligatoires les caisses de secours contre la maladie, les caisses de retraites pour la vieillesse et les assurances ouvrières en cas d'accidents. Ces mesures devaient, dans son esprit, faire partie de la grande réforme économique entreprise en 1879. Après avoir inauguré sa politique économique par le libre échange et des concessions nombreuses au système libéral, le Chancelier de l'Empire s'était fait à la fois protectionniste, socialiste et autoritaire. Nous verrons bientôt quelles furent les causes de cette subite évolution et quels étaient les secrets de ce plan aussi vaste que mystérieux.

L'idée de l'assurance obligatoire n'était pas nouvelle en Allemagne. Elle avait été inscrite en principe dans les législations de Prusse, de Saxe et de Bavière. Les communes étaient chargées de l'appliquer sans y être tenues (1); c'était une législation permissive, une sorte de *local option*. Les ouvriers habitant la commune pouvaient être astreints, si tel était le gré de cette dernière, à faire partie d'une association mutuelle quelconque.

Telles étaient les dispositions des lois industrielles de 1849 et 1854, particulières à la Prusse. La loi du 7 avril, sur les caisses de secours enregistrés, et celle du 8 avril 1876 (2), modifiant le titre VIII de la loi industrielle *(Gewerbeordnung)*, étendirent ce régime de l'assurance facultativement obligatoire dans tout l'Empire d'Allemagne. Il est juste de remarquer toutefois que cette réglementation ne visait que l'assurance mutuelle en cas de maladies. Au contraire, l'assurance obligatoire contre les accidents existait depuis le moyen âge, en Prusse et en Saxe, mais seulement pour les ouvriers mineurs (3).

Quand le Reichstag allemand se réunit, le 15 février 1881, le message de l'Empereur annonça en ces termes

---

(1) Les communes avaient intérêt à profiter de la faculté qui leur était laissée de décréter, sur leur territoire, l'assurance obligatoire. En effet, elles étaient tenues légalement, d'après les traditions germaniques, de nourrir leurs pauvres. En obligeant les ouvriers à s'assurer, elles diminuaient ainsi leurs charges.

(2) *Annuaire de législation étrangère*, année 1876, p. 159.

(3) Signalons encore à l'actif du Chancelier l'organisation, en 1871, dès le lendemain de la guerre franco-allemande, d'une assurance militaire spéciale. Il fut créé, à cette époque, sous son inspiration et ses auspices, une grande société mutuelle obligatoire entre toutes

la proposition de loi concernant l'assurance obligatoire des ouvriers contre les accidents :

« La guérison des maux sociaux ne doit point être
» cherchée exclusivement dans les moyens de répres-
» sion des excès socialistes, mais aussi dans l'amélio-
» ration réelle du bien-être des travailleurs. Dans cet
» ordre d'idées, la première question à examiner est le
» soin de ceux d'entre les travailleurs qui sont frappés
» d'une incapacité de travail. C'est dans l'intérêt de
» cette classe que S. M. l'Empereur a fait soumettre
» au Conseil fédéral un projet de loi sur les assurances
» contre les accidents qui répond aux désirs des tra-
» vailleurs et des entrepreneurs. »

Pour mieux préparer le projet de loi dont il s'agissait à subir le choc des débats du Reichstag et des appréciations de la presse, il fut soumis à l'examen d'un Conseil économique extraordinaire dans lequel furent appelés de grands industriels et des économistes influents.

Le projet fut déposé sur le bureau du Reichstag le 8 mars 1881, après n'avoir subi de la part du Conseil économique que des modifications de détail. Les grandes lignes du projet étaient les suivantes :

D'abord, la question de responsabilité était reléguée au dernier plan, ou, plutôt, elle était fondue dans

---

les armées allemandes. Les premiers frais d'administration furent payés par la cassette impériale. Cette société fonctionne encore à l'heure actuelle ; mais il est facile de comprendre que, l'Empire n'ayant été engagé dans aucune guerre depuis 1871, elle n'a point actuellement d'autres charges qu'une assurance ordinaire.

l'organisation de vastes assurances qu'on rendait obligatoires pour les patrons et qui avaient pour effet de faire obtenir, dans tous les cas possibles d'accidents, aux victimes du travail, une indemnité fixée d'avance. On arrivait ainsi à supprimer les procès entre ouvriers et patrons pour le règlement de la réparation due. De plus, au dire des promoteurs du projet, l'institution, tout en garantissant à l'ouvrier les dommages-intérêts auxquels il avait droit, imposait aux patrons une charge moins onéreuse que celle qui résultait de l'application des règles sur la responsabilité patronale. On espérait ainsi servir à la fois les intérêts de l'ouvrier et ceux des patrons.

Trois grands principes dominaient la proposition et lui imprimaient un caractère d'audacieuse innovation :

1° Le principe de l'assurance obligatoire ;

2° Celui d'une caisse unique et exclusive placée entre les mains de l'Empire et ayant son siège à Berlin ;

3° Celui de la participation de l'État dans le paiement des primes.

Il est aisé de découvrir, dans ces dispositions, l'intention secrète qui guidait le Chancelier et le profit gouvernemental qu'il espérait en retirer. L'assurance obligatoire, c'était le premier pas fait dans une voie économique antilibérale, le premier coup donné aux partisans du laissez-faire. L'État assureur exclusif, c'était la centralisation à outrance, l'inquisition gouvernementale ouvertement pratiquée dans le monde du travail, l'établissement d'un contrôle sévère et incessant et d'une active surveillance exercés au milieu des centres ouvriers, au sein même des foyers socialistes. La subvention de l'État, c'était le triomphe du socialisme d'État, l'affirmation catégorique du droit à l'existence. L'État, enlevant ainsi à une classe de citoyens pour donner à l'autre, se posait implicitement en maître de la propriété.

Le docteur Joëg, de Munich, caractérisa en termes éloquents et incisifs, dans ses *Feuilles historiques et politiques*, la nouvelle évolution du Chancelier en disant : « Le but que M. de Bismarck poursuit se mani-
» feste à tous les regards. Il veut que l'État et l'Empire
» soient pourvus de ressources toujours plus grandes,
» afin que l'État et l'Empire puissent jouer le rôle de
» père nourricier. Or, celui qui a un père nourricier n'a
» plus d'existence indépendante; il appartient à celui
» qui le nourrit. »

Tout en se donnant l'air de faire quelque chose pour résoudre la question sociale, le Chancelier servait sa politique d'égoïsme et d'absorption, en créant une vaste machine gouvernementale dont il espérait tirer grand profit.

La proposition originaire contenait quarante-sept articles. Voici quelles en étaient les dispositions principales :

L'article 1er portait que « tous les ouvriers et
» employés dans les mines, salines, carrières et fosses,
» dans les chantiers de construction ou dans leurs
» dépendances, dans les fabriques ou hauts-fourneaux,
» dont le gain annuel comme gage ou salaire ne dépas-
» sait point 2,000 marcks (2,500 francs), devaient être
» assurés, par une institution créée et administrée pour

» le compte de l'Empire, contre les accidents auxquels
» leur travail les expose ».

Aux termes de la loi étaient assimilés aux établissements industriels tous ceux dans lesquels il était fait usage de chaudières ou d'une force naturelle quelconque (eau, vapeur, gaz, air chaud, etc.).

L'Empereur et le Conseil fédéral réglaient l'organisation, l'administration, les tarifs et conditions des assurances. Les tarifs devaient être revisés tous les cinq ans. L'assurance avait pour objet une indemnité à accorder en cas de lésion corporelle, entraînant une incapacité de travail de plus de quatre semaines, ou en cas de mort.

Les indemnités garanties consistaient :

En cas de blessures,

1° Dans les frais médicaux, à partir de la cinquième semaine ;

2° Dans une pension à payer au blessé pendant la durée de l'incapacité de travail. La base de cette pension devait être le salaire moyen payé à l'assuré. Elle ne pouvait être inférieure à 25 0/0, ni supérieure à 50 0/0 du salaire moyen.

En cas de mort,

1° En 10 0/0 du salaire de l'année pour frais d'enterrement ;

2° Dans une pension à payer à la famille du défunt, à dater du jour du décès, à raison de 30 0/0 du salaire moyen à la veuve et de 10 0/0 à chaque enfant légitime, jusqu'à l'âge de quinze ans, la pension totale ne pouvant dépasser 50 0/0 du salaire normal.

Les primes, divisées en plusieurs classes suivant

les risques qu'offraient les industries assurées et calculées, après chaque trimestre, suivant les salaires payés pendant ce trimestre, étaient réglées comme suit :

Pour les ouvriers, dont le gain annuel était inférieur à 750 marcks (937 fr. 50 c.), les deux tiers de la prime devaient être payés par l'industriel et l'autre tiers par l'Empire. Le service de l'assistance publique du rayon où était situé l'établissement, en conformité de la loi domiciliaire du 6 juillet 1870, était chargé du paiement de ce dernier tiers.

Pour les assurés, dont le salaire variait de 750 à 1,000 marcks (1,250 francs), la prime était payée : deux tiers par les patrons, un tiers par l'ouvrier; pour ceux dont le salaire dépassait 1,000 marcks, moitié par le patron, moitié par l'ouvrier.

La portion de la prime à acquitter par l'ouvrier gagnant plus de 750 marcks pouvait être retenue sur le salaire par les chefs d'établissements. Le recouvrement des primes en retard était poursuivi de la même manière que celui des impôts communaux.

L'assurance impériale pouvait, sur la demande de l'ayant droit et avec l'assentiment du service de l'assistance publique, payer en partie ou en totalité la valeur en capital de la pension accordée à titre d'indemnité. Les créances d'indemnité ne pouvaient être ni engagées, ni transférées, ni saisies. Les actes et pièces étaient exempts de timbre et de taxes.

Les ouvriers ainsi assurés pouvaient contracter une autre assurance en leur nom personnel, pour se garantir un supplément aux pensions fixées par la loi.

Enfin, l'article 2 de la loi du 7 juin 1871 était aboli.

Inutile d'ajouter que l'intervention de l'Empire excluait les compagnies d'assurances particulières et créait un monopole dans toute l'acception du mot.

Le projet de loi, distribué aux membres du Reichstag le 13 mars 1881, fut discuté en séance publique le 1er avril suivant. La discussion générale dura trois jours. M. Bamberger, un des chefs de l'école libérale, le combattit vivement dans toutes ses parties et se déclara pour la modification et l'extension plus grande de la loi sur la responsabilité.

M. Richter, chef du parti progressiste, s'éleva avec force contre le principe de l'assurance obligatoire, acceptée au contraire avec enthousiasme par M. de Marschall, membre du parti conservateur, et par M. de Hertling, un des membres les plus distingués de la fraction du Centre. Toutefois, ces deux derniers orateurs repoussèrent avec énergie la centralisation de l'assurance entre les mains de l'Empire et la subvention de l'Etat. Les socialistes au contraire accueillirent le projet avec faveur, non sans laisser percer cependant, vis-à-vis du Chancelier, une certaine méfiance. M. Bebel s'écria : « Le prince de Bismarck croit nous
» tenir, mais c'est nous qui le tenons. Ce n'est point
» nous, socialistes, qui allons vers lui, mais c'est
» lui qui est obligé de venir vers nous. » Et il ajouta ironiquement : « Apportez-nous encore quelques dou-
» zaines de lois semblables ; elles ne peuvent nous
» nuire. »

Après la discussion générale, le projet fut renvoyé à une commission de vingt-huit membres qui, par suite d'un compromis entre le Centre et les fractions conservatrices, le modifia profondément. Le principe de l'assurance obligatoire fut maintenu, mais on écarta la subvention de l'Etat, ainsi que le monopole de l'Empire. Ce monopole fut remis entre les mains des Etats particuliers, à la condition toutefois qu'il fût permis, soit à des établissements particuliers, soit à des associations corporatives, de s'assurer, en versant à la caisse officielle le montant des indemnités afférent chaque année à cet établissement ou à ces corporations. De plus, la commission proposait de faire payer par l'ouvrier le tiers de la prime que le projet mettait à la charge de l'Empire. — M. de Hertling fut nommé rapporteur.

Le projet ainsi remanié fut discuté le 31 mai. Les débats occupèrent quatre séances. M. de Bismarck souffrant se fit remplacer par le Secrétaire d'État, M. de Bœtticher, qui défendit avec acharnement la caisse de l'Empire contre la caisse des États particuliers, ainsi que la subvention de l'État. Les conclusions de la commission n'en furent pas moins adoptées sans modifications, après une discussion longue et passionnée, grâce à la coalition dont nous avons parlé. Mais le Conseil fédéral, sur l'initiative du Chancelier, rejeta le projet de loi ainsi amendé.

Un nouveau projet fut présenté au Reichstag, le 8 mai 1882, en même temps qu'un projet de loi sur l'assurance obligatoire contre les maladies. Bien que, dans la pensée du Chancelier, ces deux propositions dussent se compléter l'une par l'autre, ce dernier projet aboutit le premier et devint la loi du 15 juin 1883, loi qui décrète et organise minutieusement la mutualité obligatoire pour les ouvriers, en vue des maladies. Le grand obstacle à l'adoption du projet d'assurance contre les accidents fut encore le maintien d'une subvention de l'État, dans la proportion de 25 0/0. La discussion fut longue et confuse. Les amendements proposés furent nombreux et les résistances des diverses fractions de l'assemblée très vives. Enfin, grâce à des concessions réciproques, grâce surtout à l'adoption par le Gouvernement de certaines dispositions empruntées au système corporatif, cher au parti du Centre, l'entente finit par se faire, et le troisième projet déposé sur le bureau du Reichstag, le 6 mars 1884, fortement amendé d'ailleurs, devint la loi du 6 juillet 1884, promulguée le 10 du même mois et rendue exécutoire à partir du 1er octobre 1885.

Voici les traits essentiels du système compliqué inauguré par cette loi :

La nomenclature des assurés est fournie par l'article 1er ainsi conçu : « Tous les ouvriers et em-
» ployés d'exploitations, ces derniers en tant que
» leur gain annuel en salaire ou traitement ne dépasse
» pas 2,000 marcks, occupés dans les mines, salines,
» établissements de traitement, de préparation ou de
» lavage des minerais, carrières de pierres, minières,
» chantiers de marine et de construction de bâtiments,
» ainsi que dans les fabriques et dans les forges,
» seront assurés, conformément aux dispositions de la
» présente loi, contre les suites des accidents qui

» surviennent dans l'exploitation (1).... Sont assi-
» milées, dans le sens de la présente loi, aux indus-
» tries spécifiées au précédent alinéa, les exploitations
» où il est fait emploi de chaudières à vapeur ou de
» machines mues par une force élémentaire (vent,
» eau, vapeur, gaz, air chaud, etc.), à l'exception des
» exploitations accessoires de l'agriculture et de la
» sylviculture ne tombant pas sous l'application du
» précédent alinéa (2).

» ....L'Office des assurances de l'Empire décide
» quelles exploitations doivent en outre être consi-

---

(1) En dehors de ces catégories d'ouvriers, les associations de profession, dont nous aurons plus tard à nous occuper, peuvent étendre l'obligation de l'assurance à des ouvriers ou employés dont le traitement ou le salaire dépasse 2,000 marcks. De plus, il est même loisible aux entrepreneurs de contracter, pour leur propre compte, une assurance à la caisse commune. Cette disposition sert utilement les intérêts des petits patrons.

(2) Il paraîtrait résulter d'une dépêche adressée de Berlin au journal *le Temps*, le 21 décembre 1884, que le conseil fédéral aurait adopté l'extension des assurances contre les accidents de fabrique aux ouvriers agricoles et forestiers. Ce vote ne devait être à l'époque qu'un avis favorable donné à la prise en considération d'un projet de cette nature, car nous ne pensons pas que cette assurance ait jusqu'ici été pratiquée.

Une loi du 28 mai 1885 a ajouté à la nomenclature de l'article 1er les ouvriers ou agents des administrations des postes, télégraphes et chemins de fer, les ouvriers ou employés des arsenaux, de la marine et de l'intendance militaire, les ouvriers dragueurs, les ouvriers occupés dans les entreprises de voiturage, de navigation intérieure, d'expédition, d'emmagasinage, etc.

» dérées comme fabriques dans le sens de la présente
» loi. »

Les ouvriers ou employés, compris dans la nomenclature qui précède, doivent être assurés par les soins de leurs patrons et sous leur responsabilité. Ceux-ci sont tenus, d'après l'article 11, « de déclarer leur
» exploitation à l'autorité administrative inférieure, dans
» un délai à fixer par l'Office des assurances de
» l'Empire, et de publier, avec l'indication de l'objet et
» de la nature de l'exploitation, le nombre des
» personnes soumises à l'assurance obligatoire qui y
» sont occupées en moyenne ».

Faute par les patrons de se conformer à ces exigences, l'autorité administrative de chaque ressort se procure elle-même les renseignements voulus, à l'aide d'indications que les patrons sont tenus de fournir sous peine d'une amende de 100 marcks (1).

La prime à payer est, pour le tout, à la charge des patrons. Le principe de la subvention de l'État, auquel le Chancelier paraissait attacher une si grande importance, a été définitivement écarté. L'État n'est plus que garant responsable de la solvabilité des organes de l'assurance. Les ouvriers eux-mêmes qui, dans les projets primitifs, devaient supporter une partie de la prime, n'y contribuent point en principe. Nous verrons toutefois que, grâce aux combinaisons établies entre

---

(1) D'un rapport de l'Office impérial de statistique du 20 novembre 1886, il résulte qu'il y avait à cette date, en Allemagne, 243,974 établissements inscrits, occupant 3,031,709 ouvriers.

la caisse des assurances-maladies et la caisse des assurances-accidents et aux emprunts que la première de ces caisses fait à la seconde pour le paiement des indemnités, les ouvriers supportent indirectement une partie du poids de l'assurance (1).

Les organes de l'institution ne sont pas les compagnies d'assurances particulières, suspectées et mises à l'écart dès l'origine. Ce n'est pas davantage le Gouvernement impérial, entre les mains duquel le Chancelier proposait de monopoliser la gestion des assurances ouvrières, ni même les Gouvernements particuliers des États, comme le voulait le premier projet voté par le Reichstag (2).

L'assurance est *mutuelle*. — Ses organes sont des *Associations professionnelles* établies entre les entrepreneurs industriels. Ces associations qui existaient déjà, sous la forme de syndicats de métiers et d'industries fondés pour l'étude et la défense des intérêts communs de leurs membres, ont servi de base à la nouvelle organisation. Mais, de libres, elles sont devenues, à proprement parler, obligatoires, au

---

(1) La participation des ouvriers au paiement de la prime a été écartée, parce qu'elle équivaudrait pour eux, a-t-on dit, à une diminution de salaire.

(2) L'exclusion absolue des compagnies a été prononcée, parce que, sociétés de spéculation avant tout, leur intervention devait être nuisible aux relations mutuelles des patrons et des ouvriers et devait créer des procès sans nombre et sans fin. La gestion directe de l'Empire a été rejetée, de peur qu'elle ne devînt un instrument de despotisme entre les mains du prince de Bismarck.

moins pour réaliser les prescriptions de la loi et remplir la mission qui leur était confiée.

En principe, ces syndicats peuvent être librement et spontanément formés par les intéressés, sous l'approbation du Bundesrath (Conseil fédéral) et dans un délai de quatre mois, à partir de la promulgation de la loi. Ils sont constitués d'autorité, après audition des délégués des branches d'industries intéressées, toutes les fois que leurs membres n'ont point pris, dans le délai voulu, l'initiative qui leur appartient (art. 12) (1).

Leur groupement se fait par circonscriptions, dont l'étendue et la composition sont laissées au choix des industries syndiquées. Il suffit que l'association ou la

---

(1) Les entrepreneurs d'industries ont mis à se syndiquer, selon le vœu et dans les limites de la loi, une bonne volonté remarquable. En effet, le Bundesrath n'a eu intervenir que pour la formation d'un nombre relativement restreint d'associations de professions (six sur soixante-deux actuellement existantes). — Parmi celles-ci, vingt-six sont rattachées au même centre, à Berlin le plus souvent, et embrassent toute l'étendue de l'Empire. D'autres, comme celles qui comprennent l'industrie des fers, au nombre de huit, et l'industrie des tissus, au nombre de cinq, sont subdivisées en groupes géographiques, tels que les usiniers du Rhin et de Westphalie ou les industries textiles du Nord. L'industrie du bâtiment forme à elle seule douze groupes divisés par États ou par Provinces. — Les groupes d'ouvriers ou employés de l'État, obligatoirement assurés d'après la loi de 1885, sont au nombre de quatre-vingt-quatre ; mais ils n'ont pas été divisés en corporation. C'est l'Empire qui, pour eux, gère lui-même l'assurance.

corporation puisse se suffire à elle-même et ne comprenne que des industries similaires.

Créés librement ou d'office, les syndicats règlent eux-mêmes leur organisation intérieure et s'administrent suivant des statuts adoptés par l'assemblée générale de leurs membres, après approbation de l'Office impérial des assurances. Ils jouissent d'ailleurs de droits importants. Ils élisent d'abord leur comité de direction, composé de sept membres, qui sont en rapport direct et continu avec l'Office impérial. Ils sont *personne morale* et partant peuvent ester en justice, acquérir des droits et contracter des obligations. Leur assemblée générale, ou une commission spéciale nommée par elle, établit les classes de risques et fixe les primes ou cotisations à payer par chacun des établissements compris dans l'association. Le tarif des taxes, revisable tous les cinq ans, peut, au gré de l'assemblée générale, varier en plus ou en moins pour un établissement particulier, suivant le nombre des accidents qui y sont survenus.

Les syndicats sont même investis d'une sorte de délégation limitée de la puissance publique. Ainsi, ils sont autorisés (art. 78) à émettre des règlements sur les mesures à prendre pour éviter les accidents, règlements dont la violation peut entraîner une amende de 380 marcks et une augmentation de cotisation. Ils peuvent, dans ce but, créer un comité de surveillance mutuelle ou charger de ce soin des mandataires spécialement désignés.

Le comité de direction, établi auprès de chaque association, a pour mission principale de statuer sur l'enquête prescrite à la suite d'un accident et de fixer le quantum de l'indemnité à attribuer à la victime ou à ses héritiers, d'après des bases fixes et déterminées que nous étudierons plus loin. C'est en quelque sorte le tribunal de première instance de l'association. De plus, le comité dresse les comptes de la gestion financière, veille au versement des cotisations, règle les mutations et les changements survenus dans les industries associées et correspond avec les sections. Les fonctions des membres qui le composent sont temporaires, gratuites et obligatoires (art. 24 et 25).

En dehors de son comité de direction, chaque association professionnelle élit des délégués locaux appelés *hommes de confiance* qui, chargés en général de la police intérieure de l'association, ont pour mission spéciale de surveiller et de contrôler les inscriptions des établissements et de dénoncer au besoin ceux qui tenteraient de se soustraire à l'obligation d'entrer dans l'association.

De plus, il est institué, au sein de chaque association et même de chaque section de corporation, un tribunal arbitral composé d'un président permanent, nommé par l'Empereur, et de quatre assesseurs temporaires, dont deux nommés par l'association ou la section et deux élus, au second degré, par les représentants des ouvriers. C'est une sorte de tribunal d'appel qui a pour mission de connaître des décisions des comités de direction, touchant le règlement des indemnités, et qui les revise au besoin. Il est autorisé à procéder à de nouvelles mesures d'instruction, notamment à entendre des témoins ou à désigner des experts. Les intéressés comparaissent devant lui en personne, ou rédigent un mémoire ; le ministère de l'avocat est interdit.

Au-dessus de ces associations de professions, est établie, à Berlin, une administration que nous avons déjà nommée et qui constitue, à proprement parler, un service de l'Empire. C'est l'Office impérial des assurances. Cette institution est la pièce principale du système et comme un débris, puissant et redoutable encore, de cette machine gouvernementale que le Chancelier voulait édifier en monopolisant les assurances entre les mains de l'Empire. C'est vers l'Office impérial que tout converge ; il a le contrôle et la direction suprêmes des associations professionnelles et exerce sur elles une tutelle très étroite. — Voici comment est réglée sa composition par l'article 87 de la loi :

« L'Office impérial des assurances a son siège à
» Berlin. Il se compose au moins de trois membres per-
» manents, y compris le président, et de huit membres
» non permanents. Le président et les autres membres
» permanents sont nommés par l'Empereur, sur la
» proposition du Bundesrath (1). Parmi les membres
» non permanents, quatre sont élus par le Bundesrath,
» dans son sein, deux sont élus, au moyen de vote
» par bulletins, par les comités directeurs des associa-
» tions et deux par les représentants des ouvriers

---

(1) M. de Bœtticher, ministre d'Etat, occupe, depuis la mise en vigueur de la loi, les fonctions de président de l'Office impérial des assurances.

» assurés, dans leur sein, par une élection faite sépa-
» rément, sous la direction de l'Office impérial des
» assurances. L'élection est faite à la majorité rela-
» tive ; en cas de partage, le sort décide. La durée des
» fonctions des membres non permanents est de
» quatre ans. »

L'article 88 règle les droits de surveillance et de contrôle de l'Office qui s'étendent « à l'observation des » prescriptions légales et statutaires ». Le même article ajoute que « l'Office est autorisé à procéder, en tous » temps, à la vérification des opérations des associa- » tions ». Les membres des comités de direction et les hommes de confiance sont tenus, à sa requête, de présenter leurs livres, documents et correspondances aux agents chargés de le représenter, et ce sous peine d'une amende de 1,000 marcks.

L'Office est en outre chargé (art. 33) de liquider la situation des associations dont les affaires périclitent, de continuer leur gestion jusqu'au jour où elles seront fondues dans d'autres associations. Il assume à cette occasion la responsabilité des opérations contractées et se charge du règlement des intérêts en souffrance.

C'est lui enfin qui juge le plus ordinairement, en dernier ressort, les litiges et contestations des ouvriers qui se prétendent lésés par la décision du comité de direction ou du tribunal arbitral de leur association. Il constitue à proprement parler, dans ce but, une Cour suprême, par rapport aux tribunaux arbitraux. Cependant, dans certains cas déterminés, les intéressés peuvent encore se pourvoir devant le Conseil fédéral (1).

Tels sont les rouages principaux de l'assurance obligatoire créée par la loi de 1884. — Il nous reste à déterminer la quotité des primes, l'évaluation des indemnités et la procédure à suivre pour les obtenir.

Les fonds nécessaires au service des indemnités sont constitués par l'établissement d'une prime graduée, c'est-à-dire d'une prime croissant d'année en année dans le rapport de l'augmentation des charges. Des calculs dressés il résulte que le total des cotisations doit s'élever progressivement pendant quatre-vingts ans, pour que les primes versées puissent suffire aux besoins des assurances. La prime varie, en moyenne, de 1 marck 69 à un peu plus de 12 marcks par ouvrier. Indépendamment de cette prime ordinaire, on exige, dès la première année, la constitution d'un fonds de réserve, calculé à 300 0/0 du montant de la prime. La prime à payer pour constituer cette réserve croît jusqu'à la

---

(1) Notons avec soin que chaque Etat particulier peut, à son gré et à ses frais, instituer sur son territoire un Office national d'assurances pour les associations qui ne s'étendent pas au delà de ses frontières. La composition de ces assemblées est réglée sur celle de l'Office impérial; seulement, le Conseil fédéral n'ayant pas à élire de membres, on n'y compte que quatre membres élus au lieu de huit. Les fonctions sont en principe les mêmes, à cette différence près que l'Office particulier n'a mission et pouvoir de les exercer qu'au regard des associations exclusivement renfermées dans les limites du territoire de l'Etat.

cinquième année, pour diminuer à partir de la sixième et s'éteindre complétement à la fin de la onzième année.

La fixation des primes varie en raison des risques de chaque profession. L'association dresse pour cela un tableau des risques que présente chacune des industries qu'elle comprend. Le taux de la prime, ainsi fixé par elle, s'impose à l'acceptation des chefs d'établissements, qui n'ont que la ressource de recourir au tribunal arbitral ou au besoin à l'Office impérial des assurances.

Les indemnités sont réglées ainsi qu'il suit :

Lorsque l'accident n'a point occasionné la mort de la victime, les frais de traitement sont, pendant les treize premières semaines, à la charge exclusive de la Caisse des assurances contre la maladie (1). La caisse des assurances-accidents ne commence à fonctionner qu'à partir de la quatorzième semaine, lorsque les suites de l'accident se font sentir au delà. L'ouvrier blessé passe alors sous sa protection et reçoit, en cas d'incapacité totale, outre les frais de maladie, une indemnité journalière fixée aux deux tiers de son salaire

---

(1) On voit qu'en somme la Caisse des assurances contre la maladie supporte une assez grande partie des frais auxquels donnent naissance les accidents industriels, car beaucoup d'accidents n'occasionnent qu'une incapacité de travail de moins de trois mois. Voilà pourquoi encore nous disions plus haut que l'ouvrier supportait indirectement une partie des charges de l'assurance, la caisse de l'assurance-maladie étant alimentée par lui, ordinairement dans la proportion des deux tiers.

moyen, jusqu'à un maximum de 5 francs, le surplus n'étant compté que pour un tiers.

En cas d'incapacité partielle, il touche, pour la durée de cette incapacité, une indemnité pouvant aller jusqu'à un maximum de 50 0/0 de son salaire moyen.

En cas de mort, l'association paie les frais funéraires sur le pied de vingt fois le salaire journalier; de plus, elle alloue à la veuve, jusqu'à son décès ou son deuxième mariage, 20 0/0 du salaire; à chaque enfant, jusqu'à l'âge de 15 ans, 10 0/0, sans que toutes ces pensions réunies puissent dépasser 60 0/0 du salaire. Les ascendants touchent le 20 0/0 jusqu'à leur mort si le défunt était leur unique soutien. La veuve qui se remarie reçoit cependant, à titre de compensation, une somme égale à trois fois le chiffre annuel de la pension à laquelle elle a droit.

Les formalités à remplir à la suite d'un accident sont les suivantes :

Le chef d'établissement est tenu d'avertir la police locale, suivant un formulaire arrêté, dans le délai de deux jours au plus. L'homme de confiance et le comité de direction reçoivent la même déclaration dans le même délai. La police procède aussitôt à une enquête qui déterminera la cause et la nature de l'accident, l'état des victimes et les personnes qui ont droit d'être indemnisées. Peuvent assister à l'enquête le chef de l'établissement où l'accident s'est produit, un délégué de l'association et un délégué de la caisse des assurances-maladies. La fixation de l'indemnité est laissée aux soins du comité de direction, sauf appel, dans le délai de quatre semaines, au tribunal arbitral et à l'Office impérial des assurances.

Le montant de l'indemnité une fois établi, le comité de direction fait remise aux intéressés d'un bordereau indiquant la somme à laquelle ils ont droit et le bureau de poste chargé du paiement. Les bureaux de poste sont en effet chargés, d'après cette loi, du service des pensions sur tout le territoire de l'Empire (1).

En résumé, et c'est la solution qui nous intéresse le plus, au prix d'une assurance à laquelle il est astreint et dont il supporte seul les charges, sous le contrôle incessant de l'État, le patron allemand est affranchi de l'application des règles de droit commun sur la responsabilité. L'industrie seule est responsable, sous la forme de ces vastes associations créées par les soins de la loi. C'est le droit à l'indemnité reconnu législativement à l'ouvrier victime d'un accident. Il était inutile dès lors de rechercher devant les tribunaux la cause de cet accident, puisque sa découverte était indifférente à la solution de l'affaire. Aussi l'article 95 établit-il l'irresponsabilité du patron en ces termes :

« Les personnes assurées conformément à la
» présente loi et les proches qu'elles laissent n'ont,
» à raison d'un accident, une action en dommages-
» intérêts contre les entrepreneurs industriels, préposés
» ou représentants, surveillants de l'industrie ou des
» ouvriers, que s'il est établi par une sentence spéciale
» qu'ils ont causé à dessein l'accident. Dans ce cas, ils
» n'ont action que dans la mesure où le montant des

---

(1) La poste fait l'avance de l'indemnité et règle à la fin de l'année avec chaque association professionnelle.

» dommages-intérêts auxquels ils ont droit, d'après
» les lois en vigueur, dépasse la somme à laquelle ils
» ont droit d'après la présente loi. »

Il nous reste, pour terminer cette importante section, à apprécier en peu de mots la loi que nous venons d'analyser et à nous prononcer sur les résultats qu'elle a produits depuis qu'elle fonctionne de toutes pièces, c'est-à-dire depuis le 1er octobre 1885.

La loi de 1884 est à la fois, comme on a pu en juger et malgré les modifications profondes apportées aux premiers projets, une loi d'assistance et une loi de police. Née d'un prétexte charitable et généreux, elle a grandi sur le terrain politique, et, après avoir passé par les évolutions les plus étranges issues des querelles de partis, elle est restée, malgré les résistances du Reichstag, le plus beau produit de la campagne politico-sociale du prince de Bismarck. C'est une loi d'assistance, parce qu'elle institue l'obligation de l'assurance dans les limites et les conditions les plus favorables aux bénéficiaires, qui sont les ouvriers, parce que de plus elle leur assure une indemnité suffisante dans la plupart des cas et les met à l'abri des chances défavorables d'un procès en responsabilité. C'est une loi de police, parce que, quoique tempérée et adoucie, l'idée centralisatrice et gouvernementale la domine. La subvention de l'État a disparu, il est vrai, mais pour faire place à la responsabilité de l'Empire qui garantit la solvabilité des syndicats de patrons. Le monopole des assurances entre les mains du Gouvernement n'existe plus, mais il est remplacé par l'institution d'une sorte de Comité suprême que le Gouvernement inspire, dirige, compose presque à son gré et dont les pouvoirs de contrôle, de direction et d'inquisition sont les plus redoutables et les plus étendus.

L'Office impérial des assurances n'est point autre chose, en effet, que l'œil de l'État constamment ouvert sur les associations de professions et sur le personnel des travailleurs. L'habile Chancelier a, une fois de plus, su faire tourner à son profit la réforme sociale qu'il entreprenait et réussir à composer, malgré les efforts de ses adversaires, cette vaste machine gouvernementale qu'il rêvait d'édifier.

Rendons-lui grâce toutefois. Malgré ses inconvénients, la législation qu'il a créée est, quoi qu'on en dise, une législation de progrès. Elle a l'avantage, en supprimant la responsabilité personnelle et illimitée des patrons, de régulariser les charges autrefois aléatoires et parfois fort lourdes qui pesaient sur eux de ce chef ; en établissant le régime des associations professionnelles avec mission de concentrer les fonds nécessaires au règlement des indemnités, de faire supporter par l'industrie la charge qui lui revient naturellement ; en reconnaissant à l'ouvrier le droit d'être indemnisé dans tous les cas d'après des bases limitativement déterminées, de couper court aux procès en responsabilité et de rendre indifférente, par conséquent, la solution à donner à la question de preuve.

Peut-être eût-il fallu éviter de laisser le patron supporter seul le poids de l'assurance. Il eût été, ce semble, plus équitable d'obliger l'ouvrier à y participer dans une proportion à déterminer suivant le nombre des accidents qui arrivent par sa faute. En laissant au seul patron le soin de payer la prime entière, la loi lui a imposé des sacrifices fort lourds qui équivalent, en fin de compte, à une diminution des salaires (1). Peut-être eût-il fallu simplifier les rouages par trop compliqués qui aident au fonctionnement de l'assurance et diminuer les écritures, fort encombrantes et très coûteuses. La pratique a appris, en effet, que les frais d'administration, souvent énormes, grèvent lourdement les budgets des corporations. Mais ce qui devrait disparaître de la loi, c'est cette sorte de tutelle imaginée par le Chancelier pour les besoins de sa politique, nous voulons parler de l'Office impérial des assurances, dont l'intrusion gênante et vexatoire nuit considérablement au bon fonctionnement de la loi ; ce sont ces mesures inquisitoriales qui risquent de laisser surprendre les secrets des fabricants par les délégués de la corporation ; c'est encore la participation de la police de l'Empire

---

(1) La raison de l'exonération totale de l'ouvrier allemand provient sans doute de la modicité habituelle de son salaire. Il est, en effet, un des plus mal payés qu'il y ait au monde ; ce qu'il gagne n'est point en rapport avec la somme de travail qu'il fournit. « Pour une journée » de travail démesurément longue, dit M. Lavollée, il ne reçoit le » plus souvent qu'une somme suffisant à peine à le faire vivre ; il se » nourrit surtout de pain noir, de pommes de terre, de bière et de » mauvaise eau-de-vie ; il s'entasse dans d'indescriptibles taudis où » la contagion se propage aussi facilement que la dépravation morale. » (*Les ouvriers en Europe*, Conclusion.)

aux constatations des accidents et à leur dénonciation. Malgré tout, la loi de 1884 marque, à notre sens, un progrès sérieux. L'étude approfondie de ses dispositions ne peut être, pour nos gouvernants et pour ceux qui s'occupent plus particulièrement des questions ouvrières, qu'intéressante, instructive et certainement profitable (1).

TROISIÈME SECTION.

AUTRICHE.

L'Autriche n'a point mis autant de précipitation que l'Allemagne à apporter à sa législation ouvrière les modifications qu'elle réclamait. L'agitation des masses

---

(1) Chargé par le Gouvernement français d'étudier et d'analyser sur place les lois allemandes sur les assurances ouvrières, M. Amédée Marteau, consul de France, a présenté à M. le Ministre des Affaires étrangères un rapport très complet et très méthodique, inséré au *Journal officiel*, nos des 23, 24 et 25 mai 1887, auquel nous avons eu parfois recours. Les conclusions très pessimistes de ce rapport sont particulièrement intéressantes à consulter. — Voir encore : *le Socialisme d'Etat et les Assurances ouvrières en Allemagne*, par M. Charles Grad, député au Reichstag (*Journal des Économistes*, 18 octobre 1883) ; — *la Question des accidents du travail*, par M. Al. Renouard, p. 11 ; — *les Caisses locales d'assurances*, par M. Arthur Raffalovich (*Économiste français*, 23 août 1884, p. 234); — Notice par M. Esmein, *Annuaire de législation étrangère*, 14e année, p. 124 ; — Notice par M. Dietz (*Annuaire de législation étrangère*, année 1876, p. 159) ; — Notice par M. Charles Grad (*Revue des Sociétés*, année 1885, p. 115) ; — *Organisation des assurances* (*Économiste français*, 13 juin 1885, p. 140).

populaires s'y fait moins sentir et le parti socialiste n'y est point assez menaçant pour qu'il faille le surveiller et le maîtriser par des mesures centralisatrices et policières. Tout en allant moins vite, l'Autriche a réussi à faire une œuvre remarquable de philanthropie sociale qui, sur bien des points, imite l'œuvre allemande et parfois même la corrige heureusement.

Le Parlement autrichien a eu successivement à délibérer, dans ces dernières années, sur quatre lois fort importantes de patronage et d'assistance ouvrière. Il a voté, le 15 mars 1883, une loi portant modification de la loi sur l'industrie qui rétablit partiellement, sur tout le territoire de l'Empire, le régime corporatif aboli par la patente impériale du 20 décembre 1859.

Le 17 juin 1883, il vote une loi créant un corps d'inspecteurs industriels chargés de veiller à l'application : 1° des mesures imposées aux patrons pour la protection de la vie et de la santé des ouvriers ; 2° des règlements relatifs aux salaires ; 3° des lois concernant l'apprentissage des jeunes ouvriers. Tout récemment, le 17 décembre 1887, il vote une loi sur l'assurance obligatoire des ouvriers contre les accidents, loi dont nous aurons à nous occuper spécialement dans cet exposé. Enfin, la présente année ne se passera pas sans qu'un important projet de loi, sur l'assurance obligatoire des ouvriers contre la maladie, ne soit définitivement adopté par les Chambres autrichiennes et sanctionné par l'autorité impériale.

Avant la loi du 17 décembre 1887, il n'y avait, en

Autriche, comme dans la plupart des autres pays de l'Europe, pour régler la responsabilité des patrons, point d'autres principes que ceux contenus dans les articles 1315, 1010, et 1161 du Code civil autrichien. D'après ces articles, les patrons n'étaient déclarés responsables des accidents survenus à leurs ouvriers que s'il était constaté à leur encontre une faute quelconque. Le Gouvernement, jugeant cette législation insuffisante, eut un instant la pensée d'y porter remède par l'établissement d'une présomption de responsabilité à la charge des patrons. Un projet de loi dans ce sens fut déposé, en 1877, sur le bureau des Chambres; mais il fut rejeté comme susceptible de consacrer et de perpétuer l'opposition des intérêts des patrons et des ouvriers.

Le projet fut abandonné et le Gouvernement présenta, dès 1883, un projet de loi ayant pour but d'établir l'assurance obligatoire contre les accidents.

Voté en première lecture par la Chambre des députés, le 7 décembre 1883, il devint caduc par suite de la séparation des Chambres en 1885. Un nouveau projet fut présenté au début de la législature suivante. La commission de l'industrie à laquelle il fut renvoyé déposa son rapport le 29 mars 1886. Le projet fut voté en troisième lecture par la Chambre des députés, le 5 juin 1886, et par la Chambres des Seigneurs, le 17 février 1887. Il est devenu loi définitive depuis le 17 décembre 1887 et est entré en vigueur le 28 mars 1888.

Voici quels sont les principaux traits de cette loi, qui ne compte pas moins de soixante-quatre articles :

L'article 1ᵉʳ étend l'assurance à tous les ouvriers et employés occupés dans les fabriques, les usines, les mines non soumises au régime minier (1), les chantiers maritimes de construction et de travaux publics, les carrières, les chantiers où l'on emploie des matières explosibles et ceux, tant industriels qu'agricoles ou forestiers, où l'on emploie des machines à vapeur ou toute autre machine mue par une force élémentaire (vent, eau, vapeur, gaz, électricité, etc.).

L'article 2 porte que la loi n'est pas applicable aux compagnies de chemins de fer et de navigation qui restent soumises aux prescriptions de la loi du 5 mars 1869 (2).

Le but de la loi est de dédommager les victimes ou leurs héritiers des conséquences des accidents (art. 5).

Les secours accordés comprennent :

En cas de blessures (art. 6),

Une indemnité consistant en une rente garantie à partir du commencement de la cinquième semaine après l'accident et pour toute la durée de l'incapacité de travail. Cette rente est calculée proportionnellement au salaire de la dernière année, jusqu'à un maximum de 1,200 florins (3,000 francs). Elle égale :

---

(1) La loi des mines du 23 mai 1854, dans ses articles 210, 211, 212, 213 et 214, avait déjà rendu *obligatoire* la création d'associations mutuelles de secours. — Voir M. Ichon, *Annales des Mines*, 6ᵉ série, t. VIII, p. 239 et suivantes.

(2) Cette loi rend les compagnies de chemins de fer et de navigation responsables de tous les accidents pour lesquels la culpabilité des victimes ou la force majeure ne peut être établie.

1° En cas d'invalidité complète, le 60 0/0 du salaire ;
2° En cas d'invalidité partielle, une somme variable suivant le degré d'invalidité, mais ne pouvant dépasser le 50 0/0 du gain.

En cas de mort (art. 7),

1° Les frais d'ensevelissement jusqu'à concurrence de 25 florins (62 fr. 50 c.) ;

2° Une pension en faveur des survivants partant du jour de la mort et calculée proportionnellement au salaire de la dernière année.

Cette pension est :

Pour la veuve de la victime, jusqu'à sa mort ou à son mariage subséquent, de 20 0/0 ;

Pour chaque orphelin, jusqu'à l'âge de 15 ans révolus, de 15 0/0 ;

Pour chaque orphelin de père et de mère, jusqu'à l'âge de 15 ans, de 20 0/0 ;

Pour chaque enfant illégitime, jusqu'à l'âge de 15 ans, de 10 0/0 ;

Pour les ascendants, s'ils sont indigents, de 20 0/0.

La totalité de ces pensions ne peut pas dépasser le 50 0/0 du salaire quotidien. Au cas où cette proportion serait dépassée, les différentes pensions sont réduites au marc le franc.

Le droit à l'indemnité s'éteint si la victime a volontairement causé l'accident.

L'assurance prescrite par l'article 1er est réalisée au moyen d'établissements d'assurances, créés dans ce but, qui reposent sur le principe de la mutualité (art. 9). Ces établissements, au lieu de comprendre, comme en Allemagne, de grandes corporations techniques embrassant tout l'Empire et groupant toutes les industries similaires, ont été créés d'après le système de corporations territoriales embrassant les industries les plus différentes. C'est principalement l'antagonisme de race qui a fait repousser le système allemand; mais on a tenu grand compte également des difficultés qu'aurait pu présenter, à cause de la multiplicité des langues, le fonctionnement de corporations embrassant tout le territoire de l'Empire.

La base de la division territoriale est la Province. Cependant le Gouvernement s'est réservé le droit de grouper ensemble plusieurs provinces peu importantes ou peu industrielles. De même, on a laissé la liberté aux grands industriels de constituer des corporations d'assurances s'étendant sur tout le pays (art. 57 à 60).

Le comité de direction de ces établissements est composé de membres de trois origines différentes. Un tiers des membres est élu par les industriels et un tiers par les ouvriers assurés; le troisième tiers est formé de personnes de la région, compétentes en matière industrielle, qui sont choisies par le Ministre de l'Intérieur, sur la proposition du Conseil provincial (art. 12).

Les diverses branches d'industries comprises dans chaque établissement d'assurances sont l'objet d'une classification au point de vue des risques. Un même atelier peut, dans chaque classe de risques, être affecté d'un coefficient plus ou moins élevé suivant le perfectionnement ou les défectuosités de l'outillage (art. 14).

Il est préalablement établi, chaque année, un budget provisoire de dépenses comprenant les charges des secours et pensions à fournir et les frais d'administration. Les cotisations des industriels sont établies d'après les prévisions, majorées d'une certaine somme à porter au fonds de réserve, fixée par le ministre (art. 16). Elles sont proportionnelles au salaire touché par les assurés.

Si, à la fin de l'exercice, les prévisions se trouvent dépassées, le déficit est comblé par un emprunt fait au fonds de réserve spécial de l'établissement et, après épuisement de ce fonds, au fonds général de réserve, lequel est administré par l'État à titre de fonds spécial (1). Ici encore le système de la loi autrichienne s'écarte du système inauguré par la loi allemande. Nous savons en effet que, en Allemagne, au lieu de constituer année par année le capital nécessaire au service ultérieur des pensions, les *Associations professionnelles* ne supportent, chaque année, que les dépenses immédiatement exigibles et déchargent ainsi, avec une imprévoyance coupable, le présent aux dépens de l'avenir.

Les cotisations sont à la charge exclusive des industriels, lorsque le gain des ouvriers assurés ne dépasse pas 1 florin (2 fr. 50 c.). Elles sont, pour 90 0/0 à la charge des industriels et pour 10 0/0 à la charge des

---

(1) « Sur la totalité des versements au fonds de réserve faits chaque année par un établissement d'assurances, les deux tiers sont applicables à la formation d'un fonds de réserve spécial à l'établissement lui-même, et un tiers est applicable à la formation d'un fonds commun à tous les établissements d'assurances. » (Art. 15, al. 3.)

ouvriers, quand le salaire de ces derniers est supérieur à un florin (art. 17) (1).

Dès qu'un accident survient dans un établissement assuré, le patron doit en faire la déclaration, dans le délai maximum de cinq jours, à l'autorité politique de première instance de la localité. Celle-ci ouvre le plus diligemment possible une enquête spéciale, en présence d'un représentant de l'établissement d'assurances, ou lui dûment appelé, et d'un inspecteur technique (loi du 17 juin 1883). Le bureau de l'établissement fixe le montant des secours ou pensions à allouer à la victime et lui donne communication de sa décision. Les réclamations doivent être produites dans le délai d'un an à partir de cette notification. Elles sont portées devant un tribunal arbitral, créé auprès de chaque établissement d'assurances et composé d'un président inamovible, de quatre assesseurs et de plusieurs suppléants (2).

Toute pension est revisable. Qu'elle soit accordée d'office, sur la demande de l'intéressé, ou par jugement du tribunal arbitral, elle peut être, suivant les cas, augmentée, réduite ou supprimée (art. 39 et 40).

Contrairement à la loi allemande qui n'alloue d'in-

---

(1) Comme en Allemagne d'ailleurs, le principe d'une subvention de l'Etat a été définitivement écarté.

(2) Le président et son suppléant sont nommés par le Ministre de la Justice et choisis parmi les fonctionnaires de l'ordre judiciaire. Parmi les assesseurs, deux sont choisis par le Ministre de l'Intérieur entre les hommes du métier, un par les entrepreneurs et un par les ouvriers assurés (art. 38).

demnité que sous forme de rente viagère, la loi autrichienne permet, sous certaines garanties, de transformer tout ou partie de la rente en un capital fixe (art. 41).

Le secours et pensions sont incessibles et insaisissables (art. 43).

Toute convention contraire aux dispositions de la loi est nulle et non avenue (art. 44).

L'établissement d'assurances est autorisé, pour le cas où il résulte de l'enquête que le patron a « volontairement ou par une faute grossière » fait naître l'accident, à répéter contre lui les indemnités payées aux assurés (art. 45 à 47).

Il est créé, à Vienne, un Comité consultatif composé « de personnes du métier qui appartiendront soit à » l'industrie, soit à des exploitations agricoles et » forestières », chargé de donner son avis obligatoire dans certaines circonstances, notamment avant la publication des décisions qui divisent les industries en classes de risques et qui établissent les coefficients applicables à chaque classe et avant aucun emploi du fonds commun de réserve (art. 41).

« Telle est dans son ensemble, dit un ingénieur de » talent qui a fait une étude approfondie des questions » ouvrières (1), la loi dont certains articles ont été » vivement combattus par le parti libéral, qui est » avant tout, il ne faut pas l'oublier, le parti allemand

---

(1) Gruner, *les Lois de patronage et d'assistance ouvrière en Autriche*, Paris, impr. Chaix, 1887, p. 29.

» et centraliste, et soutenue avec non moins d'énergie
» à la fois par les conservateurs et les Slaves qui sont
» avant tout fédéralistes et décentralisateurs. C'est
» aux tendances du parti, qui occupe depuis de
» longues années le pouvoir en Autriche, que la loi
» emprunte son caractère; c'est une loi de décentra-
» lisation; elle remet à chaque province le soin
» d'organiser et de gérer l'assurance. Elle diffère
» profondément en cela de la loi allemande qui est,
» dans la main du Chancelier, un organe de plus de
» centralisation et d'unification, malgré les protes-
» tations des membres du Reichstag qui ont pu faire
» introduire certaines réserves dans la loi, mais qui
» n'ont aucun moyen d'empêcher le Gouvernement
» impérial de les considérer comme nulles et non
» avenues.... L'œuvre autrichienne a un caractère
» de stabilité que ne possède pas l'œuvre allemande,
» à laquelle on doit reconnaître tous les caractères
» d'un expédient; c'est une œuvre de combat et de
» politique comme toutes celles du Chancelier. »

QUATRIÈME SECTION.

ANGLETERRE.

La loi qui, en Angleterre, régit actuellement la matière des accidents industriels est la loi du 7 septembre 1880. Avant d'analyser les documents qu'elle renferme, nous passerons rapidement en revue la législation antérieure, en remontant jusqu'à ses origines. La question s'est posée, pour la première fois, sous le règne d'Henri VIII, qui organisa, en 1543, l'assistance légale et constitua les *Work houses* ou maisons de travail. L'indemnisation de la victime d'un accident industriel était, pour la première fois, assimilée à une dette sociale. Plus tard, sous le règne de Charles II, une loi de 1670 est venue condenser, dans des règles précises et rigoureuses, les principes jusqu'alors flottants de la responsabilité patronale. Le maître était déclaré responsable de tout dommage occasionné par une personne travaillant sous ses ordres, alors même que cette personne eût causé le dommage hors de son service et malgré les ordres reçus.

Les dispositions excessives de cette loi ne furent jamais appliquées. La jurisprudence la tempéra au point d'en défigurer les termes. Sous prétexte d'éviter de faire encourir au patron une responsabilité exagérée, elle en vint à refuser à l'ouvrier une réparation légitime. Il suffit de citer l'arrêt célèbre de 1837, rendu dans une affaire Priestley contre Fowler, pour se convaincre du chemin parcouru par cette jurisprudence réformatrice. Grâce à une interprétation subtile de l'expression *dommage causé à un étranger*, dont se servait la loi, cet arrêt décide que la loi de Charles II ne devait point s'appliquer, lorsque l'accident survenait par le fait d'un ouvrier travaillant dans le même atelier que la victime. Et la jurisprudence, pénétrant toujours plus avant dans la voie qu'elle s'était tracée, aboutit à considérer comme camarade de la victime tout agent ou employé placé sous les ordres du même patron, quelles que fussent ses fonctions ou son grade, fût-il directeur ou surveillant général de l'exploitation.

C'était rayer d'un trait la responsabilité patronale qui, il est aisé de le voir, ne pouvait plus désormais être mise en jeu utilement qu'à l'occasion d'accidents survenus dans un petit atelier où le patron emploie peu d'ouvriers, travaille avec eux et donne personnellement et directement ses ordres.

Vainement les lois nombreuses promulguées dans le courant de ce siècle essayèrent-elles de réagir contre les abus de la pratique. Presque toutes spéciales à une catégorie d'industries, elles organisent bien plutôt le système préventif que la responsabilité patronale. Ainsi, la loi du 22 juin 1802, rendue sur la proposition de sir Robert Peel père, ne concernait que les filatures de coton et de laine employant au moins vingt personnes. Elle imposait au patron des obligations précises au point de vue de la tenue de l'atelier. La loi du 29 août 1833 institua un service d'inspection dans les usines et fabriques et édicta, en faveur des apprentis, des mesures protectrices. Les lois du 6 juin 1844, du 5 août 1850, du 10 août 1853 et d'autres encore étendirent les dispositions précédentes à d'autres catégories d'industries.

Toutes ces lois furent condensées dans la loi générale du 27 mai 1878, qui renferme cent sept articles et qui réglemente l'ensemble du travail industriel.

L'article 82 de cette loi porte : « Lorsqu'une per-
» sonne sera tuée ou blessée par la faute du patron
» de l'usine qui n'aurait pas défendu l'approche d'un
» mécanisme, d'une cuve, d'un bassin ou autre
» engin, ou qui n'aurait pas maintenu en bon état
» les appareils protecteurs établis, le patron sera

» passible d'une amende de 100 livres au plus dont
» le montant sera employé, en tout ou en partie, à
» indemniser la personne lésée ou sa famille et, à
» défaut, à tel usage que le Secrétaire d'État jugera
» convenable. »

On le voit les procédés de la pratique avaient porté leurs fruits. On n'osait même plus établir la responsabilité du patron au regard de la victime. Cette responsabilité n'existait qu'au regard de la loi, qui voulait bien condescendre à appliquer, dans certains cas, l'amende prononcée à l'indemnisation de la victime (1).

L'urgence d'une réforme plus radicale s'imposait. On n'osa point remettre en vigueur la loi de Charles II à cause des dispositions rigoureuses qu'elle contenait. Un bill fut proposé au Parlement après deux enquêtes successives faites en 1876 et 1877.

Ce bill est devenu la loi du 7 septembre 1880 (2), qui n'est entrée en vigueur que le 1er janvier 1884 et qui n'a été votée, suivant un procédé cher aux Anglais, que pour une période de sept ans, après laquelle elle sera certainement prorogée.

Cette loi est promulguée « pour établir et régler
» la responsabilité des patrons, en ce qui concerne
» les dommages éprouvés par les ouvriers à leurs
» services ». Tel est son intitulé.

---

(1) Une loi du 1er janvier 1879, connue sous le nom d'*Act to consolidate and Work houses* énumère les mesures prendre à pour constater les accidents industriels et dresser l'enquête.

(2) *Annuaire de législation comparée*, année 1880, p. 37.

Elle édicte le droit de l'ouvrier à une indemnité, toutes les fois que l'accident a été causé :

Art. 1ᵉʳ. — « 1° Par quelque défaut dans le mode
» de travail ou dans le matériel employé ;

» 2° Par la négligence de quelqu'un de ceux que le
» maître a commis pour avoir la conduite des travaux ;

» 3° Par le fait de toute personne employée chez le
» patron et aux ordres de laquelle était l'ouvrier au
» moment de l'accident, lorsque cet accident n'est
» arrivé à l'ouvrier que parce qu'il s'est conformé aux
» ordres reçus ;

» 4° Par le fait de toute personne employée par le
» maître et qui agissait en conformité des règlements
» faits par lui, ou en exécution des ordres donnés par
» l'un de ceux auxquels il avait délégué son autorité ;

» 5° Par la négligence de tout employé chargé des
» signaux de la conduite des trains ou des machines
» sur une voie de fer. »

L'article ajoute expressément que celui qui a souffert du dommage ou son ayant cause a le même droit d'être indemnisé qu'un étranger. Cette disposition frappe au cœur la jurisprudence établie.

Mais l'ouvrier n'a pas droit d'être indemnisé :

Art. 2. — « 1° Si l'état défectueux de l'installation
» ou du matériel n'est pas le fait de la négligence du
» patron ou d'une personne à son service ;

» 2° Si les règlements, cause du dommage, avaient
» été approuvés par un bureau quelconque du Gou-
» vernement ;

» 3° Si l'ouvrier victime de l'accident, instruit des
» défectuosités de l'installation, a négligé d'en prévenir
» le patron ou un de ses préposés. »

L'article 3 établit un maximum d'indemnité à accorder à l'ouvrier par les tribunaux. Son chiffre ne pourra excéder une somme représentant trois années du salaire antérieur à l'accident. Le bénéficiaire ne pourra en cumuler le montant avec les sommes qu'il a pu toucher sur l'amende infligée au patron pour une cause quelconque (art. 5), allusion très claire aux dispositions ci-dessus transcrites de l'article 82 de la loi industrielle du 27 mai 1878.

Enfin, il est stipulé (art. 6) que les actions en indemnités devront être portées devant la Cour de Comté, avec appel à la Cour supérieure.

Il est facile de se convaincre, par l'analyse qui précède, que la loi anglaise ne fait en somme que rééditer les dispositions contenues dans nos articles 1382 et suivants. Le patron ou son préposé sont déclarés responsables de l'accident survenu par leur faute, leur négligence ou leur inobservation des règlements. Rien n'est changé quant à l'administration de la preuve, qui reste, comme en France, à la charge de l'ouvrier. Seule, l'indemnité est fixée par avance et renfermée dans des limites assez étroites, ce qui permet au patron d'apprécier à première vue l'étendue du risque que la loi lui impose et de se garantir contre ce risque (1).

---

(1) Les assurances ouvrières sont plus répandues en Angleterre que dans aucun des pays où l'assurance est libre. Il est même assez fréquent de voir les ouvriers s'assurer eux-mêmes contre les risques d'accidents.

A noter soigneusement la faculté laissée aux parties d'appeler des décisions des Cours de Comté. Pour qui connaît l'énormité des frais que le moindre procès occasionne en Angleterre, cette disposition est de nature à favoriser le règlement à l'amiable des indemnités, en obligeant les parties à réfléchir avant l'attaque. Cette disposition a rendu plus de services à l'ouvrier anglais que la meilleure des lois sur l'assistance judiciaire.

CINQUIÈME SECTION.

ITALIE.

Le Gouvernement italien a pris en main, d'assez bonne heure, la question du règlement des rapports entre patrons et salariés. Dès le 18 février 1883, une convention intervint, à Rome, entre le Ministre de l'Agriculture et du Commerce et plusieurs grands établissements de crédit du royaume, pour fonder une caisse nationale de prévoyance contre les accidents industriels. Ces établissements étaient les caisses d'épargne de Milan, de Bologne, de Rome, de Cagliari et de la Vénétie, les monts de piété de Sienne et de Gênes et les banques de Naples et d'Italie.

La convention portait que ces établissements devaient fournir un capital social de première mise, égal à quinze millions de francs. Les intérêts de ce capital, joints aux revenus des primes d'assurances, des dons et des legs, devaient composer les fonds de la caisse.

Tout habitant du royaume, national ou étranger,

avait le droit de participer au bénéfice de l'institution sous certaines conditions. Les sociétaires, moyennant une prime qui devait être ultérieurement fixée, avaient droit d'être secourus eux ou leurs familles dans quatre cas : 1° cas de mort ; 2° cas d'incapacité complète de travail ; 3° cas d'incapacité partielle, mais permanente ; 4° cas d'incapacité temporaire de plus d'un mois. On admettait trois sortes d'assurances : l'assurance individuelle, l'assurance collective simple et l'assurance collective combinée. Le maximum de l'indemnité était fixé à la somme de 10,000 francs ; celui du subside journalier, en cas d'incapacité temporaire, à la somme de 5 francs. Un conseil supérieur, composé des membres du comité exécutif de la caisse d'épargne de Milan et d'un représentant de chacun des autres établissements, était chargé de l'administration de la caisse d'assurances. L'assurance était essentiellement facultative. Toutes les opérations étaient exemptes du timbre et de l'enregistrement. Le service des postes était autorisé à prêter son concours gratuit à la caisse nationale de prévoyance, pour passer les contrats d'assurances, recevoir les primes et payer les indemnités.

La loi du 8 juillet 1883 sanctionna la convention de Rome. Depuis lors, sont intervenus différents actes, décrets, conventions et circulaires ministérielles, qui ont définitivement et réellement fondé l'institution (1).

---

(1) A noter principalement les décrets royaux des 26 mars et 1ᵉʳ septembre 1884.

On ne devait point s'en tenir là. Depuis 1879, plusieurs projets de loi, dus tant à l'initiative gouvernementale qu'à l'initiative parlementaire, ont été successivement déposés sur le bureau des Chambres italiennes. Ils tendent tous à réglementer sur de nouvelles bases la responsabilité civile des patrons. L'un d'eux, présenté le 17 juin 1885 par le Ministre de la Justice et le Ministre du Commerce, repose sur l'idée de l'interversion de la preuve.

Aux termes de l'article 1er de ce projet, les entrepreneurs de voies ferrées et de travaux publics, les propriétaires de fonds urbains ou ruraux dans lesquels s'exécutent des travaux nouveaux ou de réparations, les propriétaires ou exploiteurs de mines et carrières, les ingénieurs ou architectes qui dirigent le travail sont solidairement responsables, sauf leur recours entre eux ou contre qui de droit, du dommage que peuvent éprouver les ouvriers par suite d'accidents, de malheurs occasionnés par l'exploitation des chemins de fer, par la ruine totale ou partielle des constructions, par les éboulements, effondrements, explosions ou en général par tout accident analogue.

Cette responsabilité cesse quand le patron prouve que l'accident est survenu par suite d'une négligence exclusivement imputable à la victime, par cas fortuit ou par force majeure.

L'indemnité doit comprendre : en cas de mort immédiate ou survenue après maladie, les frais de maladie et d'enterrement, le dommage souffert pendant la maladie par suite de l'incapacité de travail et le dommage occasionné par la mort de l'ouvrier à ceux des membres de sa famille qui vivaient de son travail ; en cas de blessures non suivies de mort ou d'autres atteintes à la santé, les frais faits pour arriver à la guérison et le dommage éprouvé par suite de l'incapacité de travail permanente ou temporaire, totale ou partielle (art. 2).

L'autorité judiciaire fixe le montant de l'indemnité, en tenant compte des circonstances qui ont occasionné le désastre et selon les règles du droit commun. Elle peut, avec le consentement des intéressés ou même d'office, substituer au paiement d'un capital celui d'une rente temporaire ou viagère équivalente (art. 3).

Quand toutes les conséquences d'un accident ne peuvent être déterminées avant le jugement, l'autorité judiciaire fixe une indemnité provisoire, sous réserve d'une liquidation définitive dans le délai d'une année (art. 4).

Les créances d'indemnités sont privilégiées, incessibles et insaisissables (art. 5).

La responsabilité des personnes visées dans l'article 1ᵉʳ cesse, quand elles établissent qu'elles ont, de leurs propres deniers, assuré leurs ouvriers contre tous les cas d'accidents, y compris ceux qui sont dus à leurs propre imprudence, à un cas fortuit ou de force majeure. Dans tous les cas, la somme assurée ne peut pas être inférieure à : 1° sept fois le salaire annuel, si la victime laisse des ascendants et un conjoint avec plus de trois enfants mineurs ; 2° six fois le salaire annuel, si elle laisse des ascendants et un conjoint avec au moins trois enfants mineurs ; 3° cinq fois le salaire annuel, si elle laisse un conjoint avec plus de trois enfants mineurs ou seulement trois enfants mineurs ; 4° quatre fois le salaire annuel, si elle laisse un conjoint avec moins de trois enfants mineurs, ou seulement moins de trois enfants mineurs ; 6° trois fois le salaire annuel, si elle laisse seulement un conjoint sans enfants et des ascendants ; 7° deux fois le salaire annuel, si elle laisse seulement un conjoint sans enfants ou seulement des ascendants.

Dans le cas où l'accident aurait frappé la victime d'une incapacité permanente et absolue de travail, l'indemnité ne pourra être moindre de huit fois le salaire annuel.

Dans le cas d'incapacité partielle, mais permanente, l'indemnité est proportionnelle au degré d'incapacité ; elle varie du 20 au 80 0/0 de l'indemnité pour incapacité absolue et permanente.

Dans le cas d'incapacité temporaire, l'indemnité doit correspondre au salaire journalier et doit être payée pendant toute la durée de l'infirmité, pourvu que celle-ci ne dépasse pas trois cent soixante jours (art. 6 et 7 combinés).

Les caisses d'assurances ont une action récursoire contre les patrons responsables, à l'effet obtenir le remboursement des indemnités qu'elles ont payées, toutes les fois qu'une sentence pénale est intervenue pour déclarer ces derniers coupables de dol (art. 8).

En cas d'insolvabilité reconnue des caisses d'assurances, les personnes énumérées dans l'article 1er garantissent, sur leur fortune personnelle, le paiement des indemnités d'assurances (art. 9).

Les personnes responsables aux termes de l'article 1ᵉʳ sont tenues de dénoncer à l'autorité judiciaire locale, dans le délai de vingt-quatre heures, tous les cas d'accidents, sous peine d'une amende de 100 à 200 francs (art. 10).

Les actions en indemnité prévues par la loi jouissent du bénéfice de la procédure sommaire et doivent être jugées d'urgence (art. 11).

L'assistance judiciaire est de droit pour la victime (art. 12).

Est nulle et non avenue toute renonciation même partielle au bénéfice de la loi (art. 13).

L'action en indemnité se prescrit par un an, à compter du jour de l'accident ou de la mort survenue (art. 14).

La commission du Sénat chargée d'étudier ce projet a présenté, le 2 avril 1886, son rapport, par l'organe du sénateur Vittelleschi. Il résulte de ses termes que la majorité de la commission a manifesté hautement ses répugnances à sanctionner le principe sur lequel repose le projet ministériel, principe qui consiste à déclarer les patrons responsables jusqu'à preuve contraire. — « S'il est bon, dit le rapporteur de l'Office
» central, de mettre tout en œuvre pour soulager les
» infortunes de la classe ouvrière, il ne faut point le
» tenter aux dépens de la justice. Les ouvriers sont
» avant tout citoyens ; c'est leur honneur et leur
» intérêt d'être considérés comme tels, au même titre
» que chacun. Il serait aussi dangereux pour eux que

» pour ceux qui les emploient de créer des privilèges
» en leur faveur (1). »

Au lieu donc d'établir, à l'encontre des patrons, une présomption générale de responsabilité, la commission propose de n'établir cette présomption que lorsqu'il sera démontré qu'ils n'ont point observé toutes les dispositions des règlements gouvernementaux et locaux, qui régissent l'exercice des différentes professions. Cette présomption elle-même tombera, si le patron parvient à démontrer que l'accident est dû à la volonté ou à la négligence de l'ouvrier, à un cas fortuit ou de force majeure (art. 11 nouveau).

Sauf cette importante modification et quelques autres de détail, la commission sénatoriale accepte les grandes lignes du projet, notamment la tarification des indemnités pour cause d'accidents, le règlement des rapports existant entre les caisses d'assurances et les patrons assurés, l'accélération de la procédure et les mesures de protection proposées pour sauvegarder les droits et les intérêts des ouvriers.

Depuis lors, de nombreuses et intéressantes discussions se sont ouvertes, sur la question, au sein des Chambres italiennes. Elles n'ont point encore abouti. On peut présumer cependant qu'une solution ne tardera point à intervenir, et, si l'on en juge par les dispositions qui se sont le plus récemment manifestées, il faut croire

---

(1) *Bollettino di notizie sul credito e la previdenza,* anno IV, n° 7, 217.

que le texte qui sera définitivement voté ne s'écartera pas beaucoup du projet de la commission (1).

SIXIÈME SECTION.

BELGIQUE.

La question des accidents industriels est réglée en Belgique comme en France. Il n'y a pas de loi spéciale sur la responsabilité patronale ; on applique à la matière le droit commun. Seulement, les résistances qui se sont produites en France, principalement dans la doctrine, contre l'application des articles 1382 et suivants, ont eu plus de succès en Belgique. Bien des Cours et des tribunaux ont rendu récemment des décisions qui répudient le principe de la responsabilité délictuelle. La Cour de cassation elle-même, tout en ne faisant pas dériver des nouveaux principes les mêmes effets au point de vue de la preuve que ceux qui se dégagent des arrêts les plus récents, a fait bon marché des règles contenues aux articles 1382 et suivants, pour consacrer elle aussi la doctrine de la responsabilité contractuelle.

---

(1) Plus qu'aucune autre puissance peut-être, l'Italie aurait besoin d'aboutir, car les accidents y sont relativement très nombreux. Il résulte d'une statistique publiée par M. Lavollée que, de 1879 à 1881, les accidents survenus dans la grande industrie ont fait en moyenne 8,783 victimes par an. 697 ouvriers sont morts ; 340 sont restés infirmes ; 7,746 n'ont été atteints que d'une incapacité temporaire de travail.

Il est utile encore de noter l'extension considérable qu'ont prise dans ce pays les caisses de prévoyance en faveur des ouvriers. Il existe, dans les divers districts miniers du royaume notamment, des caisses de cette nature chargées de venir en aide aux mineurs victimes d'accidents ou à leurs familles et alimentées dans des proportions diverses, soit par une subvention directe de l'État ou de la Province, soit par les versements des compagnies, soit par une retenue opérée sur le salaire des ouvriers. Le fonctionnement de ces caisses, dues à l'intelligente initiative de M. Vischer, a donné lieu à d'intéressants problèmes juridiques qui ont été résolus par divers jugements de principes utiles à consulter (1).

Comme en France d'ailleurs, la Belgique a été le théâtre de diverses tentatives de réformes. Les réclamations de la classe ouvrière ont amené le Gouvernement belge à instituer une commission nationale d'enquête, chargée de poser les bases d'une législation nouvelle. Un rapport, dû à la plume de M. Dejace, avocat à Liège, et présenté à cette commission, dans les premiers jours de janvier 1887, propose de trancher le problème social des accidents du travail par l'assurance obligatoire, avec liberté pour le patron de s'assurer soit à des syndicats professionnels, soit à des compagnies privées.

---

(1) Voir notamment : jugement du tribunal de Mons du 12 février 1873 (*Pasic.*, 1873, p. 68); — jugement du tribunal de Bruxelles du 4 mai 1874 (*Pasic.*, 1874, p. 294); — jugement du tribunal de Charleroi du 7 août 1875. (*Pasic.*, 1875, p. 307.)

Nous croyons savoir qu'un projet de loi dans ce sens a même été déposé, au sein de la Chambre, par un membre de la majorité catholique.

SEPTIÈME SECTION.

RUSSIE.

Jusqu'à ces dernières années, aucune loi spéciale ne protégeait l'ouvrier russe. Les institutions fondées en sa faveur étaient même des plus rares. Ce n'est certes pas que le besoin ne s'en fît vivement sentir, car il est peu de pays, en Europe, où l'ouvrier soit plus misérable qu'en Russie. Son salaire relativement élevé n'est point suffisant, à cause de la cherté des subsistances; ses habitudes nomades, son indolence au travail et son peu de sobriété augmentent encore l'état de misère dans lequel il se trouve. Seule l'association, librement consentie entre ouvriers et assez généralement pratiquée, a pu jusqu'ici apporter quelques remèdes à cette pénible situation.

Il semble bien toutefois que, depuis quelque temps, il y ait en Russie de sérieuses tendances à régler la question ouvrière. Déjà, le 1ᵉʳ juin 1882, un avis du Conseil de l'Empire, approuvé par S. M. l'Empereur, a limité la durée du travail des enfants et des adultes dans les manufactures. La question des assurances ouvrières elle-même est à l'ordre du jour. Une commission a été nommée dans ce but, avec mission d'élaborer un projet de règlement de caisses d'assurances et de caisses de pensions. La commission s'est arrêtée aux principes suivants :

1° Il ne devra point y avoir un taux d'indemnité uniformément varié, comme cela arrive, dans la plupart des cas, en Allemagne et en Autriche. On décidera spécialement pour chaque accident, sans qu'il soit tenu compte d'aucune proportion, quel doit être le montant de la réparation à allouer, sauf à ne point dépasser un chiffre maximum.

2° L'assurance marchera de pair avec l'organisation d'un système préventif, dans lequel prendront place des règlements sévères en vue de la préservation des ouvriers.

3° La prime d'assurance devra être tout entière à la charge des patrons; elle sera proportionnée au nombre des ouvriers et au temps pendant lequel ils sont occupés dans l'établissement.

4° Des comités spéciaux, chargés de recouvrer et de répartir les sommes versées par tous les industriels d'une région déterminée, seront formés sur tout le territoire de l'empire.

5° Les bénéficiaires de l'indemnité seront les ouvriers blessés, ou leur famille en cas de mort.

Bien que ce projet ne soit point encore sorti de la période d'instruction, un comité spécial, ayant son siège à la bourse de Moscou, est déjà en voie de formation, pour en surveiller et en activer l'élaboration.

HUITIÈME SECTION.

SUÈDE.

Nous ne connaissons pas de lois qui règlent spécialement en Suède la question des accidents industriels, sauf celles assez nombreuses qui s'occupent de la police de l'atelier et dont l'importante ordonnance du 18 novembre 1881 fait partie. Les lois de ce genre paraissent d'ailleurs ne point présenter, en Suède, le même caractère d'urgence que partout ailleurs. L'ouvrier y est généralement heureux, malgré la modicité de son salaire, grâce au bon marché des subsistances, grâce surtout à ses qualités morales et aux soins assidus dont il est l'objet de la part des patrons. Il est peu de pays où les institutions de prévoyance fondées en sa faveur se soient plus multipliées : aussi les relations entre ouvriers et patrons sont généralement meilleures qu'en aucun pays de l'Europe.

CHAPITRE II.

DU MOUVEMENT DE RÉFORME EN FRANCE.

Attentifs aux doléances cent fois répétées de la classe ouvrière, certains membres du Parlement, pour la plupart représentants de grands centres ouvriers, ont pris à tâche d'assez bonne heure de donner satisfaction à leurs mandants sur la question qui nous occupe. Les premières tentatives faites dans ce sens datent du 29 mai 1880, c'est-à-dire de la fin de l'avant-dernière législature. Elles tendent généralement à décharger l'ouvrier victime d'un accident du fardeau de la preuve, en établissant une présomption de responsabilité à la charge du patron.

C'est à peu près, on le voit, la consécration législative des idées émises par la doctrine. Seulement, il est bon de remarquer que les écrits de MM. Sauzet et Sainctelette ne datent que du dernier semestre de l'année 1883, ce qui revient à dire que l'idée d'un changement dans la dévolution de la preuve est antérieure aux tentatives de la doctrine.

Cette idée est née dans les congrès ouvriers et notamment dans ceux de Marseille, de Lille et de Saint-Étienne, où elle était mêlée d'ailleurs à d'autres idées beaucoup plus radicales. Puis, mise en lumière et dégagée de tout alliage par M. Vavasseur, dans un remarquable article inséré, le 20 mai 1880, au journal *le Droit*, elle a été portée à la tribune de la Chambre, le 29 mai de la même année, par M. Martin Nadaud, député de la Creuse (1).

---

(1) Avant même M. Vavasseur, un ouvrier de Darnétal, M. Oviève, avait adressé aux Chambres, au mois de janvier 1880, une pétition dans laquelle il demandait que l'interdiction, stipulée par l'article 14 de la loi du 19 mars 1874, d'employer des enfants dans les ateliers où les roues, courroies, engrenages, etc., présentent une cause de danger bien constatée, fût étendue aux adultes. Plusieurs enquêtes furent ordonnées sur cette pétition. La dernière en date est du 5 avril 1881. Aucune n'aboutit.

Ici commence cette longue série, hélas ! non encore terminée de projets, de contre-projets et d'amendements que nous allons avoir à étudier.

Hâtons-nous de dire que, malgré les efforts déployés par leurs auteurs, aucun des projets présentés n'est encore devenu loi. Ce n'est certes point la bonne volonté qui a manqué à la Chambre pour arriver à une solution quelconque. Elle a consacré à étudier la question sept longues séances, au cours desquelles soixante-deux discours ont été prononcés par vingt-sept orateurs. Tout le monde a pensé, au contraire, qu'il y avait beaucoup à faire sur ce point dans l'intérêt des travailleurs, puisque, dans la séance du 13 mars 1883, nos législateurs ont décidé à l'unanimité des votants, au nombre de 475, qu'ils passeraient à la discussion des articles du second projet de la commission.

Il faut, à notre sens, chercher la cause de cet échec à la fois dans la timidité des uns et dans la hardiesse des autres. Il a paru à certains groupes que les conceptions nouvelles heurtaient trop violemment, pour un résultat médiocre, les principes du droit commun. D'autres groupes au contraire, estimant que la législation actuelle exigeait une refonte complète, ont pensé qu'il était nécessaire d'organiser de toutes pièces un nouveau système de protection pour les victimes du travail.

Il est né de cette sorte de conflit entre deux opinions extrêmes de la confusion d'abord, puis des hésitations, puis enfin des atermoiements qui ont nui indistinctement à toutes les propositions de loi. La Chambre élue en 1881 n'est parvenue, après bien des efforts, qu'à voter en première lecture un projet boiteux, fatalement condamné d'avance à disparaître en seconde lecture, puisqu'à cette époque le Gouvernement a pu dire, après bien d'autres, qu'il se réservait d'apporter entre les deux délibérations une nouvelle rédaction sur laquelle toutes les opinions pourraient se concentrer.

Depuis lors et dès le lendemain de l'élection de la Chambre actuelle, le Gouvernement a tenu sa promesse. Deux projets, dus à son initiative, sont venus s'ajouter à la série déjà bien longue des propositions nées de l'initiative parlementaire. Il est à croire qu'on leur réserve le même sort qu'aux premiers, si l'on en juge par la discussion qui a lieu, au moment où ces lignes s'impriment, à la Chambre des députés, et qui se terminera, suivant les apparences, par l'adoption du quatrième projet de la commission des accidents, lequel diffère sensiblement des projets gouvernementaux.

Pour mettre de l'ordre dans les idées et donner la marche exacte des divers systèmes produits, nous fournirons d'abord, par ordre chronologique, un compte rendu très sommaire des propositions de loi et rapports, contre-projets et amendements déposés depuis la proposition Nadaud jusqu'à la plus récente en date. Nous essayerons ensuite de classer tous ces textes en systèmes ou catégories que nous étudierons et discuterons, en nous inspirant des débats auxquels la plupart ont donné lieu à la Chambre, en séance publique. Le coup d'œil d'ensemble que nous allons jeter sur la généralité des textes proposés nous permettra d'éliminer certaines propositions secondaires qui nuiraient à la clarté et à l'unité de notre classement.

PREMIÈRE SECTION.

EXPOSÉ ANALYTIQUE ET CHRONOLOGIQUE DES TEXTES PROPOSÉS.

Nous avons déjà cité le projet de loi formulé par M. Martin Nadaud, le 29 mai 1880 (1). Un deuxième projet du même auteur fut déposé sur le bureau de la Chambre, le 4 novembre 1881 (2). Ces deux propositions sont à peu de chose près les mêmes. Elles établissent la responsabilité de plein droit, en matière d'accidents, de « quiconque emploie les services » d'autrui », sous la seule réserve pour l'employeur de démontrer que l'accident a été le résultat d'une faute commise par la victime. La deuxième édicte spécialement que les procès en indemnité seront portés devant le Conseil des prud'hommes et à défaut devant le juge de paix, statuant comme en matière sommaire. Ces deux projets de loi furent pris en considération par la commission d'initiative, le premier, dans la séance

---

(1) *Journal officiel*, documents parlementaires de la Chambre des députés, 6 juin 1880, annexe n° 2660, p. 6179.

(2) *Journal officiel*, documents parlementaires de la Chambre des députés, novembre 1881, annexe n° 5, p. 1599.

du 7 mars 1881 (1), le deuxième, dans celle du 14 novembre de la même année (2).

Le 29 novembre 1881, amendement de M. Georges Graux qui propose de modifier le texte de la proposition Nadaud ainsi qu'il suit :

« En cas d'accident survenu à des ouvriers ou
» employés, engagés au mois ou à l'année, ou travail-
» lant à la tâche depuis trois mois chez le même
» industriel, le patron est présumé responsable. Il
» n'encourt pas cette responsabilité, s'il prouve que
» l'accident a eu pour cause un événement de force
» majeure ou une faute de la victime. »

Le 31 décembre 1881, contre-projet de M. Remoiville qui admet les principes suivants : responsabilité de l'employeur, à moins qu'il ne prouve « qu'il a pris
» toutes les mesures capables de prévenir l'accident,
» ou que l'accident provient d'un cas de force majeure,
» ou qu'il a été amené par la faute même de la victime
» (art. 1) »; compétence du juge de paix jusqu'à 1,000 francs d'indemnité en principal et 150 francs de rentes, en dernier ressort, et, à charge d'appel, à quelque taux que la demande puisse s'élever (art. 3); assistance judiciaire de droit pour le demandeur, sans formalités ni admission préalables (art. 8).

---

(1) *Journal officiel*, documents parlementaires de la Chambre des députés, mars 1881, annexe n° 3394, p. 372.

(2) *Journal officiel*, documents parlementaires de la Chambre des députés, novembre 1881, annexe n° 67, p. 1712.

Le 10 janvier 1882, M. Alfred Girard dépose un contre-projet en trois articles, dont voici les termes :

Art. 1ᵉʳ. — « Il sera ajouté à l'article 1384 du Code
» civil un paragraphe ainsi conçu : Dans les usines,
» manufactures, fabriques, chantiers, mines et
» carrières, chemins de fer et, en outre, dans les
» autres exploitations de tout genre, où, il est fait
» usage d'un outillage à moteur mécanique, le patron
» est présumé responsable des accidents survenus
» dans le travail à ses ouvriers ou préposés. Mais
» cette présomption cesse, lorsque le patron fournit la
» preuve ou bien que l'accident est arrivé par force
» majeure, qui ne peut être imputée ni à lui, ni aux
» personnes dont il doit répondre, ou bien que
» l'accident a pour cause exclusive la propre impru-
» dence de la victime. »

L'article 2 porte que les demandes en indemnité prévues par l'article 1ᵉʳ seront jugées sommairement ; l'article 3, que lesdites indemnités seront garanties par un privilège sur les meubles.

M. Peulevey formule, le 14 janvier 1882 (1), une proposition de loi contenant dix articles, aux termes de laquelle « tous les accidents graves arrivant dans
» l'exécution d'un travail commandé, lorsqu'ils seront
» le résultat d'un cas fortuit, de la force majeure ou
» même d'une imprudence de la victime, seront à la

---

(1) *Journal officiel*, documents parlementaires de la Chambre des députés, janvier 1882, annexe nº 283, p. 144.

» charge de l'État, sous certaines conditions établies » (art. 1) ». — L'ouvrier devra, pour avoir droit à une indemnité de ce genre, effectuer annuellement entre les mains du percepteur le versement de la somme de 2 francs (art. 2). — La caisse des dépôts et consignations est chargée de servir, à la victime de l'accident ou à ses héritiers, l'indemnité dont le chiffre est arrêté par une commission administrative spéciale, sur un maximum de 800 francs par an (art. 3 et 8). Ces dispositions ne font point obstacle à l'exercice de l'action en responsabilité devant les tribunaux compétents, toutes les fois que les intéressés se croiront fondés à l'intenter, à la condition toutefois d'y pourvoir dans la huitaine sous peine de forclusion (art. 6).

Le 11 février 1882, M. Félix Faure dépose deux propositions de loi connexes (1).

La première établit, dans tous les cas et quelle que soit la cause de l'accident, la responsabilité du chef de toute entreprise industrielle, commerciale ou agricole.

Mais cette responsabité est limitée :

Pour les hommes, en cas de mort, au paiement d'une indemnité, dont le maximum est fixé à 2,500 francs, pour la veuve, et à une rente annuelle de 100 francs, pour chacun des enfants ; en cas d'accident entraînant

---

(1) *Journal officiel*, documents parlementaires de la Chambre des députés, février 1882, annexe n° 399, p. 357 et suivantes.

une incapacité complète de travail, au paiement d'une rente annuelle et viagère qui ne peut être inférieure à 370 francs, ni supérieure à 750 francs, augmentée, si l'ouvrier est marié, d'une rente annuelle et viagère de 100 francs, pour sa femme, et d'une rente annuelle et temporaire de 100 francs, pour chaque enfant légitime; en cas d'accident entraînant seulement l'incapacité de la profession, au paiement d'une rente annuelle et viagère variant du dixième au quart du salaire annuel de l'ouvrier;

Pour les femmes, en cas de mort, à l'attribution à chaque enfant légitime, jusqu'à l'âge de seize ans, d'une rente annuelle de 150 francs; en cas d'accident grave, au paiement d'une rente annuelle et viagère variant du huitième au tiers du salaire de l'assurée, sans que cette rente puisse être inférieure à 200 francs (art. 1 et 2).

L'indemnité est fixée d'après la gravité de l'accident et la situation de famille de la victime. Cette fixation est confiée, en dernier ressort, à un tribunal arbitral présidé et convoqué par le juge de paix du canton où s'est produit l'accident (art. 4 et 5). — Les créances des victimes sont privilégiées; les indemnités incessibles et insaisissables (art. 6 et 7). — Les actions en responsabilité établies par cette loi sont prescrites après un an. — Toute convention contraire est déclarée nulle (art. 8 et 9).

La deuxième proposition qui fait suite à la première crée, sous la garantie de l'État, une caisse d'assurances contre les risques de la responsabilité des chefs d'entreprise en cas d'accidents (art. 1). — Le taux des primes varie, suivant la catégorie dans laquelle est classée l'industrie du patron assuré et selon les conditions de sécurité et de salubrité qu'elle présente (art. 4 et 5). — Le tarif est revisable tous les cinq ans (art. 10). — Les ressources de la caisse chargée du service des pensions ou indemnités se composent : 1° du capital appartenant en commun à ladite caisse et à la caisse d'assurances en cas d'accidents créée par la loi du 11 juillet 1868 ; 2° des primes payées par les assurés ; 3° d'une subvention annuelle de l'État.

Le 7 mars 1882 (1), projet de loi de M. Henri Maret et de plusieurs de ses collègues qui proposent de créer au chef-lieu de chaque département un jury spécial, chargé de régler les contestations relatives à la réparation des dommages causés par les accidents.

La commission nommée pour étudier les propositions de loi dont nous venons de parler se rallia au contre-projet présenté par M. Alfred Girard, dont nous avons cité textuellement l'article 1er.

L'article 2 du projet de la commission était ainsi conçu :

» Il sera ajouté, à la fin de l'article 404 du Code
» de procédure civile, la disposition suivante : les

---

(1) *Journal officiel*, documents parlementaires de la Chambre des députés, février 1882, annexe n° 357, p. 219.

» demandes en indemnités pour accidents prévues au
» paragraphe final de l'article 1384 du Code civil. En
» ce dernier cas, dans les causes sujettes à appel, les
» dépositions seront rédigées par écrit par le greffier
» et signées par le témoin; en cas de refus, mention
» en sera faite. »

L'article 3 du projet Girard disparaissait.

M. Alfred Girard, nommé rapporteur, déposa son rapport le 28 mars 1882. La discussion publique eut lieu dans la séance du 13 mai suivant (1). Trois orateurs y prirent part : MM. Peulevey, Alfred Girard et Félix Faure. Ce dernier ayant demandé et obtenu l'ajournement de la suite de la discussion, le projet fut renvoyé à la commission.

Du 13 mai 1882 au 12 mars 1883, date de la reprise de la discussion en séance publique, dix projets, contre-projets ou amendements sont présentés.

Un premier amendement de M. Talandier, tendant à solidariser la responsabilité des entrepreneurs de travaux publics avec celle des communes, du département et de l'État, est proposé le 13 mai 1882. Un autre amendement de M. Escanyé au projet de M. Félix Faure, tendant à donner à l'ouvrier le choix ou d'accepter le bénéfice de la loi nouvelle ou de se pourvoir devant les tribunaux ordinaires, conformément aux

---

(1) *Journal officiel*, débats parlementaires de la Chambre des députés, séance du 13 mai 1882, année 1882, p. 588 et suivantes.

dispositions du droit commun, est déposé le 10 juin de la même année.

Le 14 novembre 1882, la commission donne par l'organe de M. Martin Nadaud, nouveau rapporteur, lecture de son second rapport. Celui-ci, rejetant l'idée primitivement admise d'une présomption limitée de responsabilité à la charge d'une série spéciale d'employeurs, adopte presque en entier le système présenté par M. Félix Faure, système qui consiste à établir *de plano* la responsabilité de tout entrepreneur d'industrie, en en limitant toutefois les conséquences et en offrant au patron les moyens de s'en garantir par l'assurance. Son projet ne diffère de celui de M. Faure que sur deux points : quant au chiffre des indemnités accordées à la victime de l'accident ou à sa famille, chiffre qui est légèrement augmenté ou diminué suivant les cas, et quant à la faculté laissée aux intéressés par la nouvelle proposition d'obtenir, indépendamment des indemnités fixées par l'article 2, de plus amples dommages-intérêts, toutes les fois que l'accident aura donné lieu à des poursuites dirigées conformément aux dispositions de l'article 319 du Code pénal (nouvel art. 3).

Suit une série de cinq amendements : — le premier de M. Alfred Girard (22 février 1883), tendant à l'application du droit commun pour les faits délictueux ou quasi-délictueux ; — le second de M. Marius Poulet (6 mars 1883), qui augmente les ressources de la caisse d'assurances, créée contre les risques

de la responsabilité, des dons et legs faits à ladite caisse et des ressources provenant de l'application de la loi de 1874, sur le travail des enfants dans les manufactures ; — le troisième de M. Laroche-Joubert (6 mars 1883), qui tend à mettre à la charge de l'État la moitié des indemnités dues, avec réserve, pour ce dernier, de prescrire aux chefs d'industrie l'emploi de tous moyens préventifs jugés indispensables; — le quatrième de M. Alfred Girard (10 mars 1883), tendant à restreindre le champ d'application de la loi aux seuls accidents survenus « dans les usines, manufactures
» fabriques, chantiers, mines et carrières, chemins de
» fer et, en outre, dans les exploitations de tout
» genre où il est fait usage d'un outillage à moteur
» mécanique »; — le cinquième de M. Talandier, qui propose l'adoption d'un article additionnel ainsi conçu : « Tout entrepreneur, dans le service duquel un
» ouvrier aura été grièvement blessé sans avoir reçu
» aucune indemnité pour le fait de cette blessure, sera
» immédiatement déchu de son entreprise vis-à-vis
» de la ville de Paris ou de tout autre corps public
» engagé à son égard, et ne pourra être rengagé ».

Le 7 mai 1883, M. Remoiville présente un deuxième contre-projet annulant celui du 31 décembre 1881, dont il était l'auteur.

Le principe de l'article 1er est restreint aux accidents survenus dans les fabriques qui font usage d'un outillage à moteur mécanique. — L'article 3 décide que le propriétaire, qui n'aura point averti l'autorité locale de l'accident survenu, sera déclaré responsable, quelle que soit la cause de l'accident, si elle n'est point criminelle ou délictueuse. — L'article 5 expose que la demande sera introduite devant le juge de paix, sans préliminaire de conciliation, lequel pourra décider, au cas où les circonstances l'obligeraient à ordonner un renvoi, que le patron sera tenu de payer au demandeur une provision. Cette provision ne pourra excéder deux mois de salaire ; elle sera définitivement acquise, sauf le cas de condamnation, cas auquel elle vient en déduction. — L'article 14 déclare insaisissables les indemnités allouées, et l'article 16 édicte une prescription d'un an pour l'action en réparation. — Les articles intermédiaires sont la reproduction du premier contre-projet de M. Remoiville.

La nouvelle rédaction de la commission fut discutée en séance publique les 8, 10 et 12 mars 1883. La clôture de la discussion fut prononcée le troisième jour et le passage à la discussion des articles voté. Mais, pour la seconde fois et sur la demande du Gouvernement, l'article 1ᵉʳ du projet, les contre-projets et les amendements qui s'y référaient furent renvoyés à la commission, qui reçut mission de déposer un nouveau rapport, après avoir entendu le Gouvernement (1).

Dans l'intervalle compris entre le 12 mars 1883 et

---

(1) *Journal officiel*, débats parlementaires de la Chambre des députés, séance du lundi 12 mars 1883, année 1883, p. 572.

le 16 février 1884, quatre nouveaux textes sont proposés.

Le premier en date est un contre-projet présenté par MM. Alfred Girard, Reyneau et Escanyé, le 10 mai 1883, dans lequel apparaît, pour la première fois, ce que l'on a appelé depuis *la responsabilité du risque professionnel*.

L'article 1er est ainsi conçu :

« Dans les usines, manufactures, fabriques, chan-
» tiers, mines et carrières, entreprises de transport et,
» en outre, dans les autres exploitations de tout genre
» où il est fait usage d'un outillage à moteur mécanique,
» le chef de l'entreprise (sans préjudice de la responsa-
» bilité qui lui incombe aux termes du droit commun
» actuellement existant) encourt, vis-à-vis des per-
» sonnes qu'il emploie, une responsabilité spéciale à
» raison du risque professionnel, et doit en consé-
» quence, dans les limites de la présente loi, venir en
» aide à tout ouvrier ou employé, victime d'un accident
» dans l'exécution de son travail. »

L'article 2 porte : « Par exception, est déchue de
» tout droit à réclamer le bénéfice de cette respon-
» sabilité spéciale la victime qui se sera intentionnel-
» lement exposée à l'accident, lorsqu'il y aura eu pour
» le chef de l'entreprise impossibilité de l'en pré-
» server. »

L'article 3 limite la responsabilité du risque professionnel au chiffre des pensions et secours alloués actuellement par la caisse d'assurances en cas d'accidents, établie par la loi du 11 juin 1868, lorsque la prime annuelle est de 8 francs.

L'article 4 déclare déchu du droit d'intenter l'action

spéciale, créée par le projet, celui qui ne l'aura point intentée dans les six mois de l'accident. Il dispose en outre que la demande sera formée devant le tribunal de paix et que l'intéressé jouira de plein droit du bénéfice de l'assistance judiciaire.

L'article 5 donne au juge de paix le pouvoir d'apprécier s'il y a incapacité absolue ou partielle de travail et de fixer, dans les limites indiquées à l'article 3, la pension ou les secours à allouer. La sentence du juge de paix n'est point susceptible d'appel. — Les créances d'indemnités sont privilégiées et les rentes viagères constituées, incessibles et insaisissables (art. 6 et 7). — Si l'accident donne lieu à l'action pénale des articles 319 et 320 du Code pénal, il demeure loisible aux intéressés d'intervenir au procès comme parties civiles, à la condition toutefois de ne point cumuler les indemnités ainsi obtenues avec le montant de la condamnation prononcée par le juge de paix pour responsabilité du risque professionnel (art. 8). Enfin, toute convention contraire à la loi proposée est déclarée nulle de plein droit (art. 9).

Suit un contre-projet présenté, le 15 novembre 1883, par M. Emile Brousse et plusieurs de ses collègues. L'article 1er de ce projet établit une présomption de responsabilité à la charge du patron, dans les usines, fabriques, chantiers, etc., où il est fait usage d'un outillage à moteur mécanique, présomption qui ne cesse que lorsque le patron fournit la preuve que l'accident a eu pour cause exclusive une faute de la victime. — L'article 2 porte que les contestations relatives à ces accidents seront jugées d'urgence et comme affaires sommaires, que les jugements seront exécutoires avec ou sans caution, nonobstant opposition ou appel, et que la victime jouira de plein droit du bénéfice de l'assistance judiciaire.

M. Peulevey propose, le 26 novembre 1883, un contre-projet en quatre titres.

Le titre Ier maintient la responsabilité, telle qu'elle est établie par les articles 1382 et suivants du Code civil, en cas de faute lourde à la charge du maître ou des personnes dont il doit répondre. Hormis ce cas, le maître est responsable dans les limites établies par les titres suivants (art. 1, 2 et 3).

Le titre II crée une caisse d'assurances et de prévoyance gérée par l'État, d'après les bases légèrement modifiées de la loi du 11 juillet 1868. Les ressources de cette caisse se composent : 1° du montant des cotisations versées par les assurés (10 francs par an payables par l'ouvrier en deux fractions de 5 francs); 2° d'une subvention de l'État à inscrire annuellement au budget et qui, pour la première année, sera d'un million; 3° des dons et legs faits à la caisse. Les accidents sont divisés en quatre classes; les indemnités sont évaluées en rentes viagères sur un capital de 6,400 francs (art. 6, 7, 8, 9 et 10).

Le titre III impose au maître l'obligation de payer aux intéressés assurés ou non assurés la moitié de la pension attribuée par la caisse d'assurances, en cas d'accidents des deux premières classes, et une indemnité égale à celle allouée par la même caisse, en cas d'accidents des deux dernières classes.

Le titre IV est relatif à la procédure. Le patron est tenu d'avertir, dans les vingt-quatre heures, le juge de paix du canton, lequel procède à une enquête immédiate et délivre, s'il est nécessaire, sur le maître ou sur la caisse des accidents, un bon d'assistance provisoire renouvelable tous les quinze jours (art. 15 et 16). — Le comité d'administration créé par les articles 23 et 24 du règlement d'administration publique du 10 août 1868, relatif au fonctionnement de la caisse d'assurances établie par la loi du 11 juillet 1868, est chargé de décider si l'accident doit ou non être imputé à une faute lourde du patron et dans quelle catégorie il doit être classé (art. 17, § 51). — En cas de faute lourde du maître, si la victime est assurée, la caisse, tenue quand même de remplir ses obligations, peut recourir contre le maître; si au contraire la victime n'est pas assurée, le comité la renverra à exercer ses droits contre le maître (art. 17, §§ 2 et 3). — L'action pour faute lourde n'est recevable qu'après un avis conforme du comité; le demandeur, pour l'intenter, jouit de plein droit du bénéfice de l'assistance judiciaire (art. 18). — En cas de faute grave de la victime, judiciairement établie, celle-ci n'aura droit qu'aux secours provisoires (art. 20).

Le 16 février 1884, la commission présente un troisième rapport (1). Elle nomme, pour soutenir son nouveau projet, deux rapporteurs, MM. Alfred Girard et Martin Nadaud. Le projet se compose de treize articles contenus dans trois titres. — Le premier titre traite de la responsabilité de droit commun ; le second, de la responsabilité spéciale à raison du risque professionnel ; le troisième contient des dispositions communes aux deux premiers titres. — L'ensemble du projet réunit et coordonne deux systèmes précédemment émis : le système du renversement de la preuve présenté, pour la première fois, par M. Martin Nadaud et amendé par MM. Alfred Girard et Remoiville, et le système de l'établissement d'une responsabilité à raison du risque professionnel, imaginé par MM. Alfred Girard, Reyneau et Escanyé, dans leur contre-projet du 10 mai 1883.

Les articles 1, 2 et 3 sont ainsi conçus :

Art. 1er. — « Dans le cas où actuellement et aux
» termes du droit commun l'ouvrier, victime d'un
» accident de travail, est admis à réclamer judiciaire-
» ment une indemnité représentative de l'intégralité du
» préjudice par lui souffert, il n'est rien innové à la
» législation existante, sauf en ce qui concerne le
» mode de preuve et de procédure, dans certaines
» industries, ainsi qu'il est réglé aux articles 2 et 3
» ci-après. »

---

(1) *Journal officiel*, débats parlementaires de la Chambre des députés, séances des 20, 21 et 23 octobre 1884, année 1884, p. 2063 et suivantes.

Art. 2. — « Dans les usines, manufactures, fabri-
» ques, chantiers, mines et carrières, entreprises de
» transport et, en outre, dans les autres exploitations
» de tout genre où il est fait usage d'un outillage à
» moteur mécanique, le chef de l'entreprise est pré-
» sumé responsable des accidents survenus dans le
» travail à ses ouvriers et préposés. Mais cette pré-
» somption cesse, lorsqu'il fournit la preuve, ou bien
» que l'accident est arrivé par force majeure ou cas
» fortuit qui ne peuvent être imputés ni à lui, ni aux
» personnes dont il doit répondre, ou bien que l'acci-
» dent a pour cause exclusive la propre imprudence
» de la victime. »

Art. 3. — « Il sera ajouté, à la fin de l'article 404
» du Code de procédure civile, la disposition suivante :
» les demandes en dommages-intérêts intentées en
» vertu des articles 1382 à 1386 inclus du Code
» civil. »

Le titre II, qui établit la responsabilité du risque professionnel, est la reproduction intégrale du dernier contre-projet de MM. Alfred Girard, Reyneau et Escanyé que nous avons déjà analysé, sauf l'adjonction à l'article 8, qui est l'article 5 du projet Girard, d'un paragraphe ainsi conçu :

Art. 5. — « Dans tous les cas, si le défendeur
» justifie avoir contracté, au profit du demandeur, une
» assurance à la caisse établie par la loi du 11 juillet
» 1868, le juge de paix sera tenu de surseoir jusqu'à
» ce que le comité, institué par les articles 23 et
» suivants du décret du 10 août 1868, modifié par le
» décret du 13 août 1877, ait donné son avis en

» exécution de l'article 29 du premier de ces décrets,
» et le jugement à intervenir devra se conformer à cet
» avis, en ce qui concerne la détermination du genre
» d'incapacité de travail. »

Le titre III contient la prohibition de toute convention contraire à la loi (art. 13), plus un article dont voici les termes :

Art. 12. — « Si le chef d'entreprise avait contracté
» une assurance, à raison de la responsabilité lui
» incombant vis-à-vis de ses ouvriers ou employés,
» la condamnation prononcée au profit de la victime
» de l'accident ou de ses ayants droit emportera privilège, dans les termes de l'article 2102 du Code
» civil, sur l'indemnité due par l'assureur, et jusqu'à
» concurrence du montant des condamnations. »

La discussion publique du projet de la commission occupa trois séances consécutives (20, 21 et 23 octobre 1884). Le projet fut voté en première délibération, après quelques modifications de détail. Au cours des débats, le Gouvernement fit entendre qu'il présenterait un nouveau projet dans l'intervalle compris entre la première et la deuxième lecture. Son intervention ne fut point étrangère au vote du projet de la commission.

Fidèle à sa promesse, le Gouvernement institue, le 3 novembre 1884, une commission extra-parlementaire chargée d'étudier la question. Celle-ci fait son rapport le 27 février 1885. Ce rapport conclut, comme le texte voté par la Chambre, à l'établissement d'une présomption de responsabilité *juris tantum*, à la charge du patron de toute entreprise où il est fait usage d'un moteur mécanique, et à la consécration d'une responsabilité dérivant du risque professionnel. Mais il innove en instituant l'assurance *obligatoire* des ouvriers par les patrons (1).

M. Maurice Rouvier, alors Ministre du Commerce, présente sur ces conclusions, le 24 mars 1885, un projet de loi qui est renvoyé à la commission des accidents des ouvriers.

Sauf la présomption de responsabilité, qui disparaît dans le projet gouvernemental, celui-ci reproduit point par point le texte proposé par la commission extra-parlementaire.

L'article 1er dispose que les demandes des ouvrier en dommages-intérêts seront jugées comme matière sommaire.

L'article 2 indique qu'il y a risque professionnel « dans les industries où, soit à raison de l'outillage, » soit à raison des moteurs, des matières employées » ou fabriquées, l'ouvrier est exposé à un accident » dans l'exécution de son travail. — Un règlement » d'administration publique déterminera les industries » qui, d'après les règles établies par le présent article, » seront considérées comme présentant un risque » professionnel ».

L'article 3 porte que, dans toutes ces industries,

---

(1) *Journal officiel*, documents parlementaires de la Chambre des députés, année 1885, annexe n° 3642, p. 431 et suivantes.

les ouvriers devront être assurés contre les accidents. L'assurance est contractée par les soins du patron. L'ouvrier ne peut être tenu de contribuer au paiement de la prime que jusqu'à concurrence de la moitié au maximum.

Les indemnités garanties par cette assurance devront être au moins égales au chiffre des pensions et secours alloués par la caisse d'assurances, instituée par la loi de 1868, lorsque la prime annuelle est de 8 francs (art. 4).

L'assurance pourra être contractée, soit à cette dernière caisse, soit aux compagnies privées qui remplissent certaines conditions déterminées par un règlement d'administration publique (art. 5).

L'article 6 édicte certaines peines pour les membres des conseils d'administration des compagnies privées qui contreviendraient audit règlement.

L'article 7 rend le patron, qui n'aurait pas assuré ses ouvriers, passible d'une amende de 50 à 500 francs et le déclare, en outre, tenu de payer à la victime de l'accident une indemnité égale à celle qu'elle aurait obtenue si elle avait été assurée.

L'article 8 dispose que les indemnités dues à l'ouvrier, à raison du risque professionnel, ne se cumuleront pas avec celles qu'il pourrait obtenir d'après le droit commun.

L'article 9 donne à l'ouvrier un privilège sur l'indemnité due par l'assureur.

L'article 10 permet d'appliquer aux condamnations prononcées l'article 463 du Code pénal, et l'article 11 prohibe toute convention contraire.

Le 2 février 1886 (1), M. Edouard Lockroy, alors Ministre du Commerce, présente, au nom du Gouvernement, un nouveau texte qui est la reproduction intégrale de la rédaction proposée par la commission extra-parlementaire. Il contient donc, outre les articles que nous venons de citer, un article 1er ainsi conçu :

« Dans les usines, manufactures, fabriques, chan-
» tiers, mines et carrières, entreprise de transport et,
» en outre, dans les autres exploitations de tout genre
» où il est fait usage d'un outillage à moteur méca-
» nique, le chef de l'entreprise est présumé responsable
» des accidents survenus dans le travail à ses ouvriers
» et préposés. Mais cette présomption cesse, lorsqu'il
» fournit la preuve ou bien que l'accident est arrivé par
» force majeure ou cas fortuit qui ne peuvent être
» imputés ni à lui, ni aux personnes dont il doit
» répondre, ou bien que l'accident a pour cause exclu-
» sive la propre imprudence de la victime. »

Le même jour (2), MM. Albert de Mun, Freppel, le vicomte de Bélizal et Thellier de Poncheville présentent à la Chambre des députés un projet de loi, divisé en trois titres, qui applique pour la première fois aux accidents du travail l'idée corporative.

Le titre Ier établit la classification des accidents et

---

(1) *Journal officiel*, documents parlementaires de la Chambre des députés, année 1886, annexe n° 395.
(2) *Journal officiel*, documents parlementaires de la Chambre des députés, année 1886, annexes nos 391 et 474.

la tarification des pensions et indemnités à servir aux ouvriers ou à leurs ayants droit.

Art. 1ᵉʳ. — « Sont répartis dans les trois catégories
» suivantes les accidents dont peuvent être victimes les
» ouvriers ou employés dans les établissements indus-
» triels, fabriques, usines, chantiers, mines et carrières,
» dans les manufactures et exploitations agricoles
» auxquelles sont attachées des machines à vapeur ou
» autres appareils mis en mouvement par des forces
» élémentaires, ainsi que les ouvriers ou agents au
» service des compagnies de chemins de fer ou des
» armateurs :

» *Première catégorie*. — Les accidents provenant
» soit du vice de construction ou du manque d'entre-
» tien des machines et appareils, soit de l'absence ou
» de l'insuffisance des mesures de précaution qu'en-
» traîne la nature de l'entreprise; ceux provenant de
» la négligence ou de l'inhabileté des agents directs
» de l'entreprise.

» *Deuxième catégorie*. — Ceux provenant soit de
» cas fortuits ou de force majeure, soit d'une impru-
» dence ou d'une négligence de l'ouvrier.

» *Troisième catégorie*. — Ceux provenant d'une
» faute grave, de l'état d'ivresse ou d'un acte délictueux
» ou criminel de l'ouvrier. »

L'article 2 dispose que seules les victimes des deux premières catégories auront droit d'être indemnisées. Le service des indemnités ou pensions sera fait par des caisses d'assurances spéciales créées par le projet, avec réserve, au profit desdites caisses, de répéter contre les chefs d'entreprises tout ce qu'elles auront payé aux victimes des accidents de la première catégorie.

La tarification des indemnités ou pensions est établie sur les bases suivantes :

1° Pour les hommes,

En cas de mort, si l'ouvrier ou l'employé était marié, il est alloué : à la veuve, une indemnité égale à deux fois le salaire annuel de la victime, avec un maximum de 2,500 francs ; à chaque enfant légitime, jusqu'à l'âge de seize ans, une rente annuelle de 100 francs. Cette dernière rente s'élève à 150 francs si l'ouvrier est veuf. S'il était célibataire ou veuf sans enfants, ses père et mère sexagénaires ou à défaut ses aïeuls et aïeules ont droit à une somme égale à son salaire annuel, avec un maximum de 1,200 francs.

En cas d'accident entraînant une incapacité complète de travail, il est attribué : à la victime, une rente annuelle et viagère égale au tiers de son salaire annuel, sans que cette rente puisse être inférieure à 370 francs, ni supérieure à 750 francs ; à sa femme, une rente annuelle et viagère de 100 francs ; à chaque enfant légitime, jusqu'à l'âge de seize ans, une rente annuelle de 100 francs.

En cas d'accident entraînant l'incapacité de la profession, l'ouvrier ou l'employé a droit à une rente annuelle et viagère variant du dixième au quart de son salaire annuel.

En cas d'accident entraînant une incapacité temporaire de travail, il lui est attribué, pendant six mois au plus, un secours quotidien égal à la moitié du salaire de sa journée au moment de l'accident.

2° Pour les femmes,

En cas de mort, si la victime était veuve, il est attribué une rente annuelle de 150 francs à chaque enfant légitime, jusqu'à l'âge de 16 ans ; si la victime n'était pas mariée ou était veuve sans enfants, il est alloué à ses père et mère sexagénaires, et à défaut à ses aïeuls et aïeules, une indemnité égale à son salaire annuel, avec un maximum de 150 francs.

En cas d'accident entraînant une incapacité du travail de la profession, l'ouvrière ou l'employée a droit à une rente annuelle ou viagère variant du huitième au tiers du salaire d'une année, sans que cette indemnité puisse être inférieure à 200 francs, ni supérieure à 500 francs.

En cas d'incapacité temporaire, la victime reçoit, pendant six mois, un secours quotidien égal à son salaire journalier et qui ne peut être inférieur à 1 franc, ni supérieur à 2 fr. 50 c.

L'article 4 dispose que la caisse d'assurances supportera, outre ses frais d'administration et de gestion, les secours médicaux et frais de maladie, pendant les six premières semaines de l'accident, jusqu'à ce qu'il soit constitué une caisse spéciale pour les maladies.

Le titre II est relatif à la formation des caisses d'assurances.

Art. 5. — « Il sera créé, sur l'initiative des chefs
» d'entreprise, dans chacune des quinze circonscrip-
» tions territoriales établies par la loi du 19 mai 1874,
» et déterminées par le décret du 15 février 1875 sur
» le travail des enfants dans les manufactures, des
» caisses corporatives d'assurances pour chaque nature

» d'industrie ou groupes d'industrie similaires. —
» Les caisses d'une région pourront fusionner avec
» les caisses correspondantes d'une circonscription
» voisine. »

Les diverses caisses territoriales appartenant à la même branche d'industrie pourront à leur tour constituer une caisse unique (art. 6).

ART. 7. — « Elles seront alimentées par des coti-
» sations fixées suivant la nature du risque profes-
» sionnel et supportées, pour un quart au maximum,
» par les ouvriers ou employés et, pour le surplus, par
» les chefs d'entreprise. La part contributive des
» ouvriers ou employés sera retenue sur le salaire,
» sans que cette retenue puisse jamais excéder 2 0/0
» de ce salaire. Tous les ouvriers ou employés des
» établissements énumérés dans l'article 1er de la
» présente loi, dont les salaires ou les appointements
» ne dépasseront point 2,000 francs, devront être
» assurés. »

Le conseil qui administre les caisses mutuelles d'assurances est composé, pour un quart au moins, d'ouvriers élus suivant les règles établies pour les Conseils des prud'hommes (art. 8).

Les caisses sont *personne morale* et jouissent de tous les avantages accordés aux sociétés de secours mutuels. Leurs actes sont dispensés des droits de timbre et d'enregistrement (art. 9).

Les caisses d'assurances ou de secours, antérieurement constituées dans les entreprises ou groupes d'entreprises, continueront à exister, sauf l'obligation qui leur est faite de se conformer aux dispositions de la loi proposée, dans les trois mois de sa promulgation. Les contrats, antérieurement passés par les patrons avec les compagnies d'assurances, subsistent (art. 10).

Un délai d'un an est accordé aux chefs d'entreprise pour constituer leurs caisses d'assurances, sous peine de rester individuellement responsables des accidents survenus dans leurs exploitations et d'être tenus de constituer et de déposer à la caisse des dépôts et consignations le capital des pensions à servir aux victimes de l'accident.

Le titre III organise le contrôle des accidents.

L'article 13 exige que le chef d'entreprise porte, dans les vingt-quatre heures, à la connaissance de l'ingénieur des mines et à défaut de l'ingénieur en chef de la circonscription, les accidents survenus.

L'article 14 ordonne qu'une enquête sommaire soit faite, dans le plus bref délai, les parties entendues, par le garde-mine ou un ingénieur, et qu'un rapport soit dressé par un docteur. Copies de l'enquête et du rapport devront être transmises, dans un délai maximum de huit jours, à l'ingénieur des mines ou à l'ingénieur en chef.

L'article 15 porte que le procès-verbal indiquera les causes présumées ou constatées de l'accident et la catégorie dans laquelle il doit être rangé.

L'article 16 oblige les ingénieurs à notifier officiellement aux intéressés les conclusions de l'enquête. Ces conclusions sont homologuées par le tribunal de l'arrondissement, si, dans le délai de huit jours à partir de la notification, aucune réclamation ne s'est produite.

L'article 17 expose que, en cas de contestation, l'affaire sera déférée au tribunal de première instance, qui fera procéder à une enquête supplémentaire et qui statuera en dernier ressort, toutes les fois que le capital de la pension à servir ne dépassera point 5,000 francs.

M. Félix Faure et ses collègues, MM. Lyonnais et Siegfried, ont présenté, le 26 juin 1886 (1), une nouvelle proposition de loi dont voici le résumé :

Elle consacre une fois de plus la responsabilité patronale à raison du risque professionnel, sans préjudice de la responsabilité de droit commun. Elle est muette sur l'institution d'une caisse d'assurances spéciale, et laisse le choix au patron de s'assurer ou de rester son propre assureur. Le chiffre des indemnités ou secours est légèrement diminué par rapport au projet primitivement présenté par M. Faure. Un tribunal arbitral est institué sous la présidence du juge de paix, ayant comme assesseurs un patron et un ouvrier, désignés par le Conseil des prud'hommes du canton et à défaut par le Conseil municipal de la commune où l'accident s'est produit. Ce tribunal est chargé d'apprécier s'il y a incapacité absolue de travail ou incapacité permanente du travail de la profession, et de fixer le montant du salaire annuel qui devra servir de base pour le règlement de la pension. L'action devra être intentée,

---

(1) *Journal officiel*, documents parlementaires de la Chambre des députés, année 1886, annexes nos 884 et 1161.

à peine de déchéance, dans les six mois du jour de l'accident. L'assistance judiciaire est de droit.

Les articles 319 et 320 du Code pénal, 1382 et suivants du Code civil reçoivent application dans tous les cas non prévus par le projet, sans qu'il soit permis cependant de cumuler les indemnités ainsi obtenues avec celles allouées à raison du risque professionnel. Enfin, toute convention contraire est déclarée nulle de droit.

La dernière proposition de loi que nous connaissions sur la matière est celle présentée au début de l'année 1887 par M. Duché (1). Les termes de ce projet ont servi de base à la plus récente rédaction de la commission des accidents, du 15 mai 1888, proposition que la Chambre discute en première lecture, au moment où ces lignes s'impriment.

Voici les grandes lignes de ce projet qui ne comprend pas moins de six titres et de quarante-neuf articles :

Titre Ier. — *Des indemnités en cas d'accidents.* — Tout accident de travail, survenu aux ouvriers et employés occupés dans les usines, manufactures, chantiers, entreprises de transport, mines, carrières et dans toute exploitation où il est fait usage d'un outillage à moteur mécanique, donne droit, au profit de la victime ou de ses ayants droit, à une indemnité que le chef de l'entreprise devra seul supporter. Cette

---

(1) Le dernier congrès ouvrier réuni à Carmaux (Tarn) a, le 15 avril 1888, donné son adhésion à ce projet.

indemnité est due *quelle qu'ait été la cause de l'accident*, pourvu toutefois que la victime ne l'ait point intentionnellement provoqué ou n'ait concouru à sa suite une condamnation criminelle ou correctionnelle (art. 1er).

Lorsque l'accident aura occasionné une incapacité permanente absolue de travail, la victime aura droit à une pension viagère qui ne pourra être inférieure au tiers de son salaire moyen annuel, ni supérieure aux deux tiers, et qui, en tous cas, ne pourra être moindre de 400 francs par an pour les hommes et de 250 francs pour les femmes (art. 4).

Si l'incapacité de travail est permanente, mais partielle, la pension sera diminuée dans la proportion de la capacité de travail restante (art. 3).

En cas de mort, l'indemnité devra comprendre : 1° vingt fois le salaire quotidien de la victime, à titre de frais funéraires ; 2° une rente calculée sur le salaire moyen annuel de la victime, au profit des ayants droit (20 0/0 pour la veuve, 15 0/0 pour un enfant, 25 0/0 pour deux enfants, 40 0/0 pour quatre enfants et au-dessus). L'ensemble des rentes accordées aux enfants ne pourra, dans aucun cas, dépasser 40 0/0 du salaire, s'il y a une veuve, et 50 0/0, s'il n'y a que des enfants (art. 4).

Dans le cas où l'accident aurait occasionné la mort d'une femme mariée, le mari, s'il reste des enfants issus du mariage, mineurs de quatorze ans, aura droit à une indemnité égale à deux années du salaire de la femme, sans que cette somme puisse dépasser 2,000 francs (art. 7).

Outre ces indemnités et pour tous les cas d'accidents, le patron devra supporter les frais médicaux et pharmaceutiques, jusqu'à concurrence d'une somme de 100 francs, et payer, à partir du quatrième jour de l'accident, pendant toute la durée de la maladie qui en sera la conséquence, une indemnité égale à la moitié du salaire de la victime, sans que cette indemnité puisse être supérieure à 2 fr. 50 c. par jour. Après trois mois, l'indemnité temporaire est réglée comme aux articles 2 et 3 (art. 8).

Les contestations entre ouvriers et patrons, touchant les indemnités temporaires accordées en vertu de l'article 8, sont jugées en dernier ressort par le juge de paix (art. 9).

Lorsque, à raison de l'accident, une condamnation pénale aura été prononcée contre le patron, les dommages-intérêts, alloués à la suite de cette condamnation, pourront dépasser les indemnités prévues par la présente loi, mais ne pourront se cumuler avec elles (art. 13).

Titre II. — *Détermination du salaire moyen.* — Le salaire moyen annuel s'entend d'une somme égale à trois cents fois le gain quotidien (art. 14).

Titre III. — *De la déclaration des accidents et de l'enquête.* — Tout accident, survenu dans une des entreprises mentionnées à l'article 1er, devra faire l'objet, dans les vingt-quatre heures et sous peine d'une amende de 50 à 500 francs, d'une déclaration au maire de la commune qui en donnera récépissé (art. 15 et 24).

Si la blessure est de nature à entraîner la mort ou

une incapacité de travail de plus de trois jours, le maire transmettra copie de la déclaration du patron au juge de paix. Celui-ci dressera, dans les vingt-quatre heures et aux frais du Trésor public, une enquête dont minute sera déposée et conservée au greffe. Il avertira, par lettre, les parties de la clôture de l'enquête et de son dépôt au greffe (art. 16 et 18).

Titre IV. — *De la fixation de l'indemnité et de la procédure.* — Le dossier de l'enquête prévue à l'article 16 sera, le jour même de la clôture, transmis au président du tribunal de l'arrondissement où s'est produit l'accident. Dans les huit jours, le président convoquera les parties à l'effet de tenter une conciliation. Si les parties se concilient, le président rendra une ordonnance qui constituera leur titre. Si la conciliation est impossible, le président les renverra à se pourvoir devant le tribunal, qui statuera comme en matière sommaire (art. 19).

La victime ou ses ayants droit jouiront de plein droit de l'assistance judiciaire (art. 20).

Le jugement sera exécutoire, nonobstant opposition ou appel, et même sur simple extrait délivré par le greffe, dans le mois du prononcé (art. 21).

Les rentes, pensions et indemnités, accordées en vertu de la présente loi, jouissent du privilège de l'article 2101 du Code civil (art. 25).

L'action en indemnité se prescrira par un an à dater du jour de l'accident (art. 26).

Toute convention contraire à la présente loi est nulle de plein droit (art. 28).

Titre V. — *Des Syndicats d'assurance mutuelle.* —

Les chefs d'entreprise *pourront* former entre eux des syndicats, à l'effet de constituer des caisses d'assurance mutuelle contre les risques prévus par la présente loi. Les établissements syndiqués devront être au nombre de dix au moins et réunir plus de deux mille ouvriers (art. 28).

Les statuts de ces syndicats devront être soumis à l'homologation du Ministre du Commerce, avec recours devant le Conseil d'État. Ils devront satisfaire aux conditions suivantes :

1° Un capital égal à la quarantième partie au moins du total des salaires annuels payés, dans l'année précédente, par les établissements syndiqués, devra être effectivement versé ;

2° Une commission spéciale sera instituée à l'effet d'établir un tarif des risques et de classer tous les ans chaque établissement syndiqué dans l'une des catégories dudit tarif ;

3° Les indemnités encourues pendant l'année et les frais généraux seront répartis, en proportion du montant des salaires annuels payés par chaque établissement, multiplié par le taux du tarif de risques qui lui est applicable ;

4° Les statuts détermineront les conséquences des cessations d'exploitation et notamment le moyen de garantir le recouvrement des contributions encourues par les chefs d'industrie qui cessent leur exploitation (art. 29 et 30).

La caisse d'assurances, créée par la loi du 11 juillet 1868, est autorisée à ouvrir aux syndicats d'assurances un compte courant illimité et productif d'intérêts (art. 31).

La caisse nationale des retraites constituera, sur versements à capital aliéné effectués entre ses mains par les syndicats, les rentes viagères ou à terme attribuées aux victimes d'accidents. Les chefs d'industrie non syndiqués auront la faculté d'effectuer à ladite caisse les mêmes versements dans le même but (art. 33).

TITRE VI. — *De l'assurance sous la garantie de l'État.* — La caisse d'assurances, créée par la loi de 1868, est autorisée à effectuer des assurances ayant pour objet de garantir les chefs d'entreprise contre les conséquences de la responsabilité déterminée par la présente loi (art. 35).

Cette assurance garantit, moyennant le paiement des primes, dont le taux sera fixé chaque année par le Ministre du Commerce, sur le rapport de la commission supérieure de la caisse d'assurances, les indemnités ci-après :

1° En cas d'incapacité permanente absolue de travail, une rente viagère égale au tiers du salaire de la victime, avec un minimum de 400 francs pour les hommes et de 250 francs pour les femmes ;

2° En cas d'incapacité permanente partielle, une fraction de cette rente, proportionnelle à l'incapacité de travail constatée ;

3° En cas de mort et en cas d'incapacité temporaire de travail, les rentes et indemnités prévues par la présente loi (art. 36 et 40).

Les chefs d'entreprises administrativement surveillées bénéficieront d'une diminution de prime de 25 0/0 (art. 42).

La caisse est en outre autorisée à effectuer des assurances, aux conditions déterminées à l'article 36, au profit de personnes autres que celles désignées à l'article 1ᵉʳ (art. 43).

DEUXIÈME SECTION.

CLASSEMENT DES TEXTES PROPOSÉS. — RÉSUMÉ DES DISCUSSIONS AUXQUELLES ILS ONT DONNÉ LIEU A LA CHAMBRE, EN SÉANCE PUBLIQUE.

Nous éprouvons un embarras qui paraîtra justifié à classer juridiquement et méthodiquement les divers projets de loi que nous venons d'analyser. Ce n'est point certes qu'il n'existe entre plusieurs de notables différences et entre certains autres de réels points de contact. Mais il s'est produit, dans l'esprit de la plupart de leurs auteurs, une telle confusion, entre ce que l'on est convenu d'appeler en droit la garantie des fautes et la garantie des risques, que l'unique distinction qui nous paraîtrait juridiquement indiquée nous échappe. Il semble naturel, en effet, de classer les textes proposés en deux catégories : ceux qui organisent la responsabilité ; ceux qui organisent l'assurance. L'une n'est certes pas l'autre, car, tandis que la responsabilité s'applique exclusivement à la garantie des fautes, l'assurance comprend en outre la garantie des risques. Malgré cela, il est peu de propositions qui ne révèlent chez leurs auteurs une tendance fâcheuse à confondre ces deux garanties pourtant bien distinctes.

Les unes paraissent ne vouloir organiser que la responsabilité et touchent à l'assurance ; les autres semblent avoir l'assurance pour but exclusif et contiennent des dispositions relatives à la responsabilité. La confusion se révèle bien plus évidente encore dans les titres. Tous les textes présentés, sauf un seul, sont sous la rubrique : *Projet de loi sur la responsabilité des patrons en matière d'accidents*. Pour ne parler que des deux projets de M. Peulevey, qui paraissent ne vouloir organiser que l'assurance, ils se trouvent placés sous le titre : *De la responsabilité en matière d'accidents du travail*. Nous pouvons faire la même remarque sur la première proposition de loi de M. Félix Faure. Seul, le projet de M. de Mun échappe à cette critique. M. de Mun, qui n'entend toucher qu'à l'assurance, intitule très exactement sa proposition : *Proposition de loi sur la protection des ouvriers victimes d'accidents dans leur travail*. En sens contraire, d'autres textes, toujours placés sous la rubrique *responsabilité*, instituent et réglementent principalement et parfois exclusivement *l'assurance*. Tels sont les deuxième et troisième projets de la commission, ceux de MM. Rouvier et Lockroy et le dernier projet de M. Félix Faure. Toutefois, certains textes s'annoncent comme il convient aux matières qu'ils traitent : ce sont les deux propositions de M. Martin Nadaud, les deux contre-projets de M. Remoiville et la première rédaction de la commission.

Une classification est cependant nécessaire ; nous reconnaissons d'ailleurs, sous la réserve des observations précédentes, qu'elle paraît au fond assez bien indiquée. Les textes ci-dessus analysés se classent d'eux-mêmes en trois catégories : ceux qui réglementent exclusivement la responsabilité ; ceux qui organisent plus particulièrement l'assurance ; ceux qui s'occupent à la fois de la responsabilité et de l'assurance.

Ire SOUS-SECTION. — PROPOSITIONS DE LOI QUI RÉGLEMENTENT LA RESPONSABILITÉ.

Dans la première catégorie, nous plaçons hors cadre le projet de loi de M. Henry Maret, tendant à la constitution d'un jury spécial pour juger les procès d'accidents, projet qui n'envisage la question qu'au point de vue de la compétence.

Les textes qui concernent plus particulièrement le fond du droit établissent tous une présomption de responsabilité *juris tantum* à l'encontre du patron (1). Ils opèrent ainsi le renversement de la preuve au profit de la victime de l'accident et portent un coup droit aux prescriptions des articles 1382 et 1383 du Code civil. Désormais la victime de l'accident arrivera à l'audience, munie d'une présomption qui la dispensera de toute preuve préalable et obligera le patron défendeur à prouver, en fait, qu'il est sorti de la zone dangereuse tracée par la présomption. Jusque-là s'accordent tous les textes tendant au renversement de la preuve. Mais,

---

(1) Toutefois, les amendements de MM. Brialou et Talandier paraissent édicter, dans certains cas, une présomption inattaquable de responsabilité.

où les divergences commencent, c'est quand il s'agit de délimiter la présomption et de spécifier ses cas d'application, d'indiquer quand elle devra être invoquée et quelle sera son étendue.

M. Martin Nadaud, plus radical que ses collègues, veut une présomption à la charge de « quiconque » emploie les services d'autrui », et une présomption qui ne fasse grâce à l'employeur qu'autant qu'il aura prouvé que l'accident est dû à la faute de la victime. Les cas fortuits et de force majeure restent à la charge du patron (1).

M. Georges Graux restreint cette disposition par son amendement qui, en premier lieu, exige, pour l'ouvrier qui veut obtenir le bénéfice de la loi, certaines conditions de résidence dans l'atelier, et qui, en deuxième lieu, permet au patron de faire tomber la présomption, en prouvant soit la force majeure soit la faute de la victime.

Plus libéral encore est le contre-projet de M. Remoiville, qui n'accorde le bénéfice de la présomption que dans le cas où le patron ne parvient point à prouver qu'il a pris toutes les mesures capables de prévenir l'accident.

La formule du contre-projet de M. Girard est un peu différente. Avec elle, le patron doit prouver « que

---

(1) Indiquons, suivant la remarque de M. Sauzet, que la proposition de M. Nadaud, en tant qu'elle met les cas fortuits à la charge des patrons, cesse d'être une loi de responsabilité, car il ne saurait y avoir de responsabilité sans faute.

» l'accident est arrivé par force majeure qui ne peut
» être imputée ni à lui, ni aux personnes dont il doit
» répondre, ou bien que l'accident a eu pour cause
» exclusive la propre imprudence de la victime ».

Cette rédaction paraîtrait plus large que les deux dernières, si elle n'était précédée d'une disposition qui en restreint singulièrement la portée. En effet, la présomption de responsabilité n'est déclarée exister à l'encontre du patron qu'en matière d'accidents survenus dans « les usines, manufactures, fabriques,
» chantiers, mines et carrières, chemins de fer et, en
» outre, dans les autres exploitations de tout genre
» où il est fait usage d'un outillage à moteur méca-
» nique ».

Nous sommes loin déjà des projets Nadaud, qui présumaient responsables l'universalité des employeurs.

Depuis lors, la limitation introduite par M. Girard dans la sphère d'application de la présomption apparaît dans tous les projets subséquents se rapportant exclusivement à la responsabilité. C'est ainsi que le deuxième contre-projet de M. Remoiville l'adopte, en conservant toutefois sa première rédaction sur les conditions de preuve que doit fournir le patron pour se dégager de la présomption. C'est ainsi encore que le contre-projet de M. Brousse l'admet, tout en se montrant plus rigoureux que M. Girard sur l'admission de la preuve contraire.

La formule proposée par M. Alfred Girard fut, on le sait, adoptée point par point par la commission chargée d'étudier les propositions relatives aux accidents industriels. Son premier rapport, discuté en première délibération, dans la séance du 13 mai 1883 (1), donna lieu à un important débat.

M. Peulevey, auteur d'un contre-projet non adopté par la commission, prit le premier la parole, pour demander le rejet de la rédaction proposée. Elle était à ses yeux injuste, inutile et en contradiction avec les principes du droit commun : injuste, parce qu'elle tendait à rendre responsable même le chef d'industrie qui emploie des outils perfectionnés et que ses conséquences pouvaient être désastreuses pour le petit patron ; inutile, parce que l'ouvrier était « fatalement » condamné à faire autant d'efforts qu'aujourd'hui pour » prouver contre son adversaire », le patron gardant la faculté d'établir le cas fortuit, la force majeure ou la faute de la victime ; en contradiction avec les principes du droit, parce que, pour attacher une présomption à certains faits, il faut que, dans la grande majorité des cas, il se produise pratiquement ce que l'on présume : or, la statistique apprend que les espèces, dans lesquelles le patron est jugé fautif et partant responsable, constituent la grande minorité des cas d'accidents.

Le rapporteur, M. Girard, répondit que le projet, loin d'être inutile, réalisait un progrès très sensible, puisqu'il déchargeait la victime de l'accident du fardeau de la preuve, d'autant plus onéreuse pour lui qu'en

---

(1) *Journal officiel*, débats parlementaires de la Chambre des députés, année 1883, p. 588 et suivantes.

l'état de ses blessures « l'ouvrier ne pouvait, la plupart
» du temps, saisir au moment même, quand elle
» est susceptible d'être le mieux fixée, la cause de
» l'accident », qu'il y avait rarement des témoins de
l'accident et que, lorsqu'il en existait, la crainte d'être
renvoyés, s'ils déposaient contre le patron, paralysait
leur déposition. Il ajouta que rien d'ailleurs dans le
projet n'était contraire au droit commun, car on ne
saurait raisonnablement conclure à l'immutabilité de
l'article 1315, qui soumet le demandeur à l'obligation
de la preuve. Le législateur lui-même y a souvent
dérogé. Les présomptions légales sont innombrables
dans le Code civil. En établissant la présomption de
responsabilité des patrons en matière d'accidents, on
ne fait qu'imiter et suivre l'exemple donné par le législateur, « on ne fait qu'inscrire au Code civil une
» présomption légale de plus (1) ».

Contester l'opportunité de cette mesure serait
méconnaître la transformation de l'industrie et du
mode de travail qui y est employé.

« Autrefois, dit-il (2), quel était le genre ordinaire
» de travail ? C'était le travail manuel. Aujourd'hui, le
» travail manuel a presque disparu. Autrefois, l'ouvrier
» était maître de son outil. Aujourd'hui, l'ouvrier,
» comme on l'a dit souvent, n'est plus, dans la plupart

---

(1) *Journal officiel*, débats parlementaires de la Chambre des députés, p. 592.

(2) *Journal officiel*, débats parlementaires de la Chambre des députés, p. 592.

» des cas, que le serviteur de la machine. Autrefois,
» l'ouvrier travaillait isolément ; aujourd'hui, il est
» obligé de travailler dans de vastes ateliers, au milieu
» de grandes agglomérations d'hommes et toujours ou
» presque toujours au milieu de machines. L'ouvrier,
» cela est incontestable, court donc bien plus de
» risques qu'il y a cinquante ans, et surtout il n'est
» pas, comme autrefois, exposé aux accidents par
» suite d'une faute, d'une imprudence personnelle, mais
» par les risques inévitables, je dirai, par la fatalité du
» milieu ambiant. »

Une situation nouvelle appelle un régime nouveau de légalité. La présomption ne doit plus exister contre le demandeur, qui subit, au préjudice de sa sécurité, un état de choses qu'il n'a point créé, mais contre le patron défendeur, qui a introduit dans son exploitation des causes nouvelles d'accidents. Rien n'est donc plus juste et plus équitable que de venir en aide, par le renversement de la preuve, à celui qui réclame une indemnité légitime, à la condition toutefois de limiter, comme le fait le projet, le champ d'application de la nouvelle présomption aux accidents arrivés dans les industries où le mode de travail a changé.

M. Girard invoqua ensuite l'exemple des nations étrangères, la Suisse, l'Allemagne et l'Angleterre, « chez lesquelles la législation ouvrière, au point de
» vue des accidents, a été remaniée non pas une fois,
» mais plusieurs fois, jusqu'à ce qu'on ait obtenu des
» dispositions qui parussent enfin satisfaisantes. » Il termina en adjurant la Chambre de voter une loi qui

était à la fois « démocratique, humaine et juste (1) ».

Après lui, M. Félix Faure vint demander l'ajournement de la discussion, en se fondant sur ce que les conclusions de la commission n'apportaient aucun remède sérieux aux maux dont se plaint justement la classe laborieuse. Dans bien des cas, dit-il, l'obligation de la preuve à la charge du patron n'empêchera point les tribunaux d'apprécier certaines affaires comme ils le font aujourd'hui. Il en sera ainsi notamment toutes les fois que l'accident proviendra d'un risque inévitable du travail. « Il faut prendre la question dans son » ensemble, la juger comme elle mérite de l'être et » prononcer en connaissance de cause. »

C'est pourquoi l'orateur priait la Chambre d'ajourner le débat, jusqu'à ce que la commission pût apporter le résultat de ses études sur les autres propositions qui lui avaient été soumises.

Malgré l'opposition du rapporteur, la motion de M. Faure fut adoptée.

SOUS-SECTION II. — PROPOSITIONS DE LOI QUI ORGANISENT PLUS PARTICULIÈREMENT L'ASSURANCE.

En tête de ces projets, viennent les deux propositions de loi de M. Peulevey.

La première, sans toucher au droit commun, propose de mettre à la charge de l'État, sous certaines conditions

---

(1) *Journal officiel*, débats parlementaires de la Chambre des députés, p. 594.

établies et notamment celle du paiement par l'ouvrier d'une somme de 2 francs entre les mains du percepteur, « tous les accidents graves arrivant dans » l'exécution d'un travail commandé, lorsqu'ils seront » le résultat d'un cas fortuit, de la force majeure ou » même d'une imprévoyance légère de la victime » (art.-1ᵉʳ) ».

La seconde détache de la sphère d'application du droit commun les accident dus à une faute légère du patron. Les accidents de cette nature sont assimilés aux cas fortuits ou de force majeure. La faute lourde seule entraîne pleine et entière la responsabilité, telle qu'elle est établie par les articles 1382 et suivants du Code civil. Ceci posé, le projet, procédant par modification à la loi du 11 juillet 1868, établit que, dans tous les cas et quelle que soit la cause de l'accident, la victime aura droit à une indemnité limitativement déterminée pour chaque cas et variant d'après la nature de l'accident et la situation de famille de la victime. Cette indemnité est présentée comme un minimum susceptible d'être dépassé dans les seuls cas où il y a lieu de faire application des articles 1382 et suivants.

Notons, pour corroborer les réserves que nous nous sommes imposées au début de cette section, que, tout en paraissant n'instituer que l'assurance, ces deux projets touchent à la responsabilité. L'un et l'autre abrègent les délais dans lesquels l'action en responsabilité doit être intentée et modifient la procédure à suivre. Le second s'attaque plus profondément encore au fond du droit, lorsque, rejetant les idées admises, il assimile, au détriment des ouvriers, la faute légère du patron aux cas fortuits ou de force majeure.

Le projet de loi présenté au nom du Gouvernement par M. Maurice Rouvier ne concerne lui aussi que l'assurance. Il déclare qu'il y a, dans toutes les industries où, à raison de l'outillage, des moteurs employés et des matières fabriquées, l'ouvrier est exposé à des accidents, un risque professionnel dont le patron doit le garantir par une assurance rendue obligatoire et dont les primes sont mises à sa charge au moins pour moitié.

Le projet de loi de M. de Mun, qui est essentiellement un projet d'assurances, paraît avoir sa place marquée dans la présente catégorie. Nous devons faire observer toutefois qu'il n'atteint son but qu'en supprimant en quelque sorte la responsabilité de l'industriel, pour la reporter, dans certaines limites uniformément variées, sur l'industrie elle-même. Plus que toutes les rédactions proposées, celle-ci s'attaque donc aux principes actuellement suivis en matière de responsabilité. Néanmoins, eu égard aux conclusions proposées, le projet se range naturellement parmi ceux qui n'ont trait qu'à l'assurance. Nous savons déjà, par l'analyse que nous en avons donnée plus haut, qu'il institue des caisses corporatives d'assurances, pour chaque nature d'industrie ou groupes d'industrie similaires, alimentées par des cotisations fixées suivant la nature du risque professionnel et supportées, pour un quart au maximum, par les ouvriers et, pour le surplus, par les chefs d'entreprise syndiqués. Les caisses sont chargées de servir aux victimes des accidents les pensions ou indemnités qui leur sont dues, suivant la catégorie dans laquelle est rangé l'accident.

IIIᵉ SOUS-SECTION. — PROPOSITIONS DE LOI
QUI CONCERNENT A LA FOIS LA RESPONSABILITÉ ET L'ASSURANCE.

Nous inscrivons dans cette catégorie les deux propositions de loi connexes de M. Félix Faure du 11 février 1882 : la première, qui déclare responsable de plein droit, mais dans des limites variables suivant les cas, le chef de toute entreprise industrielle, commerciale et agricole ; la seconde, qui institue sous la garantie de l'État une caisse d'assurances, ayant pour objet de garantir les chefs d'entreprise des conséquences pécuniaires de la responsabilité ainsi mise à leur charge.

Ces deux projets furent adoptés, le 14 novembre 1882, par la commission parlementaire des accidents, après l'échec qu'avait subi devant la Chambre sa première rédaction. M. Martin Nadaud fut chargé du rapport. La discussion publique se rouvrit, le 8 mars 1883, et occupa trois séances consécutives. M. le Ministre du Commerce, MM. Martin Nadaud, rapporteur, Félix Faure, Peulevey, Laroche-Joubert, Marius Poulet, Georges Graux, Brialou, Frédéric Passy, Rouvier, Girault et Ribot prirent successivement la parole au cours des débats.

M. Peulevey critiqua vivement le projet de loi et lui reprocha non seulement de violer ouvertement les principes de droit en matière de responsabilité, mais encore de sacrifier les véritables intérêts de ceux qu'on prétendait défendre, en déterminant d'avance le quantum de l'indemnité. Le désir de la commission d'arriver à la suppression des procès ne devait pas aller, dit-il, jusqu'à

sacrifier les intérêts de la justice et de l'équité. « C'est
» un moyen très simple de trancher toutes les diffi-
» cultés. Vous êtes en possession d'une parcelle de
» terrain de n'importe quelle propriété ; le voisin vous
» dit : vous empiétez sur ma propriété, et je prétends
» que c'est à moi. Pas de procès ; c'est l'antago-
» nisme, et alors vous donnez raison à celui qui
» réclame et c'est celui qui possède qui a tort (1). »

M. Félix Faure indiqua très nettement qu'il y avait urgence à réformer la législation actuelle. En l'absence de statistiques françaises, les statistiques étrangères établissent que, sur cent accidents, douze proviennent de la faute de l'employeur, vingt de la faute de l'ouvrier et soixante-huit de cas fortuits ou de force majeure. En prenant pour base une proportion de sept accidents par mille ouvriers et le chiffre officiel, en France, de vingt mille victimes d'accidents du travail par année, c'est donc à dix-sept mille victimes environ, aujourd'hui totalement privées de secours, qu'il faut venir en aide. D'autre part, les procès d'accidents sont longs et coûteux, par suite surtout de l'ingérence des compagnies d'assurances. Il faut donc parvenir à améliorer la situation de cette « armée de malheureux » et à supprimer les procès.

« A cela on me répond, ajouta-t-il, toujours en vertu
» de ce principe que chacun est responsable de sa propre

---

(1) *Journal officiel*, débats parlementaires de la Chambre des députés, séance du 8 mars 1887, p. 522.

» faute : il y a eu imprudence de la part de la victime;
» il est juste qu'elle en supporte les conséquences.
» Eh bien! je crois que cela n'est pas admissible
» en 1883. En effet, les conditions dans lesquelles
» le travail s'opère actuellement amènent fatale-
» ment, nécessairement certaines négligences, certaines
» imprudences. Il ne s'agit pas de renverser d'une
» façon tellement extraordinaire ce qui existe, ce qui
» ressort du grand principe de droit naturel et d'éco-
» nomie politique qu'on invoque; il s'agit d'établir à
» côté, en raison des conditions dans lesquelles
» s'exerce le travail, ce principe: toute exploitation, au
» service de laquelle un accident se produit, doit
» supporter les conséquences de cet accident. C'est
» là peut-être un principe nouveau, mais c'est un
» principe basé sur l'équité et sur l'expérience. De
» même qu'une exploitation supporte l'usure et la des-
» truction de son matériel, l'amortissement de son
» outillage, de même qu'elle supporte les risques d'in-
» cendie, de responsabilité civile et tant d'autres, de
» même une exploitation doit supporter les conséquences
» des accidents qui s'y produisent. Cette responsabilité
» est une des chances malheureuses de l'entreprise (1). »

Le projet, aux yeux de M. Félix Faure, réalisait une sensible amélioration. L'ouvrier n'était plus abandonné dans la plupart des cas à son malheureux sort; il obtenait toujours, sans bourse délier et sans subir les

---

(1) *Journal officiel*, débats parlementaires de la Chambre des députés, séance du 8 mars 1883, p. 525.

longs retards d'une instance, une indemnité raisonnable qui le mettait lui et sa famille à l'abri du besoin. Quant au patron, il lui était facile, en observant les dispositions de la deuxième proposition de loi, de supporter, au moyen de l'assurance, les conséquences de la nouvelle responsabilité établie à son encontre.

Après M. Félix Faure, M. Georges Graux parla contre le projet, dans un long et substantiel discours qui occupa une grande partie de la séance du 10 mars 1883.

Le projet est trop général, dit-il. Il ne devrait, à tout prendre, s'appliquer que dans les cas où il y a emploi d'une force motrice, d'un moteur mécanique, parce que là seulement on se trouve en présence d'une situation nouvelle créée à l'industrie. De plus, il permet à un ouvrier blessé par sa faute et poursuivable en vertu de l'article 319 du Code pénal d'exiger une indemnité, ce qui est immoral. Il ne réalise pas une œuvre sociale, comme le prétend la commission, puisqu'il aggrave sensiblement la situation des petits patrons et des petits fermiers, de beaucoup les plus nombreux, qui encourent une responsabilité plus lourde sans aucune compensation. Le projet enfin, en établissant qu'il n'y a plus ni faute, ni responsabilité, mais seulement dette sociale, crée un précédent fâcheux qui pourrait bien être invoqué plus tard par les ouvriers victimes d'un incendie, d'une inondation ou d'une épidémie.

Dans la séance du 12 mars 1883, M. Frédéric Passy combattit le projet, au nom de l'égalité et du droit. « Il n'y a pas à édicter une assurance obligatoire

» aussi uniforme qu'inégale. Il n'y a pas surtout à
» venir dire, en plein Parlement, qu'il y a deux droits
» opposés, le droit bourgeois et le droit ouvrier.
» Cette démocratie-là ne serait qu'une aristocratie
» retournée, et le nouveau régime ne vaudrait pas
» mieux que l'ancien.... Chacun doit porter la
» responsabilité de ses fautes, mais nul ne doit porter
» que la responsabilité de ses fautes (1). »

Après lui, M. Martin Nadaud, rapporteur, répondit aux diverses critiques formulées contre le projet de la commission. Puis, la discussion générale fut close, et l'on vota sur le passage à la discussion des articles. A l'unanimité des votants, au nombre de 475, la Chambre décida qu'elle passerait à la discussion des articles. Mais M. Ribot, d'accord en cela avec le Gouvernement, proposa de renvoyer une fois encore le projet à la commission, pour permettre au Gouvernement de présenter ses observations. Cette proposition fut adoptée sans opposition.

Ce fut à la suite de ce renvoi qu'intervint le contre-projet de MM. Alfred Girard, Reyneau et Escanyé, qui créait, pour la première fois, une responsabilité spéciale à raison du risque professionnel. Ce contre-projet devint la base de la troisième rédaction de la commission, qui fut discutée en séance publique les 20, 21 et 23 octobre 1884 et finalement votée en première

---

(1) *Journal officiel*, débats parlementaires de la Chambre des députés, séance du 13 mars 1883, p. 567.

lecture. Seulement, la commission combina cette responsabilité spéciale avec l'établissement, dans certaines industries, d'une présomption de responsabilité à la charge du patron.

Comme nous l'avons vu déjà, la responsabilité du risque professionnel, qu'on ne déclare exister d'ailleurs que dans les industries mécaniques, est limitée au chiffre des pensions et secours que la caisse d'assurances, établie par la loi du 11 juin 1868, alloue actuellement à l'assuré ou à ses ayants droit, lorsque la prime annuelle est de 8 francs. Liberté complète est laissée aux intéressés de s'assurer soit à la caisse de l'État, soit aux caisses particulières, ou de rester leurs propres assureurs.

La nouvelle discussion s'ouvrit par le rejet au scrutin du dernier contre-projet de M. Peulevey et le retrait par la commission de l'article 1er jugé inutile. L'article 2, tendant au renversement de la preuve à l'occasion des accidents arrivés dans les industries mécaniques, fut combattu par M. Rodat, au nom du droit naturel et du droit positif. M. Alfred Girard, rapporteur, lui répondit en rééditant les arguments qu'il avait présentés à la tribune, lors de la discussion du premier projet de la commission. M. le Ministre du Commerce invita ensuite la Chambre à voter l'article 1er, « non point que le Gouvernement entendît
» s'en approprier l'esprit et le texte, mais parce qu'on
» était arrivé à ce point de la délibération que, si l'on
» repoussait l'article, le vote aurait cette signification

» que la Chambre estimait qu'il n'y avait rien à
» faire (1) ».

Après quelques paroles de M. de Mun, opposé au principe de l'article 2, la Chambre adopta cet article à une très forte majorité.

Les articles suivants furent successivement adoptés dans les termes proposés par la commission, sauf quelques modifications de détail; puis, la Chambre décida, le 23 octobre 1884, qu'elle passerait à une seconde délibération.

Depuis lors, trois autres projets ayant trait à la fois à l'assurance et à la responsabilité ont été déposés : celui de M. Lockroy, alors Ministre du Commerce, celui de MM. Félix Faure, Lyonnais et Siegfried, et celui de M. Duché, qui a servi de base au projet de la commission actuellement discuté à la Chambre.

---

(1) *Journal officiel*, débats parlementaires de la Chambre des députés, séance du 20 octobre 1884, p. 2075.

CONCLUSIONS

Il est facile de se rendre compte par tout ce qui précède que la question des accidents du travail, officiellement posée en France depuis plus de huit ans, n'a point encore été résolue. Toutes les tentatives faites dans ce sens, soit par la doctrine, soit par les promoteurs d'une réforme législative, ont jusqu'à cette heure à peu près complétement échoué. La voix de ceux qui attendaient le remède cherché d'une interprétation nouvelle de la législation existante n'a point été entendue par la jurisprudence, restée fidèle à ses principes traditionnels. Ceux qui ont pris l'initiative de trancher la difficulté par voie d'autorité n'ont réussi, jusqu'à ces derniers temps, qu'à provoquer, au sein des Chambres, de stériles manifestations. Il est vrai que leurs efforts ont abouti au vote d'un projet de loi en première lecture, mais ce résultat a été acquis au prix de telles concessions et sous de telles réserves qu'il n'était point permis de se faire illusion sur le sort réservé à la proposition en seconde lecture.

Ce n'est point certes que le Parlement ne soit pénétré de la nécessité d'une réforme ; il suffit, pour se convaincre du contraire, de parcourir comme nous l'avons déjà dit, les longues discussions auxquelles ont donné lieu les trois rédactions successives de la commission des accidents et de se reporter au vote émis, le 12 mars 1883, par lequel la Chambre déclara, à l'unanimité des votants, qu'elle passerait à la discussion des articles du deuxième projet de la commission. Mais il est malheureusement évident que, de tous les projets renvoyés à la commission ou discutés en séance publique, aucun n'a pu réunir une majorité réelle dans le Parlement. Nous doutons même que le quatrième projet de la commission, qui est actuellement soumis à la Chambre, puisse recevoir de nos législateurs une adhésion ferme et loyale, si l'on en juge par le peu d'enthousiasme qu'il provoque et les résistances qu'il rencontre.

Nous avons essayé, au début de cette étude sur le mouvement de réforme, de donner la raison de cet insuccès. Il nous paraît, à vrai dire, que toutes les propositions n'ont point été assez sérieusement étudiées et approfondies. Toutes ou presque toutes ont été improvisées, par suite d'un certain courant sentimentaliste qui s'était subitement emparé du Parlement. Il faut penser que, dans cette situation d'esprit, la Chambre, poussant à outrance cette considération, absolument vraie au fond, d'une situation nouvelle faite au travail par les découvertes modernes, courait de grands risques de dépasser la mesure et de sacrifier, en même temps que le patron à l'ouvrier, les principes les plus élémentaires de l'équité, du droit et de la justice.

Les premières tentatives reflètent clairement des tendances antijuridiques et antilibérales. Tous les projets qui établissent à la charge du patron une présomption de responsabilité, sauf preuve contraire, tendent au fond à lui faire supporter, contrairement à cette règle de droit naturel qui veut que chacun ne réponde que de ses fautes, les conséquences d'accidents qui ne lui sont point imputables. Il est excellent sans doute de vouloir venir en aide à l'ouvrier frappé par un coup du sort, mais à la condition de ne point imposer cette lourde charge aux seuls patrons. Il ne faut pas que, sous prétexte de sentimentalisme, on augmente, au mépris de toute idée juridique, les charges déjà considérables qui grèvent l'industriel. Si l'on entend faire une loi d'assistance, c'est fort bien, et nous y applaudirons de tout cœur; mais qu'on y procède franchement, en votant une loi sensée, efficace, qui ne saurait être, à notre avis, qu'une loi d'assurance. Arriver à ce résultat en bouleversant les règles de la responsabilité, tout entières basées sur l'idée de faute, c'est sanctionner une véritable spoliation du patron par l'ouvrier. Nous ne voyons aucun inconvénient à ce que l'on décrète, sous des conditions, l'assistance obligatoire ou mieux l'assurance obligatoire; il nous paraît exorbitant d'organiser ce qui pourrait bien devenir la responsabilité obligatoire.

C'est là qu'aboutissent en fin de compte, quoique à des degrés bien différents, toutes les propositions de lois, contre-projets ou amendements qui établissent à l'encontre du patron une présomption de responsabilité. Les critiques que nous formulons, contre le système du renversement de la preuve, s'adressent à la proposition Nadaud et aux amendements Brousse et Maurel, qui n'admettent comme preuve contraire de la part du patron que la preuve de la faute de l'ouvrier, aussi bien qu'au projet Girard et au premier projet de la commission, dans lesquels le patron peut dégager sa responsabilité en prouvant, avec une faute imputable à l'ouvrier, le cas fortuit ou la force majeure. Au premier abord, il semble bien que, dans la formule adoptée par MM. Girard, Graux et Remoiville, insérée dans le troisième projet de la commission et jointe au projet Lockroy, le patron ne doive supporter que le poids de sa faute, de sa négligence ou de son imprudence. Mais on s'aperçoit bientôt que ces textes aboutissent à mettre à sa charge les conséquences d'accidents dont la cause est inconnue et qui ne sont tels, la plupart du temps, que parce qu'il est toujours fort difficile de prouver directement le cas fortuit et la force majeure.

D'ailleurs, quelle raison peut-on bien avoir, en fait, de présumer la responsabilité du patron ? On a dit plusieurs fois, au cours de la discussion parlementaire et au sein de la commission, que les projets tendant au renversement de la preuve ne faisaient qu'ajouter un cas d'application de plus aux nombreuses dispositions du Code civil qui établissent des présomptions légales de faute. Cet argument, nous devons l'avouer une fois de plus, ne nous touche guère. En effet, partout où la loi établit une présomption légale de faute, cette faute existe en fait dans les cas les plus ordinaires, et on en induit naturellement qu'elle doit toujours exister sous réserve ou non de la preuve contraire. Est-ce ici le cas d'établir pareille présomption à l'encontre de l'industriel ? Non point du tout, puisqu'il ressort clairement d'une infinité de décisions judiciaires et de l'aveu même des promoteurs de la réforme que les espèces, dans lesquelles le patron est jugé fautif et partant responsable, forment à peine le huitième des cas d'accidents.

L'établissement, à la charge de l'employeur, d'une présomption de responsabilité même limitée à certaines industries ne peut donc avoir en droit que la valeur d'un expédient.

Tous ces projets au reste menacent de détruire l'unité des réglementations, il est vrai bien imparfaites et incomplètes, qui concernent l'emploi des appareils à vapeur, réglementations tout entières basées sur le système de la surveillance légale. Pour ne parler que de la loi de 1874 sur le travail des enfants dans les manufactures, quelle sera l'issue, avec la présomption légale, de la poursuite dirigée contre le patron, lorsque ce dernier se sera conformé aux mesures de précaution édictées dans l'article 14 de cette loi et sera ainsi couvert par l'inspection officielle ?

Pour toutes ces raisons, il nous paraît impossible de donner notre approbation aux propositions de cette catégorie. Nous n'en retenons que certaines dispositions tendant à simplifier et à accélérer la procédure, but louable qui s'inspire de réels besoins.

Parmi les projets qui organisent plus spécialement l'assurance, le projet de M. Peulevey nous paraît inacceptable, parce que d'abord il est trop général, puis ensuite parce qu'il met les accidents à la charge exclusive de l'État, entrant ainsi en plein dans le socialisme gouvernemental, enfin parce que, en décidant dans son article 2 que la responsabilité des patrons ne demeurera telle que l'établissent les articles 1382 et suivants qu'en cas de faute lourde, il modifie en quelque sorte le Code civil au préjudice des ouvriers. Ajoutons que les distinctions qu'il établit entre les divers degrés de faute est de nature à faire naître en pratique de graves difficultés d'appréciation et que, loin d'abréger la procédure, il la complique singulièrement en obligeant l'ouvrier, avant de pouvoir obtenir un jugement en premier ressort, d'aller devant cinq autorités différentes.

Nous serions beaucoup plus favorable, dans le même ordre d'idées, au projet Rouvier, qui institue l'assurance obligatoire des ouvriers par les patrons. L'assurance obligatoire (1) n'a rien qui puisse nous effrayer, malgré les objurgations systématiques des partisans du laissez-faire. Elle ne choque point, à notre sens, les principes de justice, et a l'incontestable avantage d'apporter un remède vraiment efficace aux maux dont souffre la classe ouvrière. Nous croyons cependant

---

(1) Voir, sur l'assurance obligatoire : *le Socialisme d'État à l'Académie des sciences morales et politiques* (avril 1886). — Voir encore: M. J.-B. Gauthier, *les Blessés du travail devant la Société*, Paris, Chaix, 1885.

que, en établissant la responsabilité individuelle du risque professionnel, ce projet obéit à un principe erroné. L'idée de la responsabilité collective de la profession nous paraît beaucoup plus juste et beaucoup plus rationnelle, aussi bien en principe que dans la pratique. Nous en don- nerons sous peu la raison.

Restent les propositions qui touchent à la fois à la responsabilité et à l'assurance.

Le deuxième projet de la commission, qui n'est autre que le projet Félix Faure, a pour nous le tort grave de déclarer le patron responsable dans tous les cas d'accidents, y compris même ceux qui sont dus à la faute de la victime. Cette manière d'envisager la question est contraire au droit naturel. Organiser le système de la responsabilité universelle, en vertu d'une véritable dette sociale, c'est encore et toujours mettre à la charge du patron les conséquences de faits qui, dans la plupart des cas, se sont passés en dehors de son intervention.

Le tarif des indemnités nous paraît au contraire établi sur des bases raisonnables. De plus, nous adopterions volontiers, avec le projet, la création d'un tribunal arbitral chargé d'apprécier la nature de l'accident et de fixer le montant de l'indemnité dans les limites prescrites, à la condition toutefois de laisser aux parties la faculté d'appeler de sa décision.

La deuxième proposition de loi connexe relative à l'assurance crée, à tort selon nous, une sorte de privilège en faveur d'une caisse garantie par l'État, privilège qui pourrait bien à l'occasion dégénérer en véritable charge. Au surplus, le classement en catégories des établissements industriels, suivant le plus ou moins de perfectionnement de l'outillage, et les réductions ou majorations de primes qui y sont attachées, laisse la porte ouverte à l'arbitraire et pourrait consacrer des injustices ou autoriser de scandaleuses préférences.

Le contre-projet de MM. Girard, Reyneau et Escanyé, adopté en entier, avec un supplément relatif au renversement de la preuve, dans la troisième rédaction de la commission, parle, pour la première fois croyons-nous, d'une responsabilité spéciale à raison *du risque professionnel*. Qu'est-ce que le risque professionnel ? C'est le risque naturel que présente une industrie quelconque, en dehors de toute faute grave imputable au patron ou à l'ouvrier. Il comprend les accidents provenant de cas fortuits ou de force majeure et ceux qui sont dus, au dire même des auteurs du projet, à « ces distractions, » ces défaillances inévitables pour l'ouvrier que la » répétition quotidienne d'un travail dangereux habitue » insensiblement à négliger les précautions nécessaires ». Or, le projet dont nous parlons rend responsable des conséquences de ce risque le patron de l'établissement dans lequel ce risque est déclaré exister, sans préjudice de la responsabilité de droit commun, qui continue à peser sur lui et que la commission aggrave encore par le renversement de la preuve.

Il est vrai que cette responsabilité spéciale est limitée au chiffre des pensions que la caisse d'assurances en cas d'accidents, créée par la loi du 14 juillet

1868, alloue actuellement à l'assuré, pour une prime annuelle de 8 francs. Mais on ne se laisse point émouvoir par cette considération que, en procédant de la sorte, on grève lourdement le budget de l'industriel, sans raison plausible et contre toute idée de justice. C'est le reproche que nous ne cesserons point d'adresser à toutes les propositions de loi qui mettent directement à la charge du patron le risque professionnel, que la prime d'assurance incombe tout entière au patron, comme dans le projet de la commission, ou qu'elle ne doive être supportée par lui que pour moitié au minimum, comme dans les projets Rouvier et Lockroy. Car il faut bien une fois pour toutes nous expliquer.

Le risque professionnel, qui n'est autre chose que la responsabilité de l'entreprise, ou mieux de l'industrie, ne devrait rationnellement être couvert que par l'industrie elle-même. C'est elle seule qui le fait naître; c'est elle seule qui doit le réparer.

Le danger de la profession ne peut incomber au patron que lorsqu'il a négligé les précautions nécessaires qui, en assurant le fonctionnement normal et régulier de son industrie, diminuent dans la plus large mesure les chances d'accident. Pour le surplus, les risques de la profession doivent incomber soit à l'ouvrier, lorsqu'il est lui-même et lui seul en faute, soit à l'industrie elle-même. Or, l'industrie n'est pas une entité ayant son existence propre, l'unité et la cohésion d'une personne morale. Elle se compose d'une communauté d'intérêts, d'une réunion de facteurs divers qui concourent à la créer. Ces facteurs de l'entreprise sont au nombre de trois : le *directeur* qui surveille, *l'ouvrier* qui travaille, le *public* qui profite des produits. Les uns et les autres vivent de l'industrie. Ils profitent de ses avantages ; pourquoi donc n'en supporteraient-ils point respectivement les inconvénients ? Pourquoi donc le risque inhérent à l'industrie elle-même ne serait-il point couvert, par parts égales, par les trois facteurs dont nous venons de parler ? Rien ne serait plus juste ; rien ne serait plus équitable.

Qu'on le remarque bien, les règles de la responsabilité proprement dite nous font ici défaut. Nous laissons, en effet, en dehors de la question, les accidents dus à une faute quelconque du patron ou de l'ouvrier, pour ne nous préoccuper que de ceux qui sont l'effet du hasard, de la force majeure ou d'une cause inconnue ou, si l'on veut encore, d'une défaillance de la victime due à la répétition quotidienne d'un travail dangereux. Il n'y a donc point ici d'imputabilité possible dans le sens juridique du mot, car point de faute commise de part ou d'autre. L'accident n'est que le résultat de ce que nous avons appelé le risque de l'industrie. Or, ne serait-ce point violer les règles de la justice qu'introduire de force les principes de la responsabilité, pour régler une situation exceptionnelle qui a sa seule origine dans une cause indéterminée ? Et, si ces règles ne peuvent point nous servir, que reste-t-il, sinon l'éventualité désirable d'une loi d'assistance, dont les frais seront mis à la charge de l'industrie elle-même représentée par les trois éléments dont nous avons parlé ? — Voici pour nous quelle devrait être cette loi d'assistance, son organisation, son application et ses effets.

Cette loi d'assistance devrait être une loi d'assurance, mais une loi d'assurance obligatoire, car l'industrie qui a créé le risque doit être tenue d'en réparer les conséquences. Le patron supportera un tiers des primes, l'ouvrier le second tiers, et l'État, représentant le public qui profite des produits de l'industrie, le troisième tiers.

Quelle devra être maintenant la caisse d'assurances chargée de payer aux intéressés les indemnités qui leur sont dues ? Sera-ce une caisse administrée ou garantie par l'État? Oui, si l'on veut, pourvu que l'État n'en fasse point un monopole et que son organisation soit de nature à faciliter son fonctionnement régulier et économique. Mais nos préférences seraient pour une caisse corporative, dont l'idée s'accorde mieux avec la responsabilité collective de la profession. On réaliserait ainsi de notables économies et l'on ferait un premier pas vers cette association d'intérêts communs entre ouvriers et patrons qui peut seule résoudre, à notre sens, dans la mesure permise par la justice et par l'intérêt industriel, la question sociale elle-même.

Le régime de l'individualisme a porté jusqu'ici de mauvais fruits; il a engendré la haine des classes et l'antagonisme des intérêts. Seul, croyons-nous, le régime corporatif est appelé à faire renaître dans le monde du travail la paix et l'harmonie. La caisse dont nous parlons pourrait être constituée sur le modèle de celles que propose M. de Mun, dans les articles 5 et 6 de son projet de loi. Le règlement des indemnités pourrait être confié, en premier ressort seulement, à un tribunal arbitral présidé par le juge de paix, assisté d'un ingénieur pour conclure et de deux assesseurs, l'un choisi parmi les patrons, l'autre parmi les ouvriers.

Ce tribunal ne statuerait qu'en ce qui touche les indemnités à distribuer pour risque professionnel. Les tribunaux ordinaires seraient seuls chargés de prononcer dans les cas où, actuellement et aux termes du droit commun, l'ouvrier est admis à réclamer l'intégralité du préjudice souffert, c'est-à-dire dans les cas où il y a lieu, en vertu des articles 1382 et suivants, d'imputer au patron une faute quelconque. Il ne serait rien changé au mode de preuve ; seulement, les demandes ordinaires en dommages-intérêts bénéficieraient de la procédure sommaire établie par l'article 404 du Code de procédure.

Enfin, les intéressés conserveraient la liberté de s'adresser préalablement, à leur choix, soit au tribunal arbitral, soit aux tribunaux ordinaires. Dans le premier cas, l'instance liée devant le tribunal arbitral équivaudrait à une renonciation à se prévaloir de la responsabilité de droit commun. Dans le second cas au contraire, l'intéressé, qui aurait vu ses prétentions rejetées, conserverait le droit de s'adresser en sous-ordre au tribunal arbitral, pour obtenir l'indemnité représentative du risque professionnel. Seul l'ouvrier, qui aurait gagné son procès devant les tribunaux ordinaires, ne serait point admis à cumuler les réparations qu'il aurait ainsi obtenues avec l'indemnité pour risque professionnel. Cette dernière indemnité serait donc un minimum auquel pourrait prétendre tout ouvrier victime d'un accident dû à une cause quelconque, autre que sa faute personnelle. Rien ne devrait être changé touchant la prescription de l'action ordinaire ; mais l'action spéciale à raison du risque professionnel serait déclarée prescrite après l'expiration du délai d'une année.

Voici donc résumées les grandes lignes du projet que nous désirerions voir adopter par les Chambres : maintien de la législation actuelle touchant la responsabilité de droit commun, mais accélération de la procédure, partant point de changement dans la dévolution de la preuve ; réparation, à la charge du patron en faute, de l'intégralité du préjudice souffert par l'ouvrier ; déboutement, sans aucune espèce d'indemnité, de l'ouvrier seul auteur responsable de l'accident (1) ; création, à côté de la responsabilité de droit commun, d'une responsabilité spéciale à raison des risques inhérents à l'industrie, destinée à réparer les conséquences des accidents survenus par cas fortuit, force majeure ou encore par suite de certaines défaillances inséparables du travail de l'entreprise ; limitation de cette responsabilité spéciale ; organisation de l'assurance obligatoire ; fondation de caisses corporatives alimentées par des primes d'assurances payables : un

---

(1) Si l'on nous objectait que nous ne faisons rien pour améliorer la situation de l'ouvrier victime d'un accident que sa seule faute a occasionné, nous répondrions que nous proposons ici une loi, et que partant nous n'avons point autre chose à faire que de la justice. Rien n'empêche le patron, et c'est même son devoir, de secourir l'ouvrier dans ce cas, mais on ne saurait d'aucune manière lui en faire une obligation. Nous laissons ici le champ libre à l'initiative privée.

tiers par l'État, un tiers par le patron et un tiers par l'ouvrier (1).

Nous reconnaissons, sans aucune espèce de honte, que nous avons fait ici de l'éclectisme, choisissant dans les diverses rédactions proposées les idées qui nous paraissaient être les plus juridiques, les plus pratiques et les plus avantageuses. — Une excellente étude de M. Delacroix (2), ingénieur des mines, dans laquelle il soutient ce que l'on a appelé depuis le système des trois catégories, nous a inspiré l'idée de diviser en trois classes les accidents industriels : 1° ceux qui sont dus à une faute quelconque du patron, négligence, imprévoyance, inobservation des règlements ; 2° ceux qui sont le résultat d'une faute imputable à l'ouvrier ; 3° ceux enfin à l'occasion desquels il n'a été signalé ni imprévoyance du patron, ni désobéissance de l'ouvrier. Les premiers obligent le patron à réparer l'intégralité du préjudice éprouvé ; les seconds

---

(1) Le dernier projet de la commission des accidents, qui sera probablement voté par la Chambre, se rapproche sur quelques points de notre manière de voir. Nous ne saurions toutefois donner notre adhésion à ce projet, parce qu'il fait supporter au patron seul tout le poids de l'assurance et que, en proclamant le droit à l'indemnité pour l'ouvrier seul responsable de l'accident, il oblige en quelque sorte le patron à couvrir un risque qu'il n'a pu produire ni directement ni indirectement.

(2) *Études des propositions de loi concernant les ouvriers mineurs.* (Extrait de la *Revue de législation des Mines*, avril, mai, juin 1885.) — Voir encore du même auteur : *le Contrat de travail*, Paris, Chevalier-Marescq, 1884. — Voir encore : *la Question des accidents industriels*, par M. Alfred Renouard. (Extrait de la *Réforme sociale*, 1886.)

restent à la charge de l'ouvrier ; les troisièmes sont couverts par une assurance. — L'obligation à l'assurance n'est certes point une idée nouvelle. C'est l'arbre de couche du grand système allemand, que nous apprécions sincèrement et dont les résultats sont loin d'être aussi mauvais qu'on l'entend dire quelquefois. Au reste, en France, les projets Rouvier et Lockroy tendent ouvertement à l'établir, et le projet de Mun y pousse indirectement. — Enfin, tout le monde sait quelle place d'honneur on a donnée à l'idée corporative dans ce dernier projet.

Quel que soit le jugement porté sur cet essai de solution à peine ébauché, on voudra bien croire qu'il ne s'inspire que d'un désir évident de voir apporter un remède énergique à une situation vraiment mauvaise. Oui, une réforme législative est nécessaire, car il n'est point juste que l'ouvrier supporte seul, en matière d'accidents, les coups du sort, ces événements déplorables et de beaucoup les plus nombreux qui sont supérieurs à l'homme, plus puissants que tous ses efforts et plus mystérieux que toute sa science ; car ce serait violer les principes de justice et de responsabilité que de mettre sur la même ligne les accidents sans cause déterminable et ceux qui sont dus à une désobéissance coupable de l'ouvrier, à une violation flagrante de son contrat. Voilà, croyons nous, la situation réellement intéressante à laquelle il est nécessaire, il est urgent de pourvoir.

Pour cela, l'assurance réalise une sorte de transaction et d'accommodement qui peut et doit même donner d'excellents résultats. Nos voisins d'Outre-Rhin n'ont point à regretter leur initiative. La pratique journalière et de plus en plus étendue des diverses assurances connues garantit presque le succès. Sacrifions à cette idée, car elle est juste, praticable, avantageuse et éminemment opportune. Mettons nous à l'œuvre sans plus d'hésitation et de timidité. Hâtons-nous d'aboutir, car il est honteux de considérer ceux qui souffrent d'un cœur léger et d'atermoyer leur guérison. Temporiser davantage serait légitimer peut être certaines attaques contre les patrons, considérés trop souvent comme les exploiteurs de la classe ouvrière. Il ne faut point, pour l'honneur du patron, rendre les violences justifiables et, pour l'honneur de l'ouvrier, provoquer leur explosion.

POSITIONS

DROIT ROMAIN.

I. — Pas plus dans le droit de Justinien que dans le droit classique, les pactes et stipulations n'ont pu suffire à constituer l'usufruit.

II. — L'exécution *manu militari* était possible dans le dernier état du droit classique.

III. — Si le mandataire offre de prendre à sa charge personnelle le préjudice résultant de ce qu'il a dépassé ses pouvoirs, le mandant est tenu d'accepter l'opération.

IV. — Lorsque le maître ratifie les actes du gérant, la gestion d'affaires ne se transforme point en un mandat. C'est donc l'action *negotiorum gestorum* et non l'action *mandati* que les parties devront intenter.

DROIT CIVIL.

I. — Le mineur émancipé par le mariage doit, comme le majeur, obtenir l'autorisation du tribunal civil, pour vendre des valeurs mobilières comprises dans une succession bénéficiaire.

II. — Lorsqu'une commune a accepté une donation à elle faite d'un immeuble, sous la condition d'affectation spéciale à la fondation d'une école congréganiste, et lorsque cette condition a été la cause impulsive et déterminante de la libéralité, la substitution de l'enseignement laïque à l'enseignement congréganiste dans l'école entraîne non seulement la révocation de la donation pour inexécution des conditions, mais l'ouverture, au profit des héritiers du fondateur, d'un droit à des dommages-intérêts, alors surtout que la commune a provoqué l'arrêté préfectoral de laïcisation.

III. — L'article 1315 du Code civil, disposant que la preuve du bail ne peut être faite que par écrit, s'applique à la résiliation du bail.

IV. — Le donateur ou le donataire, qui a à prouver l'existence d'un don manuel excédant 150 francs, doit en rapporter une preuve écrite et ne peut le prouver par témoins ou par présomptions, à moins d'un commencement de preuve par écrit.

DROIT ADMINISTRATIF.

I. — Les ecclésiastiques ne peuvent être poursuivis par la partie lésée, devant les juridictions répressives, pour faits constituant à la fois des délits et des abus, qu'après recours préalable au Conseil d'État.

II. — A la différence des médecins, les pharmaciens peuvent former un syndicat professionnel, aux termes de la loi du 21 mars 1884.

DROIT COMMERCIAL.

I. — Le vendeur d'objets mobiliers dont le prix est payable comptant au fur et à mesure de la livraison, s'il n'a, au moment de la déclaration de faillite de l'acheteur, ni livré les objets, ni touché le prix, et si le syndic n'accepte pas de prendre livraison contre paiement intégral, est fondé à demander contre le syndic la résolution du contrat et des dommages-intérêts, pour lesquels il produira à la faillite.

DROIT PÉNAL.

I. — La classification de l'article 1er du Code pénal est une règle générale qui régit les matières spéciales, toutes les fois qu'il n'y a pas été dérogé par une disposition expresse. En conséquence, les règles sur la complicité en matière de délit (art. 59 et 60 du Code pénal) et sur le principe du non-cumul des peines (art. 365 du Code d'instruction criminelle) sont applicables aux infractions qualifiées contraventions par des lois spéciales, mais *punies de peines correctionnelles*.

Vu :

Le Président de la Thèse,
P. Fournier.

Grenoble, le 19 juin 1888.

Vu :

Pour le Doyen empêché,
L'Assesseur,
C. Trouiller.

Vu et permis d'imprimer :
Le Recteur,
J. Gérard.

TABLE DES MATIÈRES

DROIT ROMAIN

DES DÉLITS DES ESCLAVES

PRÉLIMINAIRES	1
CHAPITRE Ier. — Obligations des esclaves	5
CHAPITRE II. — Fondement et caractère de l'action noxale	10
CHAPITRE III. — Origine de l'action noxale	15
CHAPITRE IV. — Conditions d'existence de l'action noxale.	20
Section Ire. — Un dommage causé par une personne alieni juris	20
Section IIe. — Un dommage causé au préjudice d'un autre que le maître	23
Section IIIe. — Un dommage résultant d'un délit privé	29
CHAPITRE V. — A qui est donnée l'action noxale	36
CHAPITRE VI. — Contre qui est donnée l'action noxale	40

CHAPITRE VII. — De la règle : *Noxa caput sequitur*.... 52

CHAPITRE VIII. — Changement de caractère de l'action noxale par l'intervention illicite du maître dans le délit de l'esclave.. 57

    Section Ire. — Influence de la faute du maître...... 58

    Section IIe. — Influence de la complicité du maître. 66

    Section IIIe. — Influence du dol du maître postérieur au délit.. 73

CHAPITRE IX. — Hypothèses particulières............... 76

    Section Ire. — Cas où l'esclave appartient à plusieurs maîtres... 76

    Section IIe. — Cas où personne ne veut prendre la défense de l'esclave................................. 78

    Section IIIe. — De l'édit : *Si familia furtum fecisse dicetur*... 79

    Section IVe. — Du titre : *Si ex noxali causa agatur, quemadmodum caveatur*. (D., L. II, T. 9.)........ 82

CHAPITRE X. — Procédure de l'action noxale. — Formule. 84

CHAPITRE XI. — Abandon noxal...................... 94

CHAPITRE XII. — Appréciation de l'action noxale...... 99

DROIT FRANÇAIS

DE LA RESPONSABILITÉ DES PATRONS EN MATIÈRE D'ACCIDENTS

PRÉLIMINAIRES..................................... 103

PREMIÈRE PARTIE.

La législation des accidents du travail en France.

CHAPITRE Ier. — État actuel des textes qui régissent la matière 112

CHAPITRE II. — De l'interprétation de la loi par la jurisprudence 119

    Section Ire. — Principe de la responsabilité du patron 119

    Section IIe. — Des conditions de fait auxquelles la responsabilité du patron est engagée............ 126

        Ire Sous-Section. — Faute imputable au patron..... 129

        IIe Sous-Section. — Faute imputable à l'ouvrier..... 141

        IIIe Sous-Section. — Risques inhérents au travail..... 145

    Section IIIe. — De la dévolution de la preuve 150

    Section IVe. — Fins de non-recevoir............ 168

        Ire Sous-Section. — Prescription 168

IIe Sous-Section. — Des conventions par lesquelles les parties atténuent ou excluent la responsabilité patronale... 174

CHAPITRE III. — De l'interprétation de la loi par la doctrine.. 176

   Section Ire. — Principe de la responsabilité du patron.. 176

   Section IIe. — Dévolution de la preuve............ 191

   Section IIIe. — Fins de non-recevoir............. 197

     Ire Sous-Section. — Prescription................ 197
     IIe Sous-Section. — Des conventions par lesquelles les parties atténuent ou excluent la responsabilité patronale.. 199

   Section IVe. — Appréciation du système de la doctrine.. 202

CHAPITRE IV. — Du contrat d'assurance. — Comment il modifie la situation créée par le droit commun.......... 224

   Section Ire. — Des diverses formes de polices d'assurance contre les accidents..................... 228

     Ire Sous-Section. — Assurance collective simple...... 230
     IIe Sous-Section. — Assurance collective combinée. 236

   Section IIe. — Examen juridique des principales questions que soulèvent les polices d'assurance contre les accidents....................................... 238

     Ire Sous-Section. — L'ouvrier a-t-il une action directe contre la compagnie d'assurances................. 238
     IIe Sous-Section. — La police d'assurance a-t-elle pour effet de rendre le patron *assureur responsable* de ses ouvriers................................... 250
     IIIe Sous-Section. — La clause d'une police, portant que l'ouvrier qui intente un procès en responsabilité contre son patron est déchu du bénéfice de l'assurance, est-elle valable ?........................... 256

IVe Sous-Section. — *Quid* de la clause qui interprète l'acceptation par l'ouvrier de l'indemnité d'assurance comme une renonciation de plaider en responsabilité contre le patron ?...................... 259

Ve Sous-Section. — *Quid* de la clause qui annule le contrat si le souscripteur dirige une action en garantie contre la compagnie ?.................. 262

VIe Sous-Section. — *Quid* de la clause qui exclut de la garantie les infractions aux lois et règlements ? 266

VIIe Sous-Section. — *Quid* de la clause qui porte que les patrons devront, à peine de nullité du contrat, porter les accidents à la connaissance des agents de la compagnie dans un délai imparti ?....... 268

VIIIe Sous-Section. — Pouvoir discrétionnaire des magistrats en matière d'interprétation des clauses d'un contrat d'assurance........................ 270

IXe Sous-Section. — Critique d'une combinaison assez généralement adoptée par les patrons............. 270

DEUXIÈME PARTIE.

Mouvement de réforme en faveur de la classe ouvrière sur la question spéciale des risques et des accidents.

CHAPITRE Ier. — De la réforme à l'étranger............ 278

   Section Ire. — Suisse...................... 278
   Section IIe. — Allemagne................... 289
   Section IIIe. — Autriche.................... 317
   Section IVe. — Angleterre.................. 326
   Section Ve. — Italie....................... 332
   Section VIe. — Belgique.................... 339
   Section VIIe. — Russie..................... 341
   Section VIIIe. — Suède.................... 343

CHAPITRE II. — Du mouvement de réforme en France... 343

   Section Ire. — Exposé analytique et chronologique des textes proposés. 347

   Section IIe. — Classement des textes proposés. — Résumé des discussions auxquelles ils ont donné lieu à la Chambre des députés, en séance publique. 379

     Ire Sous-Section. — Propositions de loi qui réglementent la responsabilité. 381

     IIe Sous-Section. — Propositions de loi qui organisent plus particulièrement l'assurance........... 387

     IIIe Sous-Section. — Propositions de loi qui concernent à la fois la responsabilité et l'assurance....... 390

CONCLUSIONS 397

POSITIONS 413